中國學術思想 研究輯刊

十二編

林慶彰 主編

第26冊

清代荀子學研究

田富美 著

花木蘭文化出版社

國家圖書館出版品預行編目資料

清代荀子學研究／田富美 著 — 初版 — 新北市：花木蘭文化
出版社，2011〔民 100〕
目 2+248 面；19×26 公分
（中國學術思想研究輯刊 十二編；第 26 冊）
ISBN：978-986-254-667-3（精裝）
1.（周）荀況 2. 荀子 3. 學術思想 4. 研究考訂 5. 清代
030.8　　　　　　　　　　　　　　　　　100015934

中國學術思想研究輯刊
十二編　第二六冊　　　　　　ISBN：978-986-254-667-3

清代荀子學研究

作　　者　田富美
主　　編　林慶彰
總 編 輯　杜潔祥
出　　版　花木蘭文化出版社
發 行 所　花木蘭文化出版社
發 行 人　高小娟
聯絡地址　新北市永和區中正路五九五號七樓
　　　　　電話：02-2923-1455／傳眞：02-2923-1452
網　　址　http://www.huamulan.tw 信箱 sut81518@gmail.com
印　　刷　普羅文化出版廣告事業
封面設計　劉開工作室
初　　版　2011 年 9 月
定　　價　十二編 55 冊（精裝）新台幣 90,000 元　　　版權所有·請勿翻印

清代荀子學研究

田富美　著

作者簡介

田富美，1971 年生於台北市。東吳大學中文系學士，國立政治大學中文研究所碩士、博士。現任銘傳大學應用中國文學系助理教授，專研荀學與清代學術思想。碩士論文為《法言思想研究》，博士論文為《清代荀子學研究》；另有〈論顧炎武「經學即理學」之意涵〉、〈續補元代藝文志研究述略〉、〈《古逸叢書》研究述略〉、〈常璩《華陽國志》研究述略〉、〈清儒心性論中潛藏的荀學理路〉、〈方東樹反乾嘉漢學之探析〉、〈焦循的論語詮釋〉、〈焦循對乾嘉漢學之評議〉、〈擇是而存──黃式三《論語後案》漢、宋兼采辨〉等單篇論文。

提　　要

　　從宏觀的角度來看待儒學，跳脫以孟學為儒家唯一價值的衡量標準來看待荀子思想及荀學的流衍，是本文論述的基本態度。全文可分成兩部分論說。首先釐清荀子思想中最受矚目及爭議之議題，即：天人之分、人之性惡及法後王，作為論證清代思想的對照範式。整體而言，荀子思想所關懷的是人在具體經驗世界中的安頓問題，因而其追求的目標是「盡倫」、「盡制」的聖王，相對於孟子言盡心知性以知天的超越、內在性格，其理路有顯著不同。

　　其次論述清代的荀學。包括兩個層面：一是清儒校釋《荀子》書的著作及荀子學說的評論。基本上，清人校釋《荀子》是在「以子證經」的前提下所衍生；同時，清儒在尊經及經典傳承的體系研究中肯定了荀子，使荀學得以擺脫「異端」之名而回復於儒家之列；且《荀子》書的整理，也使得荀學獲得重新被檢視的契機，具有一定的意義。清儒試圖對宋明以來非議荀子思想的議題提出新的解釋，包括性惡、非思孟、法後王等論題，然而，這些迴護荀子的論述卻受限於以孟學為學術唯一準則的意識型態所囿，往往只是在以孟學為主體的思考下調和孟、荀差異，在深究荀子思想體系上的論述上則相對貧乏。因此，清人考校《荀子》書、評述荀學，雖具價值，但並不能全部概括清代荀學的內涵。

　　清代荀學的另一層面，是以顧炎武、戴震、焦循、凌廷堪、阮元為主軸的清儒，在「以氣為本」的基礎上所建立的心性論以及成德工夫論所呈現的荀學理路。清儒在「以氣為本」的立場下，肯定了人性中情、欲存在的正面意義，而理義即內在於欲、情之中；心知本具有思辨、擇取理義之能，人們透過以問學為主的修養工夫加以擴充培養之後，便能衡定人欲人情合宜的進退得失，由個人所欲所情推及至群體，能通達天下人之情，遂天下人之欲，使之無所差謬、不爽失，即是理義。在此理路下所呈顯的成德工夫，一方面重視經典及文獻史料之價值，強調由文字訓詁以明理義的問學；另一面，由於所論理義的內涵是群體生養之欲的滿足、情感過與不及的調節與疏通，故而講求人我間言行事為依據準則的禮學興起，清儒藉由禮制的考證、禮意的論辯重新核定社會禮儀秩序，作為修己治人之具。

　　分析了清儒的人性論及成德工夫論後，對照荀子所論人性的內涵及道德修養的主張，不難發現二者思想理路是一致的：包括以欲望情感及心知為人性本質，強調培養智識在成就道德上的重要性，倡議禮儀法度以調節人欲人情等，均呈現了強烈的荀學色彩。只是，清儒並沒有意識到其理路與荀學同途；批判宋明理學，卻認同理學家所建構以孟子為孔子思想正統繼承者的道統觀，戴震作《孟子字義疏證》、焦循作《孟子正義》，自詡為孟學真正傳人，欲取代宋明理學在儒家道統的傳承地位，但實際上闡揚的卻是荀子的理路。因此，本文將清代傾向荀子理路的人性論、工夫論稱之為「潛藏的荀學理路」。從學術思想史的角度來說，抉發清人在義理思想上的荀學傾向，相較於清人肇因於經典考據而擴及《荀子》書校釋、荀學評價等層面的討論，

無疑是更具意義的。至於二者的主從關係：如前所言，清人從事校釋《荀子》、評述荀學，從而提高了荀子的學術地位，而這個校釋、評述是源於經典考據的擴大而來，而考據學的興起是源於問學的成德工夫，而問學的成德工夫又是源於「潛藏的荀學理路」。可見，清代這個「潛藏的荀學轉向」在無形中促進了荀學的研究，荀子地位的提升，恰恰呼應了這個「潛藏的荀學轉向」的存在。

目次

緒　論

一、研究旨趣

　　先秦時代是儒學思想特質與理論結構形成的重要時期。孟子（約前 371
～前 289）與荀子（約前 334～約前 238）〔註1〕在承繼孔子（前 551～前 479）
的同時，並對發端於孔子的儒學思想各自作了引申與發揮，形成了兩個不同
的理路發展典型；但是長期以來，儒學研究偏重於孟學體系，「尊孟」與「黜
荀」往往是並行的意識型態。從以孟學繼承者自居的宋明理學到「現代新儒
學」〔註2〕（Contemporary Neo-Confucianism），舉凡對孟學心性思想、義利之
辨、天人關係等議題，均有相當可觀的研究成果，似乎儒家理論的建構當以
孟學為主軸；對照處於邊緣化地位的荀學體系，尤其是因性惡的表述被抨擊

〔註1〕　關於荀子的生卒年，本文採龍宇純所著〈荀卿後案〉中所訂，參見氏著：《荀
　　　　子論集》（臺北：臺灣學生書局，1987 年），頁 1～19。
〔註2〕　所謂「新儒學」，指的是廣義的「宋明理學」同義詞，其共同的特徵是指無論
　　　　程朱、陸王均標舉「天（超越）人（內在）合一」。劉述先則認為必須將「新
　　　　儒學」的範圍收窄，以黃宗羲為最後一位「新儒家」，將否定超越面的陳確、
　　　　顏元、戴震排除在外。至於「現代新儒學」，可分成廣狹二義：廣義的「現代
　　　　新儒學」是指凡肯定儒家的一些基本觀念與價值通過創造性的闡發有其現代
　　　　意義者，都可納入此範圍，英文譯為 Contemporary New Confucianism。狹義
　　　　的「現代新儒學」指的即是繼承「新儒學」統緒而言，強調「新儒學」的心
　　　　性之學為了解中國文化傳統的基礎，英文為 Contemporary Neo-Confucianism，
　　　　本文所言的「現代新儒學」，即以此為主，主要的人物，包括牟宗三、熊十力、
　　　　馮友蘭、劉述先等人。參見劉述先：〈現代新儒學研究之省察〉，收於氏著：《現
　　　　代新儒學之省察論集》（臺北：中央研究院中國文哲所，2004 年），頁 125～
　　　　139。

是將道德主體外在於人性，〔註3〕故而被賦予「異端」之名，〔註4〕已是慣見的貶抑之詞。對於這樣的學術態勢，不禁令人質疑：荀學果真如論者所言毫無價值？亦或是這些審視的觀點有所缺失？此外，從現代強調多元學術價值的觀點來看，以孟學為單一核心的儒學發展，是否有淪於單薄、偏頗的危險？這些問題都是現今從事儒學研究者無法迴避的挑戰。

考察晚近學界的研究成果，不難察覺研究者已較能跳脫以孟學為唯一價值的意識型態，因此，即使是以孟子為學術正傳的研究者，亦能指出孟子在深化孔子思想的同時，仍不免有所偏重，當然同時也會有不足之處；〔註5〕另外，從事重新檢視荀子思想與價值的研究，亦已積極展開。〔註6〕透過這些研究成果，即已明確的顯示：對於孟學的肯定並不意味著就必須貶斥荀學；將荀學體系納入儒學體系的一環也不代表否決孟學在儒學中的重要性，主要的目的只是要突破一元架構下的儒學，承認在不同的思想脈絡中所發展出的不同儒學風貌；讓這個孟、荀的思想體系成為儒學並重、共存的兩種基本型態〔註7〕以豐富儒學的面向。

〔註3〕 牟宗三即認為荀子所說的人性只就生理欲望而言，使禮義失去了內在的根源。此一觀點對後來的學者影響甚大。參見牟宗三：《名家與荀子》（臺北：臺灣學生書局，1994 年），頁 223～224。

〔註4〕 如陸世儀：〈異學類〉，《思辨錄輯要・後集》（臺北：廣文書局，1977 年），卷 10，頁 257。

〔註5〕 如楊國榮認為孟子偏重於內在的道德力量，強化了內聖特徵，相對地弱化了後天習行在人格塑造中的作用。參見氏著：《善的歷程——儒家價值體系的歷史衍化及其現代轉換》（上海：上海人民出版社，2000 年二刷），〈第二章 從孔子到孟子〉，頁 57～88。楊澤波指出孔子心性之學有欲性、仁性、智性三個層面，孟子創造性地發展了孔子的欲性、仁性兩個層面，但也不自覺地捨棄了智性的一面。參見氏著：《孟子性善論研究》（北京：中國社會科學出版社，1995 年），〈序〉，頁 12。

〔註6〕 例如 2006 年 2 月 18 日～19 日由雲林科技大學漢學資料整理研究所與國科會主辦的「荀子研究的回顧與開創」國際學術研討會，此為臺灣首次以荀學為主題的國際學術會議；會中所發表之論文除了荀子哲學外，還包含了荀學歷史的研究及臺灣、韓國、中國、歐洲的荀學研究成果整理。另《政治大學哲學學報》於第 11 期（2003 年 12 月）出版了「國際荀子研究專號」，收錄日本及英語世界的荀子研究。

〔註7〕 事實上，已有學者指出先秦儒學的發展，本有孟荀並重、並行的傾向。如蔡陳聰：〈孟荀人性論淵源、互補及其歷史影響——兼論當代中國人性沉淪與道德價值觀衝突〉，《河北師範大學學報（哲學社會科學版）》，2006 年第 6 期，頁 9～13。曲愛香：〈孟荀互補的天人觀——自然與人關係的最佳模式〉，《北京郵電大學學報（社會科學版）》，第 5 卷第 3 期，頁 14～19，26。

　　將荀學思想體系納入儒學理論建構的一個面向之後，檢視中國儒學歷史的發展，便有了不同角度的思考。自先秦之後，儒家學術的發展在不同時期雖然亦展現不同的風貌，但大體而言，其思想的基本型態，往往可以溯源於孟子或荀子思想典範的流衍。孟學體系在宋明理學及現代早期學界的闡揚之下，可以看到一個鮮明的傳衍脈絡，相較而言，荀子學的發展情形則顯得頗為模糊。就目前研究荀學歷史的相關著作來看，〔註8〕不難發現，在傳統「尊孟抑荀」的觀點主宰之下，歷代思想家少有標榜荀學，或自任為荀子的承繼者。尤其自唐代中期以後，由於道統論的建構，加上儒者思想的傾向，一方面極力推尊孟子為孔門唯一的嫡傳，形成現代學者所說的「孟子升格運動」〔註9〕之餘，另一方面對於荀子及其思想亦產生了強烈的貶抑：如中唐韓愈（768～824）言荀子「大醇小疵」〔註10〕是眾所週知的評論；宋代程頤（1033～1107）則更進一步斥為「大駁」、「極偏駁」〔註11〕、朱熹（1130～1200）言「不須理會荀卿」，〔註12〕均代表著理學家對荀子的貶抑；明代嘉靖九年（1530）將荀子逐出孔廟，〔註13〕等於是否決了荀子與孔子的傳承關係；清

〔註8〕　專書有馬積高的《荀學源流》（上海：上海古籍出版社，2000 年，頁 179～346），闡述荀學自秦朝至清代的傳衍情形；江心力的《二十世紀前期的荀學研究》（北京：中國社會科學出版社，2005 年）則專論 1900 年至 1949年間的荀學研究。此外，惠吉興的《荀子與中國文化》（貴陽：貴州人民出版社，2001 年，頁 255～285）、孔繁的《荀子評傳》（南京：南京大學出版社，1979 年，頁 279～313）、張曙光的《外王之學──荀子與中國文化》（開封：河南大學出版社，1979 年，頁 100～213）中亦有部分章節述及荀學歷史。在單篇論文部分，則有宋立卿：〈試論荀學的歷史命運──中國文化史上一樁千古未決的懸案〉，《河北大學學報》，1990 年第 4 期，頁 146～151，頁 157。郭志坤：〈淺說荀子及其荀學之浮沉〉，《學術月刊》，1994 年第 3期，頁 44～50。

〔註9〕　徐洪興：〈唐宋間的孟子升格運動〉，《中國社會科學》，1993 年第 5 期，總頁101～116。

〔註10〕　韓愈：〈雜著・讀荀〉，《韓昌黎文集》（臺北：華正書局，1982 年），卷 1，頁 121。按：事實上，漢代揚雄在《法言》一書中，即曾指出荀子與孟子乃「同門而異戶」，並認為孟子之知不異於孔子。參見揚雄撰，汪榮寶疏：《法言義疏》（北京：中華書局，1997 年），卷 12，頁 499。

〔註11〕　程頤：〈伊川先生語五〉〈伊川先生語四〉，收於《二程遺書》（上海：上海古籍出版社，2000 年），卷 18，頁 282；卷 19，頁 316。

〔註12〕　黎靖德編：《朱子語類・戰國漢唐諸子》（臺北：正中書局，1962 年），第 137卷，頁 4825。

〔註13〕　《明世宗實錄》，收於《明實錄》（臺北：中央研究院歷史語言研究所校印縮印本，1984 年），第 8 冊，卷 119，頁 8166。

初熊賜履（1635～1709）編撰《學統》將荀子列為「雜統」，〔註14〕顯然仍是延續了宋明理學家貶損荀子的主張。相較於經歷「升格運動」的孟子，不僅在道統的論述中受到高度的推崇，且《孟子》書升列為經書，與《論語》並列，且孟子並被尊奉為「亞聖公」；〔註15〕更重要的是，孟子的思想型態在宋明儒者的發展推衍之下，成為儒家思想的核心內容，甚至成為衡定正統儒學的判準。正是基於這個「尊孟」的意識，使得即使受荀學影響，或其思想立場與荀子一致的儒者，卻往往不曾自覺，更遑論在其論述中表述出來；因此，這段時期的儒學，似乎可說是以孟學為主流的單軌發展；換言之，荀子在儒學發展史上坐了將近千年的冷板凳。

現代學者認為，荀學地位在乾嘉時期（1726～1820）有明顯的提升，稱之為「荀學復興」的時代。〔註16〕這是一個值得進一步深究的線索。細究論者所謂「荀學復興」的立論根據，約可歸納為下列幾點：其一，在尊經及六經傳承的系譜研究中，肯定荀子「有功於諸經」，〔註17〕進而提出恢復從祀孔廟的建議；〔註18〕其二，《四庫全書總目》及諸多學者則是因荀子強調「崇禮勸學」而肯定其價值，〔註19〕同時，針對宋明以來黜荀的意見提出辯駁，並嘗試調和孟荀主張的相異之處；其三，《荀子》書的整理與校勘成果在乾嘉時期開始受到重視，並於晚清王先謙（1842～1917）《荀子集解》的完成而達到巔峰。就這三點立論來說，只有第二項「崇禮勸學」與荀子本身思想體系、清代學術風潮較有關聯，但是令人質疑的是，清儒是在掌握荀子思想脈絡之後認同，並汲取其修養工夫論作為學術資源，抑或是由於禮學研究、崇禮思潮蔚起的帶動下而推崇荀子？這個分別至為重要，因為這關係著清儒是否自

〔註14〕 熊賜履：〈雜學〉，《學統》（臺北：廣文書局，1975 年），卷 43，頁 815～821。

〔註15〕 孟子正式被升格為「亞聖」，始自元至順元年（1330）。參見宋濂等撰：〈祭祀志五〉，《元史》（臺北：鼎文書局，1990 年四版），第 3 冊，卷 76，頁 1893。

〔註16〕 參見：（1）宋立卿：〈試論荀學的歷史命運──中國文化史上一椿千古未決的懸案〉，頁 146～151，157。（2）郭志坤：〈淺說荀子及其荀學之浮沉〉，頁 44～50。（3）劉仲華：〈清代荀學的復活〉，《蘭州大學學報（社會科學版）》，2001 年第 1 期，頁 50～56。

〔註17〕 汪中：《荀卿子通論》，參見王先謙：《荀子集解·考證下》（北京：中華書局，1992 年二刷），頁 21～22。

〔註18〕 嚴可均：〈荀子當從祀議〉，《鐵橋漫稿》（臺北：世界書局，1964 年），頁 1a～4a。姚諶：〈擬上荀卿子從祀議〉，收於沈粹芬輯：《清文匯·丁集》（北京：北京出版社，1995 年），卷 11，頁 2977。

〔註19〕 《四庫全書總目·子部儒家類》，參見王先謙：《荀子集解·考證上》，頁 9～10。

覺傾向荀子思想型態的判定；再者，調和孟荀思想的差異，總有一方思想作為主體，那麼，是調整荀子思想以符合孟子，還是調整孟子思想以符合荀子？此一問題的釐清便可更明確地看出清儒在主觀上是否已擺脫「尊孟抑荀」的思考方式。如果清人對荀子的推崇是因爲研禮學風的盛行，調和孟荀差異是以孟子爲主體，如此一來，乾嘉時期是否還能稱之爲「荀學復興」？在現今學者的討論中，這些問題似乎並沒有得到該有的關注。至於第一、三項論點都是在考據學風下所延伸的議題；況且，清人所校勘、整理的先秦文獻相當普遍，除了《荀子》之外，《墨子》、《莊子》書亦有大量的考據成果，[註20]因此，若以《荀子》書在清代的校釋成果而判定爲「荀學復興」，恐怕是不足的。經由上述的分析，顯然，「荀學復興」的理論判準雖可以依據這三點立論，但應有更爲核心的關鍵，即清人的義理思想與荀子思想體系之間聯繫的觀察。否則，若僅就清儒的考據成果及肯定「崇禮勸學」的言論，相較於宋明儒者對孟子哲學的彰揚，尤其在天人關係、心性論上的深化推展；則所謂的「荀學復興」不免欠缺思想深度，只流於表面的形式而已。

　　有別於宋明儒者講求具超越意義的「理」或「心」，清儒主張以「氣」爲本，在氣化流行之上沒有超越現象界、經驗界的絕對至善、完美狀態的「理」或「道」，所謂的「道」或「理」，必然要本諸經驗事實的形跡中探究，而不是先驗的、內在於人。由此前提下所開展出的學術，無論在人性、修養工夫等議題上，自然異於宋明理學。更進一步來看，對於清代與宋明學術的歧異，已有學者指出其源頭實來自於孟、荀理路之別，如鄭吉雄先生認爲：

> 清儒持追求殊別價值的目標來審視宋學，故稱宋明儒所治之學問爲
> 虛空；宋明儒學研究者持追求普遍價值的目標審視清學，則必視清
> 代學術爲支離。從思想史的角度看，上述兩種價值觀念的歧異應該
> 可以追溯到孟子、荀子的分歧。[註21]

劉又銘先生則更明確的指出清學理路與荀學的相關，言：

> 整個明清自然氣本論的發展實質上就是荀學的復興，並且還是明清荀
> 學思想史裡最核心的一條軸線，只不過它在宋明理學「尊孟抑荀」的

〔註20〕參見劉仲華：《清代諸子學研究》（北京：中國人民大學出版社，2004年），〈第四章　子書的整理與校勘〉，頁144～190。羅檢秋：《近代諸子學與文化思潮》（北京：中國社會科學出版社，1997年），〈第一章　從經學到子學〉，頁7～49。

〔註21〕鄭吉雄：〈從乾嘉學者經典詮釋論清代儒學的屬性〉，收於彭林編：《清代經學與文化》（北京：北京大學出版社，2005年），頁262。

氛圍下無法自覺到這一點罷了。事實上，從這個脈絡來說，明清自然
氣本論甚至是近世荀學思想史研究最關鍵的一個切入口。〔註22〕

上述這兩段文字均將清代學術歸屬於荀學理路，且其判斷的依據皆是由清儒
的義理思想爲出發；尤其劉又銘先生所言清代氣本論的發展可視爲是「荀學
的復興」，對於本論文具有相當的啓發。顯然，考察清代的荀學，除了清儒校
釋《荀子》、評價荀學的部分之外，分析清儒在氣本立場下的心性論、修養工
夫論與荀子哲學的關係，從義理思想的角度將清學的荀學傾向完整地、清楚
地呈現出來，應是必要的；即使清儒在其論說義理的過程中並沒有荀學立場
的表述，但透過語意的澄清、脈絡的考察後所釐清的思想，仍應是荀學理路
判準的依據。而論述清代的「荀學復興」，除了《荀子》書的校釋成果之外，
清代學術所呈顯的理路應同時納入，如此才能有更完整的清代荀學面貌。

二、研究範圍與方法

（一）研究範圍

本文研究的範圍及論述的對象爲清代的荀子學。若依照朝代史的劃分，
則所謂的清代應是由清順治元年（1644）至清宣統三年（1911）共二百六十八
年。一般研究清代學術者，大都以鴉片戰爭（1840）爲界，以此作爲中國由
古代社會進入近代社會的標誌，將在此之前稱爲清代前期（或直接稱爲清
代），在此之後稱爲晚清或逕稱爲近代。〔註23〕按此原則，本文所論的「清代」，
大致上亦以清初至道光年間的鴉片戰爭爲範圍。然而，於此必須說明的是，

〔註22〕劉又銘先生：〈宋明清氣本論研究的若干問題〉，參見「儒學的氣論與工夫論」
國際學術研討會（臺北：臺灣大學東亞文明研究中心主辦，2004 年 11 月），
會議論文，頁 12。按：相關意見亦可參氏著：《理在氣中——羅欽順、王廷相、
顧炎武、戴震氣本論研究》（臺北：五南圖書出版公司，2000 年二版），二版
序，頁 1～2。

〔註23〕如王茂、蔣國保、余秉頤、陶清：《清代哲學》（合肥：安徽人民出版社，1992
年）其撰述時代即迄止於鴉片戰爭。另蔣國保、余秉頤、陶清：《晚清哲學》
（合肥：安徽人民出版社，2002 年）其撰述時代則以鴉片戰爭後爲起始點。
王爾敏：《中國近代思想史論》（北京：社會科學文獻出版社，2003 年）亦以
鴉片戰爭爲近代思想討論的開始。另外，王俊義：《清代學術探研錄》（北京：
中國社會科學出版社，2002 年）則將清代分爲前、中、晚三期：前期指順、
康、雍三朝；中期包括乾、嘉及道光前二十年；晚期指的是道光後期至宣統
各朝。按：依照王氏所分的三個時期，仍是以鴉片戰爭爲分界點，只是將前
此者再細分爲兩個階段而已。

在具體的研究活動中，任何思想或學風不可能單純地以某個時間點來截然分割，學術的發展行程並不像政治更迭般的明確；對於清代荀子學的研究亦當如此。因此，在本文中列入考察的學者或著作雖大都隸屬於此一時間範圍之中，然而也有少數學者及著作並非自始至終都身處於此一時間範圍，但其呈顯的學術性格或思想與本文所探究之論題有密切關聯者，亦將納入討論之中，如顧炎武（1613～1682）的學術思想、王先謙的《荀子集解》等即屬此例。

（二）研究方法

本文主要處理的課題有二：

1、清儒在考據《荀子》、評述荀學觀點中所展現的荀學思想及意義。

2、清儒在義理思想上所潛藏的荀學理路。

首先，重新省察荀子思想，釐清長久以來以孟學為正統的角度所闡釋的荀學，包括天人觀、人性論及修養工夫論等主張，以作為揭示清學的荀學傾向之依據。其次，就本文所處理的議題而論。就第一點來說，由於本論文不是以版本目錄學為主體的荀學研究，因此，全面搜羅清人涉及荀學、《荀子》書的著作或相關論述，並非主要目的；且這一部分的相關整理與歸納，已是現今論及清代荀學的主要內容，早有許多敘列及討論，其中最值得注意的是陳秋虹所著《清代荀學研究》，該論文整理清代考證《荀子》書的著作，歸納並羅列出清儒對荀子學說評論的文本資料，〔註24〕再如郭志坤《荀學論稿》〔註25〕、張曙光《外王之學——《荀子》與中國文化》、馬積高《荀學源流》、惠吉興《荀子與中國文化》、孔繁《荀子評傳》、劉仲華《清代諸子學研究》〔註26〕、羅檢秋《近代諸子學與文化思潮》〔註27〕等書中亦有略論及相關資料。本文在此一基礎上，一方面補充前述學者所沒有列出但卻是不可忽視的文本資料，另一方面透過這些文本資料加以分析，論究清人在自覺層面上對荀學思想體系的掌握及侷限。基本上，清儒雖肯定了荀子隸屬於儒家之列，但孟

〔註24〕陳秋虹：《清代荀學研究》（高雄：高雄師範大學國文研究所碩士論文，1991年）。

〔註25〕郭志坤：《荀學論稿》（上海：三聯書店，1991年）。

〔註26〕劉仲華：《清代諸子學研究》（北京：中國人民大學出版社，2004年），頁191～209。

〔註27〕羅檢秋：《近代諸子學與文化思潮》（北京：中國社會科學出版社，1997年），頁24～27；45～46。

子仍是其意識型態中的主導者。至於第二點，則是探究清儒思想中繼承、衍化荀學的部分，包括心性論、修養工夫論等，這是過去研究者沒有論及的部分。在尊孟的意識型態下，清儒並沒有自覺或不願承認其義理主張實已潛藏了荀學的理路，但由於這一部分才是更為核心的思想，是其它思想面向拓展的動因，是故，就荀子學理路的判定而言，這是至為關鍵的部分。

傅偉勳曾就研究中國哲學提出了五個層次的解釋學原則，即「實謂」、「意謂」、「蘊謂」、「當謂」、「創謂」，稱之為「創造的解釋學」。〔註28〕傅氏所提出的詮釋原則，成為當代許多從事中國哲學研究者的研究方法，〔註29〕本文亦以此作為方法論的說明。以下依據傅氏所論，略述這五個層次：

（一）實謂：「原作者（或原典）實際上說了什麼？」基本上關涉到原典校勘、版本考證與比較等校讎學課題。

（二）意謂：「原作者（或原典）想要表達什麼？」在此層次，相信原典有客觀意義，並且能夠通過語意澄清、脈絡考察、邏輯分析，傳記研究等，理解原典或原作者的原本意思。

（三）蘊謂：「原作者可能說什麼？」或「原典可能蘊含哪些意義？」這就涉及思想史的理路線索，語言表達的歷史積澱累積，已出現過的種種重要的原典詮釋、原思想家與後代繼承者之間的前後思維連貫性等多面探討。

（四）當謂：「原作者（本來）應該指謂什麼，意謂什麼？」或「我們詮釋者應該為原作者說出什麼？」在此層次，必須設法探查掘發深層結構或蘊涵。

（五）創謂：「為了救活原有思想，或為了突破性的理路創新，我必須踐行什麼，創造地表達什麼？」此一層次主要是為原思想家解決他

〔註28〕 傅偉勳：〈創造的詮釋學及其應用〉，收於氏著：《從創造的詮釋學到大乘佛學》（臺北：東大圖書公司，1990年），頁1～46。〈現代儒學的詮釋學暨思維方法論建立課題〉，收於江日新編：《中西哲學的會面與對話》，（臺北：文津出版社，1994年），頁127～152。

〔註29〕 如劉又銘先生所著〈從「蘊謂」論荀子哲學潛在的性善觀〉一文，即以傅氏之構思及其他學者的相關討論作為詮釋策略。刊於《「孔學與二十一世紀」國際學術研討會論文集》（臺北：政治大學文學院編印，2001年），頁50～77。鄭宗義《明清儒學轉型探析——從劉蕺山到戴東原》（香港：中文大學出版社，2000年）一書的〈序論〉中亦引述劉述先以傅氏「創造的詮釋學」的構想提煉出一條貫通哲學、哲學史與思想史研究的方法進路作為該書方法論的說明。

所留下未能完成的思想課題，亦即「創造的發展」。

其中，「實謂」、「意謂」層面的考察，應較重視文本字面意思的尋索；而「蘊謂」、「當謂」、「創謂」則看重的是文本中可能蘊含的深層義理，甚至是作者本身不曾自覺的部分，對此，徐復觀曾有頗爲相似的見解，他說：「任何解釋，一定會比原文獻上的範圍說得較寬，較深，因而常常把原文獻可能含有，但不曾說明白的，也把他說了出來。不如此，便不能盡到解釋的責任。」〔註30〕按照上述分析，則「實謂」、「意謂」、「蘊謂」層面與「當謂」、「創謂」層面之間不僅不會衝突，且可以形成一個相互支持、互補的結構。在論究清儒的《荀子》書考據及荀子評述時，關注的重點即在於「實謂」、「意謂」、「蘊謂」層面；至於探討清儒思想中的荀學傾向，則必須由「當謂」、「創謂」的層面上來看。二者看似爲相異的切入點，但卻可以形成一個更爲完整的結構。

三、論文大綱

本論文在章節的安排上，分爲三編。第壹編分爲三章，主要的內容是考察《荀子》書中所蘊含的深層義理，包括：「天人觀」、「心性論」、「工夫論」三個歷來廣受爭議的論題加以討論，主要目的是希望能夠暫時放下在尊孟的意識中所形成的黜荀觀點，將荀學視爲與孟學對等、並重，同是儒學理論基礎的態度，以此來釐清荀學思想的基本型態，作爲論證清代思想的對照範式。第貳編分爲兩章，分別討論清儒考據《荀子》、評述荀學之內容及意義、侷限。這一部分所要呈現的是清人在自覺的層面上所理解的荀學。儘管校勘《荀子》書取得了空前的成就，同時對荀子的評價也有了積極正面的肯定，但基本上仍是在宋明時期既有的黜荀議題上辯駁，如人性論、非思孟學派、法先王後王等，對於深究荀學思想體系脈絡的論述上，雖有一定的意義，但仍有所侷限與不足。第參編分爲三章，討論清儒思想中潛藏的荀學傾向，包括肯定人欲人情的心性論、問學崇禮的修養工夫論，最後並論證清儒雖標榜孟學的繼承者，但實際上所延續、轉化的是荀學。

〔註30〕徐復觀：〈研究中國思想史的方法與態度問題〉，參見氏著：《中國思想史論集》（臺北：臺灣學生書局，1959 年），頁 3。

第一篇　荀子思想要旨的省察

第一章　荀子的天人觀

　　綜觀先秦諸子思想，天人關係始終是思想家們所要解決的核心問題，面對天人關係的思考中，天人合一的思維模式則是貫穿此問題的主線。〔註1〕換言之，儘管在天人關係的論述中，出現諸多不同甚至看似相反的命題或論述，但天人合一仍是其共同的基礎及出發點；而那些不同甚至看似相反的命題或觀點，呈現的即是各思想家們思想進路的歧異與特色。荀子在天人關係中建構了以「天人之分」、「天人相參」為途徑，尋求天人合一的天人之學，突出做為主體的人們有意識地於現實生活中實踐進取的積極意義。

第一節　天行有常

　　關於天的闡述，荀子賦予其濃厚的自然屬性，言：

> 至高謂之天，至下謂之地。〔註2〕

> 列星隨旋，日月遞炤，四時代御，陰陽大化，風雨博施，萬物各得
> 其和以生，各得其養以成，不見其事而見其功，夫是之謂神。皆知

〔註1〕唐君毅〈如何瞭解中國哲學上天人合一之根本觀念〉指出：「中國哲人不是把天人合一這一觀念當作論題而以一定的嚴整的推理步驟加以證明，而只是用許多話去指點暗示這天人合一的道理，或用其他許多的道理來涵攝天人合一之意。」又〈中國哲學中天人關係論之演變〉：「中國哲學中則一向持天人合一之觀念，宇宙人生素未分為二。客觀宇宙與主觀人生，天道與人性素未隔絕，內界外界中國哲人從不以為二元。……中國自有正式之哲學產生，即視天人可合一。」二文均收於氏著：《中西哲學思想之比較研究集》（臺北：宗青圖書出版公司，1978 年），頁 111、頁 251。

〔註2〕王先謙：《荀子集解・儒效》（北京：中華書局，1992 年二刷），卷 4，頁 144。

其所以成，莫知其無形，夫是之謂天功。〔註3〕

天者，高之極也；地者，下之極也。〔註4〕

荀子認為，天具有客觀現實存在的自然特質，包括星辰日月、四時風雨等自然現象及其變化綜合建構而成，萬事萬物均處於這個共同的物質世界，這是以一種直觀印象來論述天，因此這裡的「至高」、「高之極」都是從現實世界的客觀角度而言的，是自然義的天；至於神，是指人們對於自然現象的往復進展、交替更迭等運行變化中未能洞察的機制，及所謂「不見其事而見其功」的部分。從這些論述看來，荀子將帶有神秘屬性的天、神觀念作了極大的改變，以客觀現實的方式重新定位了天的角色。這種自然屬性特質的天有其自身的規律，具有不受人們主觀願望所左右的特徵，他說：

天不爲人之惡寒也輟冬，地不爲人之惡遼也輟廣。〔註5〕

任何自然現象的出現都與人的主觀意志和思想願望沒有必然關聯，由此，則縱使天出現罕見的怪異現象，亦毋須驚恐：

星隊、木鳴，國人皆恐。曰：是何也？曰：無何也，是天地之變，陰陽之化，物之罕至者也，怪之可也，而畏之非也。夫日月之有蝕，風雨之不時，怪星之黨見，是無世而不常有之。上明而政平，則是雖竝世起，無傷也；上闇而政險，則是雖無一至者，無益也。〔註6〕

由於天地運行變化是一個自然過程，即使出現少見的星象、隕石、日蝕、月蝕等，也不過是自然之變的特例，因此，這些現象既非人事的陟罰臧否，亦不是預示國運盛衰興亡；也就是說，天的自然現象及其變化均有其獨立性。於是，荀子便將天與人事作了一定程度的區別，如此一來，決定社會吉凶治亂的關鍵，便在於人的自身：

天行有常，不爲堯存，不爲桀亡。應之以治則吉，應之以亂則凶。彊本而節用，則天不能貧，養備而動時，則天不能病；循道而不忒，則天不能禍。〔註7〕

〔註3〕 王先謙：《荀子集解・天論》，卷11，頁308～309。按：原作「莫知其無形，夫是之謂天」，今據清人說校改。

〔註4〕 王先謙：《荀子集解・禮論》，卷13，頁357。

〔註5〕 王先謙：《荀子集解・天論》，卷11，頁311。

〔註6〕 王先謙：《荀子集解・天論》，卷11，頁313。

〔註7〕 王先謙：《荀子集解・天論》，卷11，頁306～307。按：原作「修道而不貳」，今據清人說校改。

治亂天邪？曰：日月、星辰、瑞曆，是禹、桀之所同也，禹以治，

桀以亂，治亂非天也。〔註8〕

皇天隆物，以施下民，或厚或薄，常不齊均。桀、紂以亂，湯、武

以賢。〔註9〕

社會的治與亂，在荀子看來，顯然不是自然環境所能左右，而是主體人為的「彊本節用」、「養備動時」、「循道不貳」才是主要力量，而執政者的領導成為決定因素。依此，不難發現，荀子以天的自然規律和現象不受人們主觀好惡而改變，以及這個自然規律和現象亦不能參與人事治亂的這兩個層面來說明天的自然屬性及獨立特質，其主要的意義，都是在彰顯主體人為的重要作用。是故，人們應該做的是為自己所當為，善盡自身的主體價值。以此為前提，荀子言：

不為而成，不求而得，夫是之謂天職。如是者，雖深，其人不加慮

焉；雖大，不加能焉；雖精，不加察焉；夫是之謂不與天爭職。……

唯聖人不求知天。〔註10〕

無用而辯，辯不急而察，治之大殃也。〔註11〕

儘管荀子對於天有獨樹一幟的認知，一掃天的神秘色彩，但其關注的焦點並不在於此，而是在於決定現實社會治亂的人為力量，在這個意義上，所以才說「不與天爭職」、「不求知天」。這裡的「不與」、「不求」，不一定表示不能，而是不宜花費心思去處理那些對現實人生效益不大的部分，這才是荀子所要表達的意旨。過去諸多學者論及荀子天人關係時，對於「不求知天」均有頗詳盡的論述。〔註12〕在此必須進一步說明的是，「不求知天」的提出並非意味著不承認天的作用或天的存在，畢竟荀子從未把人與天（自然）完全分割開

〔註8〕　王先謙：《荀子集解·天論》，卷11，頁311。

〔註9〕　王先謙：《荀子集解·賦》，卷18，頁473。按：原作「以示下民」、「帝不齊均」，今據清人說校改。

〔註10〕　王先謙：《荀子集解·天論》，卷11，頁308～309。

〔註11〕　王先謙：《荀子集解·非十二子》，卷3，頁98。按：原作「辯不惠而察」，今據清人說校改。

〔註12〕　如唐端正：「荀子〈天論〉篇名義上是講天，實則是要講人。」參見氏著：《先秦諸子論叢（續編）》（臺北：東大圖書公司，1983年），頁156；龍宇純：「他（荀子）在〈天論〉篇只是把天說為『自然』，而全篇主旨所在，竟不是言天之道，而是言人之道。」參見氏著：《荀子論集》（臺北：臺灣學生書局，1987年），頁69。

來，且始終將人視爲天的一部分：

> 天地者，生之始也。〔註13〕

> 天職既立，天功既成，形具而神生，好惡、喜怒、哀樂臧焉，夫是
> 之謂天情。耳目鼻口形能，各有接而不相能也，夫是之謂天官。心
> 居中虛以治五官，夫是之謂天君。財非其類，以養其類，夫是之謂
> 天養。〔註14〕

個體生命在天地自然的化育中「形具而神生」，於是有了五官及思維，產生了各種情感，因此稱之爲「天官」、「天君」、「天情」，天地自然所提供的生活資源稱爲「天養」；也就是說，人是天地自然萬物之一：不僅形體、精神來自於自然，而且亦須依賴天地自然資源的供給而生存。從這個角度看，即使荀子言「天行有常」來表達天的自然及獨立不預人事的特質，言「不求知天」來突顯人的主體地位及價值，然從其論人與自然的聯繫上，卻充分透露出，無論是主體地位的展現，或主體價值的發揮，都是隸屬於在天地自然間的活動。天地自然是主體生存活動的基礎，因此，在荀子的思想體系中，這個帶有自然屬性的天並非是與人毫無關係的純粹自然，同時，人與自然也不是相對立的。

第二節　天人之分

　　荀子提出「天行有常」的論題說明了自然與人的區別，同時也認同人是自然的一部分，而人如何於自然中實踐主體價值，荀子主張「明於天人之分」：

> 明於天人之分，則可謂至人矣。〔註15〕

由於天的自然屬性及獨立特質，因此人世的治亂禍福，全依主體的實際努力來決定。「天人之分」意謂著荀子撤除了天對於人事的直接支配權力，否定了天對於人的優越地位：天人各有其職分、各有其不同的作用範圍。〔註16〕能

〔註13〕王先謙：《荀子集解・王制》，卷5，頁163。
〔註14〕王先謙：《荀子集解・天論》，卷11，頁309。按：楊倞注：「財與裁同」。
〔註15〕王先謙：《荀子集解・天論》，卷11，頁308。
〔註16〕關於「天人之分」的「分」字之義，頗多學者均曾申論，約略可分成兩種意見：一是將「分」字理解爲分別、分割之意，認爲荀子主張天、人主客二分，因此「天人之分」即是「天人相分」，彰顯天與人之間的對立及人能勝天之性質，如：趙吉惠：〈論荀子「天人之分」的理論意趨——兼答張頌之、楊春梅同志〉，《哲學研究》，1995年第8期，頁63～70；另一則是將「分」字理解爲職分、職責，因此「天人之分」是指天人職能的差別。持此意見的學者較多，如韓德

夠瞭解這種作用範圍，充分發揮主體職責，成為價值實踐的首要課題，因此，荀子言：

> 自知者不怨人，知命者不怨天，怨人者窮，怨天者無志。〔註17〕

足見荀子「天人之分」的立論不但劃定了天人各自發揮作用的範圍，說「怨天者無志」，再次強調其關懷的重心是放在人的作用上。依荀子觀點，相對於天道，人道具有更重要的意義。因此，首先荀子指出人是一種不同於其他自然萬物的存在：

> 夫禽獸有父子而無父子之親，有牝牡而無男女之別，故人道莫不有辨。辨莫大於分，分莫大於禮。〔註18〕

> 水火有氣而無生，草木有生而無知，禽獸有知而無義；人有氣、有生、有知，亦且有義，故最為天下貴也。力不若牛，走不若馬，而牛馬為用，何也？曰：人能群，彼不能群也。人何以能群？曰：分。分何以能行？曰：義。〔註19〕

> 人之生，不能無群，群而無分則爭，爭則亂，亂則窮矣。故無分者，人之大害也；有分者，天下之本利也。〔註20〕

荀子評價人在自然萬物中擁有極高地位。他認為人除了具有氣、生命、知覺能力等自然的屬性外，還具有藉由自然稟賦的能力而形成的禮義，這種道德意識是其他萬物所沒有的，而正是這種道德意識，促使人們行為活動的自省及評斷，決定了道德實踐的追求與獲得的可能性；由於有禮義，使人不同於萬物，且具有最尊貴的地位，這是個體存在的價值。以個體存在為基礎，結合成為群體，透過個體與個體間在地位及角色間的等級差異（即「分」），建構成一定的社會組織（即「群」），則能馭制各種事物。由個體到群體的形成，顯現了人的價值。

民：〈荀子天人觀的哲學透視〉，《哲學與文化》，第 27 卷第 2 期（1990 年 2 月），頁 173～184；晁福林：〈論荀子的「天人之分」說〉，《管子學刊》，2001 年第 2 期，頁 13～18；暴慶剛：〈孟子、荀子天人合一理論異同新探〉，《貴州社會科學》，第 176 期（2002 年 3 月），頁 38～42。其中晁福林引湖北郭店楚簡和湖南馬堆漢墓帛書等文獻考察，論證頗詳，可資參考；另外，依據本節第一部分亦指出，荀子在承認人是自然界的一部分的前提下，人與自然的關係並非是對立的關係，因此本文採第二說，即視「天人之分」的「分」為職分、職責。

〔註17〕王先謙：《荀子集解·榮辱》，卷 2，頁 58。
〔註18〕王先謙：《荀子集解·非相》，卷 3，頁 79。
〔註19〕王先謙：《荀子集解·王制》，卷 5，頁 164。
〔註20〕王先謙：《荀子集解·富國》，卷 6，頁 179。

更進一步來看，群體成為個體得以存在的前提，所謂「人之生，不能無群」，是故，建構群體組織內在依據的禮義，顯然是人道的最高準則：

> 故先王案為之制禮義以分之，使有貴賤之等，長幼之差，知愚、能不能之分，皆使人載其事而各得其宜，然後使慤祿多少厚薄之稱，是夫群居和一之道也。〔註21〕
>
> 天地者，生之始也；禮義者，治之始也。〔註22〕
>
> 禮者，人道之極也。〔註23〕

透過人道之極的禮義來制定規範，使身為社會成員的個體有了等級分位，依此發揮自己的作用及價值，能夠「各得其宜」，則社會群體便能建立穩定的倫常秩序，達到「群居和一」的理想。人雖然是自然萬物之一，其生命來自於自然，但由於禮義的人道意義使人與自然萬物區別開來，而禮義的實踐使人從自然萬物中獲得提升，這是一個動態的實踐過程，必須依賴主體作用的追求進取才得以完成。

天人之分一方面蘊含了荀子對人道的重視，另一重要意義，是天職與人職作用範圍的劃定。由於天職是「不為而成，不求而得」，正足以對照出人道所當有的積極有為：

> 故天之所覆，地之所載，莫不盡其美，致其用，上以飾賢良，下以養百姓而安樂之。〔註24〕
>
> 聖王之用也：上察於天，下錯於地，塞滿天地閒，加施萬物之上。〔註25〕

由於人仍是自然的一部分，因此，荀子還是必須將人置於天地自然的舞台上作基礎，才得以展現其職能作用。這裡所謂的「盡其美」、「致其用」、「塞滿天地閒」，也就是使天地萬物皆得其所，為人所用，此即人職。換言之，人職是社會群體作用於天地自然的外在體現。荀子以人道（即禮義）確認了群體組成的原則及其他自然萬物所不具備的主體性，同時，以這種人道的本質力

〔註21〕 王先謙：《荀子集解・榮辱》，卷2，頁70～71。

〔註22〕 王先謙：《荀子集解・王制》，卷5，頁163。

〔註23〕 王先謙：《荀子集解・禮論》，卷13，頁356。

〔註24〕 王先謙：《荀子集解・王制》，卷5，頁162。

〔註25〕 王先謙：《荀子集解・王制》，卷5，頁165。按：原作「塞備天地閒」，今據清人說校改。

量實踐了人的職能。由人道而人職的思考進路，致使荀子在要求主體修養時，除了內在修養之餘，更顯現出對外在現實的積極有爲，並且深刻地反映在爲學的討論上，其言：

> 吾嘗終日而思矣，不如須臾之所學也；吾嘗跂而望矣，不如登高之博見也。登高而招，臂非加長也，而見者遠；順風而呼，聲非加疾也，而聞者彰。假輿馬者，非利足也，而致千里；假舟楫者，非能水也，而絕江海。君子生非異也，善假於物也。〔註26〕

> 學惡乎始？惡乎終？曰：其數則始乎誦經，終乎讀禮；其義則始乎爲士，終乎爲聖人。學至乎沒而後止也。……爲之，人也；舍之，禽也。〔註27〕

顯然，荀子所說的「始乎爲士，終乎爲聖人」的學習活動，不僅止於主體內在思維的修養，更擴及了與外在事物的關係，也就是所謂「善假於物」。李澤厚曾言：「這個『學』實質上便已不限於『修身』，而是與整個人類生存的特徵——善於利用外物、製造事物以達到自己的目的——有了聯繫。」〔註28〕立足高於萬物的人們，必須靠自身不斷的學習去獲取生存與發展的可能性，而且這個過程與人的生命是相始相終的關係，荀子甚至還指出這種無休止的動態能力，是人與禽獸的區別。顯示出對於人職作用的高度自信心，他說：

> 君子敬其在己者而不慕其在天者，是以日進也；小人錯其在己者而慕其在天者，是以日退也。〔註29〕

> 知其所爲，知其所不爲矣，則天地官而萬物役矣。其行曲治，其養曲適，其生不傷，夫是之謂知天。〔註30〕

天職與人職的作用一旦劃定，那麼人們所應有的作爲，即所謂「敬其在己」，就是落實於人職的範圍積極努力，以達到「天地官而萬物役」的目的；不論是前面所論的「不求知天」，還是引文中的「知天」，都表明了歸結於人事的意思。同時，透過荀子對於人職作用的敘述，也展現了主體本質力量的作用領域：除了內在道德意識的完成之外，更擴及到主體之外的天地萬物：

〔註26〕王先謙：《荀子集解·勸學》，卷1，頁4。按：原作「而絕江河」，今據清人說校改。
〔註27〕王先謙：《荀子集解·勸學》，卷1，頁11。
〔註28〕李澤厚：《中國古代思想史論》（臺北：谷風出版社，未著出版年月），頁125。
〔註29〕王先謙：《荀子集解·天論》，卷11，頁312～313。
〔註30〕王先謙：《荀子集解·天論》，卷11，頁310。

> 大天而思之，孰與物畜而裁之？從天而頌之，孰與制天命而用之？
> 望時而待之，孰與應時而使之？因物而多之，孰與騁能而化之？思
> 物而物之，孰與理物而勿失之也？願於物之所以生，孰與有物之所
> 以成？〔註31〕

這段論述一方面再次強調了人的主體性價值，另一方面更意味著在面對現實
中的天地自然時所應抱持的態度──「制天命而用之」。天命不再是無法捉摸
的神秘力量，依據人道最高準則的禮義，充分發揮其作用，那麼天命便能被
人們所掌握，而且能為人所用；就此而言，「制天命而用之」本質上就是人職
的作用過程。

　　然而，制天命並不等同於違逆天命，事實上，「制天命而用之」亦蘊涵了
人與自然萬物的互動關係。如前文引言中即有「財非其類，以養其類」之說，
又：

> 春耕、夏耘、秋收、冬藏四者不失時，故五穀不絕而百姓有餘食也；
> 汙池、淵沼、川澤謹其時禁，故魚鼈優多而百姓有餘用也。斬伐養
> 長不失其時，故山林不童而百姓有餘材也。〔註32〕

在這段引文中，可發現荀子所言「不失時」、「謹其時」、「不失其時」，都是在
強調人在作用於天的過程裡，必須遵循自然運行的規律；也就是說，制天命
並不全然意味著「人定勝天」〔註33〕或是天人對峙的意思，更非如胡適所謂
「征服天行」的「戡天主義」〔註34〕（Conquest of Nature），而是要求人們採
取主動的態度與行為去獲得人與自然的和諧關係。由此便可知，在荀子天人
之分的體系中，儘管區別了人與天地自然，但絕非將人視為孤立的存在，他
所要凸顯的是人與天地自然的關係中，應該以人為出發點，因人們具有主動

〔註31〕王先謙：《荀子集解·天論》，卷11，頁317。按：原作「物畜而制之」，今據
　　　　清人說校改。
〔註32〕王先謙：《荀子集解·王制》，卷5，頁165。
〔註33〕過去學者有此主張，如：任繼愈言：「（荀子）提出『制天命而用之』的人定
　　　　勝天思想。」參見氏著：《中國哲學發展史》（北京：人民出版社，1983年），
　　　　頁677；趙士林：「『天人之分』對天人關係的理解，實際上就是宣示了『人定
　　　　勝天』。」參見氏著：《荀子》（臺北：東大圖書公司，1999年），頁86。
〔註34〕胡適言：「荀子的『天論』，不但要人能與天地參，還要征服天行以為人用。……
　　　　這竟是培根的『戡天主義』（Conquest of Nature）了。……荀卿的『戡天主義』
　　　　卻和近世科學家的『戡天主義』大不相同。荀卿只要裁制已成之物，以為人
　　　　用，卻不耐煩作科學家『思物而物之』的工夫。」參見氏著：《中國哲學史大
　　　　綱（外一種）》（石家莊：河北教育出版社，2001年），頁229～230。

作用的能力，而這種能力的發揮，正是人與自然相適應、相契合的基礎，其最終的目的，則在於天人相參合一的境地。

第三節　天人相參

　　從荀子所論「天行有常」到「天人之分」命題的相關討論來看，不難發現荀子反覆強調人道、人職，將人提升出來使之成爲天地自然萬物中最爲特出者，顯現其企望人們積極作爲的意義；在這樣的論述過程中，人與自然（天）並不因此成爲截然相對立的兩極，而是在相互作用中建立和諧的秩序。具有自然屬性及獨立性質的天，除了提供人們生存活動的舞台之外，如何與人道、人職在更高層次上得到聯繫，便成爲天人相參的重要課題；換言之，天人之分中，這個「不爲而成」、「不求而得」的天職如何發揮其作用範圍，與人如何發揮其作用範圍一樣，都是荀子天人之學的一環，這是必須要理解的。如果忽略天與人相互作用的聯繫，甚至將天人之分中天的作用意義邊緣化，則往往會以爲天人之分就是荀子天人之學的宗旨，進而把天人之分與天人合一視爲天人關係中兩種對立的觀點，這樣的看法顯然只是相當片面的理解。

　　荀子曾明確地標示出在人道之外，天地自然亦有其根本原則：

　　　　天有其時，地有其財，人有其治，夫是之謂能參。〔註35〕

　　　　天有常道矣，地有常數矣，君子有常體矣。〔註36〕

由此可看出，在荀子的天人體系中，要建構和諧的秩序，其要素包括了天、地、人三者：即天地之所以爲天地的根本的「常道」、「常數」，以及人之所以爲人的根本的「常體」；透過三者在各自範圍內充分發揮作用（即天人之分）爲基礎，才能進一步達到「能參」。換言之，「參」的對象是天時、地財，這是人治的材料，因此，人並不是「能參」的唯一根據，而是建立在與天地互動、共成的關係中。這裡所謂的「能參」，一方面凸顯了人的具體實踐必然權衡於人與天地的互動關係，此即前面所討論的「不失時」、「謹其時」的意義；另一方面也意味著人與天地之間有著更高層次的內在關係。荀子言：

　　　　禮有三本：天地者，生之本也；先祖者，類之本也；君師者，治之
　　　　本也。無天地惡生？無先祖惡出？無君師惡治？三者偏亡焉，無安

〔註35〕王先謙：《荀子集解·天論》，卷11，頁308。
〔註36〕王先謙：《荀子集解·天論》，卷11，頁311。

> 人。故禮上事天，下事地，尊先祖而隆君師，是禮之三本也。故王
> 者天太祖，諸侯不敢壞，大夫士有常宗，所以別貴始，貴始，得之
> 本也。〔註37〕
>
> 郊者，并百王於上天而祭祀之也。〔註38〕

禮義道德的產生，固然是源自於人的自然生命，然而自然生命則是基始於天地，從這個意義上來說，天地成為禮義的本源，由此而與先祖、君師共同成為人們敬事的對象。所謂「王者天太祖」、「并百王於上天而祭祀之」，即以先祖配天，和天同祀，都表示出認同天與先祖一樣，均為主體生命及文化的源頭，依此，則荀子所論的天，在更高層面上被賦予了禮義道德的共通內涵，也就是說，天地自然的根本之則，與作為人道準則的禮義道德是一致的。再看：

> 夫義者，內節於人而外節於萬物者也。〔註39〕
>
> 天地以合，日月以明，四時以序，星辰以行，江河以流，萬物以昌，
> 好惡以節，喜怒以當，以為下則順，以為上則明，萬變不亂，貳之
> 則喪也。禮豈不至矣哉！〔註40〕

禮義道德作為天地之理，亦即前面所說天地的「常道」、「常數」，它的作用範圍就是寓於自然界的運動變化中，成為日月、四時、星辰、江河等萬物運行合宜的法則；不僅如此，荀子又再次強調禮義也是調節人情喜怒好惡的基本原則，能使社會上下和諧而不變亂。依此來看，在在顯示了禮義是貫通天、地、人的基本存在；天人之間，由此而有了更高層面的關聯，荀子言：

> 天地者，生之始也；禮義者，治之始也；君子者，禮義之始也。……
> 故天地生君子，君子理天地；君子者，天地之參也，萬物之摠也，
> 民之父母也。無君子則天地不理，禮義無統，上無君師，下無父子，
> 夫是之謂至亂。君臣、父子、兄弟、夫婦，始則終，終則始，與天
> 地同理，與萬世同久，夫是之謂大本。〔註41〕
>
> 禮也者，理之不可易者也。〔註42〕

〔註37〕王先謙：《荀子集解‧禮論》，卷13，頁349。
〔註38〕王先謙：《荀子集解‧禮論》，卷13，頁375。
〔註39〕王先謙：《荀子集解‧彊國》，卷11，頁305。
〔註40〕王先謙：《荀子集解‧禮論》，卷13，頁355。按：原作「萬物變而不亂，貳之則喪也」，今據清人說校改。
〔註41〕王先謙：《荀子集解‧王制》，卷5，頁163。
〔註42〕王先謙：《荀子集解‧樂論》，卷14，頁382。

人們之所以能與天地相參，是在於人們具有依自然本能發展的需要而產生的內在之理，這個內在之理不僅是安定秩序的根基，而且與天地之理是一致的（即引文中「與天地同理」），在人類社會的表現型態則是透過君臣、父子、兄弟、夫婦等人際互動中呈現，也就是禮義。更明確地說，人倫之理同於天地之理，即是同於「禮」。正是在這個意義上，荀子認為：

> 老老而壯者歸焉，不窮窮而通者積焉，行乎冥冥而施乎無報，而賢、不肖一焉。人有此三行，雖有大過，天其不遂乎。〔註43〕

> 天非私曾、騫，孝已而外眾人也，然而曾、騫、孝已獨厚於孝之實而全於孝之名者，何也？以綦於禮義故也。天非私齊、魯之民而外秦人也，然而秦人於父子之義、夫婦之別，不如齊、魯之孝共敬文者，何也？以秦人之從情性，安恣睢，慢於禮義故也。〔註44〕

> 夫天生蒸民，有所以取之。志意致修，德行致厚，智慮致明，是天子之所以取天下也。政令法，舉措時，聽斷公，上則能順天子之命，下則能保百姓，是諸侯之所以取國家也。〔註45〕

> 姦言、姦說、姦事、姦能、遁逃反側之民，職而教之，須而待之，勉之以慶賞，懲之以刑罰，安職則畜，不安職則棄。五疾，上收而養之，材而事之，官施而衣食之，兼覆無遺。才行反時者死無赦。夫是之謂天德，王者之政也。〔註46〕

第一、二則引文指出能夠做到敬侍老者、尊重處境窮困者、施恩不求回報，以及如曾子、閔子騫、孝已或齊、魯之民等等合乎禮義人道的表現，便能得到上天的護佑與偏愛，亦即前面引文中曾說的「循道而不貳，則天不能禍」，這樣的思想說明了天地之理會因著人們禮義的實踐而呈顯出其意義；第三、四則引文則涉及王者治國之道與天理的聯繫，包括君臣職權的獲取、設立得宜與否，似乎不僅是合乎人倫禮義，同時也與天地之理通同；而在位者安善安置、教化人民，使人民各得其所，更是合於天地之理（即「天德」）的表現。

〔註43〕王先謙：《荀子集解・修身》，卷1，頁34～35。
〔註44〕王先謙：《荀子集解・性惡》，卷17，頁442。按：原作「然而於父子之義、夫婦之別，不如齊、魯之孝具敬父者」，今據清人說校改。
〔註45〕王先謙：《荀子集解・榮辱》，卷2，頁59。
〔註46〕王先謙：《荀子集解・王制》，卷5，頁149。按：清人以「官施而衣食之」當為「施而衣食之」。今人則以〈王霸〉：「論德使能而官施之」為證，以為不誤。

荀子的這些論述均說明了天地之理與人倫之理在相互作用中建立起來的內在一致性，在這過程中，天與人便逐漸獲得統一。因此說：

> 錯人而思天，則失萬物之情。〔註47〕

> 君子大心則敬天而道，小心則畏義而節。〔註48〕

第一段引文從字面上來看，是說天地自然不會主動滿足人們的願望與需要，若棄置人的努力而企望天的恩賜，便是違背了自然萬物本身的必然之理。這話固然是強調人們主體作用的價值，若換個角度來看：當人們以人道為基礎充分發揮人職的功能，作用於天地自然之時，則不但體現了「制天命而用之」的意義，而且又是表現出遵循必然之理（意即：不「錯人思天」，則合乎「萬物之情」）的過程，在這個雙重意義上，則第二段引文中所說敬重「天道」並遵循它的常規（即「敬天而道」），則無異於是敬重「人道」且遵循它的常規了，由此可看出人的作用本身即意味著合於天地之理，是天人相參、天人統一的前提，也可清楚的理解荀子所論的人道與天道間的統貫關係；換言之，人道的完成即是天道的完成。

在荀子的論述中，雖然未曾出現「天人合一」的明確表述，但是從以上的論述可以看出，荀子的天人關係是在天人之分的前提下，講求主體的實踐作用於天地自然的過程，透過這個動態的、發展的過程，達到天人相參的境地。因此，荀子天人之分將天與人二分的架構並不意謂著天人的優先順序，而是強調在相互作用間建構出和諧的世界；這可說是尋求天人合一的途徑，就此而言，天人仍是一個整體，故其天人關係所主張的最終意義仍是天人合一。

第四節　荀子天人觀之價值

綜合上面的論述，對於荀子的天人之學便能有一個較完整的理解。荀子首先強調天有客觀現實存在的一面，以其自然、獨立的特質將所謂宗教神學的意志之天作了明確的區隔；其次，由於天地自然有其自身的規律，一切自然現象的出現都與人的願望、意志沒有必然關係，如此便將天與人事作了一定程度的區別，於是，社會的吉凶治亂便邏輯地導向對人為努力的重視。「天

〔註47〕王先謙：《荀子集解・天論》，卷11，頁317。
〔註48〕王先謙：《荀子集解・不苟》，卷2，頁42。按：原作「則天而道」，今據清人說校改。

人之分」的命題正是在這樣的基礎上提出，除了表示人們因著禮義而成爲天地萬物中最崇高的地位者外，更重要的是劃定了天職與人職的作用範圍；「制天命而用之」便是人職作用的發揮，這是要求人們採取主動積極的態度去獲得與天地自然的和諧關係。主體作用的價值，在此得到了更深刻的意義；同時，也可看出荀子的「天人之分」是高度肯定主體作用的價值，但並不意味著人是孤立與自然毫不相干的存在，事實上，天地自然是主體生命的源頭，這是天人之間最基始的聯繫層面；而「制天命而用之」則是涉及了主體與外在自然更高層面的聯繫，以禮義人道爲基礎，實踐於天地自然的人職作用，是溝通人與天的中介環節，天所本有、與人道內涵一致的「天道」在此將能呈顯出來，亦即透過「制天命而用之」，天與人便逐漸在相互作用的過程中建構起內在的統一性，這是遵循「萬物之情」的必然過程，於是，天人相參便在這個動態發展的努力中得以完成。依此來看，則荀子追求天人合一境界的理想是肯定的，而且，這個天人合一的理想仍是以禮義道德作爲統貫的基礎，終究仍是屬於儒家天人關係的範疇。

　　仔細梳理荀子對天人關係的論述，便可發現他所理解的天，並不能僅以西方哲學的「自然」這一概念來完全涵括，〔註49〕即使他刻意強調的多半是天的自然、獨立性質，很少從禮義道德的角度論天，然而天的德行義價值未嘗不存在，惟其所更重視的乃在於主體的積極實踐。當作爲主體的人們發揮人職作用之時，實際上也就是天地之理的呈現，人道與天道便在這種動態的、相互作用的過程中獲得了一致性。荀子所尋求的天人合一，便是這樣的天人內在和諧與統一。即使單就荀子所注重的天的自然義而論，人並不是自然的附屬品，因此無須盲從於自然；自然亦不是人的從屬物，是故人不能、也無法征服自然。若將荀子的「物畜而制之」、「制天命而用之」等論述與西方的征服自然思想劃上等號，甚至以爲這是現代自然科學的起始，〔註50〕這樣的說法顯然是難以成立

〔註49〕唐君毅：〈論中西哲學問題之不同〉指出：「中國哲學家所謂自然與西洋哲學家所謂自然不同。西洋哲學家所謂自然，或是物質的自然，或是生物的自然，是不含任何價值成分的。……中國哲學家的自然是根本包含人的價值理想的，自然中本含攝當然的。」參見氏著：《中西哲學思想之比較研究集》，頁68，；又如方東美說：「中西自然主義彼此之間顯有一大差異：後者恆標榜價值中立；而中國哲人則於宇宙觀，及人性觀上無不繫以價值爲樞紐。」參見氏著：《中國哲學之精神及其發展》（臺北：成均出版社，1984年），頁18。
〔註50〕陳大齊：「荀子欲物畜天地而役使之，欲騁人的智力以增益生產，此與西洋人所嚮往的征服自然，初無二致，與現代自然科學的精神，亦甚切合。假使荀

的。畢竟，荀子賦予天自然義的理性思考，「不在對自然作實證的科學探究，而是站在對自然採取常識的經驗立場上，反對一切超經驗的迷信和虛妄。」〔註51〕重新樹立主體實踐的優越性，這才是他真正的目的，同時也是其價值所在。

　　儘管荀子天人關係的終極理想仍在於天人合一，但從其以「分」為前提，由「分」而「參」而「合」的思考進路而論，的確頗異於過去較為人所熟知的孟子思路。孟子視天為禮義道德的本源，人的內在心性（即「善端」）是天所賦予，亦即天道內在於人而為人之心性，依此，只要人們透過「盡心」、「知性」的內在修養工夫，便能與天道相貫通、溯源而上達到「知天」；認知了天道，再由「存心」、「養性」，便能夠做到行事符合天道，亦即「事天」，〔註52〕這就是天人合一的境地；換言之，孟子強調的是從個體心性的修養為出發，致力於內在自我的提升以獲得人道與天道的溝通，求得天人合一。李澤厚言：「孔孟荀一脈相承，『一是以修身為本』。」〔註53〕同樣重視個體修養，但荀子所致力的方向與孟子有顯著的不同。在尋求天人合一的過程中，荀子藉由「天人之分」來呈顯出人為努力的重要性，而作為實踐主體的人們除了內在修養外，更將其作用力擴展至主體以外的天地萬物中，所謂的萬物「盡其美」、「致其用」、「天地官而萬物役」，無非是說明在荀子的天人合一思想中，對於主體本質力量的考察視野已由單純的內在價值擴充至其外在價值，在這擴充的過程中，涵括了「修身」的內涵，對於主體作用能力予以更高的評價；同時，透過作用於天地自然的過程達到天人相參，主體的本質力量得到了外在的展現，也就是說，「人的價值超越了內在的道德意識而得到了外部的確證。」〔註54〕如果說，孟子的天人合一是從內在層面凸顯出主體修省的可貴，那麼，荀子的天人合一則是從外在層面肯定了主體踐履的價值，二者實際上是從不同角度展開了儒家天人觀的思路。

　　子此一學說而見重於後世，有人為之發揚光大，則今日中國的自然科學及應用技術縱不能居於領導地位，亦決不至於落伍如此之甚。」參見氏著：《荀子學說》（臺北：中國文化大學出版，1989年），頁25。

〔註51〕李澤厚：《中國古代思想史論》，頁132。

〔註52〕朱熹：《孟子集注‧盡心章句上》：「孟子曰：盡其心者，知其性也。知其性，則知天矣。存其心，養其性，所以事天也。」《四書章句集注》（北京：中華書局，2003年七刷），卷13，頁349。

〔註53〕李澤厚：《中國古代思想史論》，頁3。

〔註54〕楊國榮：《善的歷程——儒家價值體系的歷史衍化及其現代轉換》（上海：上海人民出版社，2000年），頁90。

第二章　荀子的心性論

　　在荀子的思想體系中，心性論是極重要的一環，同時也是研究荀子思想領域中，最被廣泛討論的論題之一。就文字表面所呈現的意義來看，由於荀子言性惡，明顯地與孟子的性善論相對，此自然受到宋明以來一向以繼承孟子爲正統的儒者強烈的抨擊。清代熊賜履所編《學統》中，除了將荀子貶入「雜統」之外，同時也收錄了宋明學者對於荀子的批評，如宋程頤：「荀子以人性爲惡，則是誣天下萬世之人皆爲惡也，其昧於裡如是之甚。」「荀子只一句性惡，大本已失。蓋性者，大本也，言性惡，則大本已失矣。」朱子：「不須理會荀卿，且理會孟子性善。」明胡居仁（1434～1484）：「荀子只性惡一句，諸事壞了，是源頭已錯，末流一無是處。」「荀子不知性之爲理，只在情欲上看，故曰性惡。」〔註1〕這些批評的重心，主要都是認爲荀子以情欲爲人性在根源上的認知錯誤，進而全面否定了荀子的思想；於此可見心性論對於荀子在思想史上定位的影響之甚。

　　對於荀子的心性論，若只是就其學說的突出特徵所作的簡短表述，以及對人性這個概念所作的近於定義式的文字論說，並不能涵蓋其整個心性論的內容。就荀子心性論的瞭解，要先說明的是：荀子論人性的根本精神，不在言性惡，而在如何能知道行道，其終極目的仍在於透過修養、教育而成就道德，成就人的價值。其言曰：

　　　故學也者，固學止之也。惡乎止之？曰：止諸至足。曷謂至足？曰：
　　　聖王也。聖也者，盡倫者也；王也者，盡制者也。兩盡者，足以爲

〔註1〕　熊賜履：〈雜統〉，《學統》（臺北：廣文書局，1975 年），卷 43，頁 815～821。

天下極矣。〔註2〕

由此來看，人性的實質內容固然重要，但決定如何施教、如何建立修養工夫以達到「聖王」的境地，其關鍵卻是在善惡的來源問題。因此，就「性惡」來說，如果只側重於對「惡」的關注，即順著人性自然之欲、無所節制而論「性惡」，沒有從「性」的角度來分析「性惡」思想；那麼，勢必無法解決「人之性惡，則禮義惡生」的問題，於是便有學者將荀子的禮義視為外在於本體或客觀的實物。以這種的分析方式來討論荀子的性惡之論，是否能真正揭示出荀子心性論的義蘊，恐怕是值得再商榷的。因為荀子對心性論述的實際內容，要遠比他在性惡的簡短陳述及對人性概念的規定要豐富得多，深廣得多。據此，本章擬參酌現代學者論荀子心性論之見解，尤其承繼許多能夠跳脫以孟學為唯一價值意識來評論荀子思想的學者觀點，嘗試從荀子所說的「性」的內涵為出發點，進一步理解其所謂「性惡」的表達動機與意義，從更深層次上全面考察荀子心性論的涵義。事實上，荀子的禮義道德，依然是源自於人的心性，同時亦具有認知並完成善的能力，惟與過去儒學傳統所熟習的孟子性善論相較，這種道德實踐的進路是完全不相同的。

第一節　荀子人性之定義及內容

一、人性的定義

在《荀子》的文獻中，有幾則對於人性直接的講法：

性者，本始材樸也。〔註3〕

凡人之性者，堯、舜之與桀、跖，其性一也；君子之與小人，其性一也。〔註4〕

以上這兩則引文指出性具有原始本質之義，且是人人所共有的。此一定義是多數人性論者所共同承認的普遍原則，並無太大爭議，同時也無法尋繹出荀子對於人性的特殊見解。再看：

〔註2〕 王先謙：《荀子集解·解蔽》（北京：中華書局，1992年二刷），卷15，頁406～407。按：原作「曷謂至足，曰：聖也」，今據清人說校改。

〔註3〕 王先謙：《荀子集解·禮論》，卷13，頁366。按：原作「本始材朴」，今據清人說校改。

〔註4〕 王先謙：《荀子集解·性惡》，卷17，頁441。

　　　生之所以然者謂之性。生之和所生，精合感應，不事而自然謂之性。
〔註5〕

　　　不可學，不可事而在天者謂之性。〔註6〕

此二則引文，是荀子對於人性的特殊界定。所謂「生之所以然者謂之性」，從
字面上來看，似乎與「本始材樸」之意相近，但實際上二者是有差異的。若
單就「生之所以然者謂之性」這句話來看，極易產生歧異，〔註7〕因此必須接
讀下面的文字：「生之和所生，精合感應」，即生命結構體（生之）與此結構
體所受外界事物感應而產生的本能（所生）相結合並有所反應（精合感應）；
〔註8〕換言之，荀子所說的「性」是「自然而然」的「性」，所以才「不事而
自然」、「不可學、不可事」。

　　由以上的分析，或可定義出荀子對於性的基本概念：性是指生命結構體
能與外界事物相接觸而產生各種感應，並且能自然作出反應的天賦本能，此
一反應本能，無須人為，乃是一種未經加工、質樸的原始素材性的存在。在
此必須說明的是，過去有學者認為荀子的這個定義與告子所言「生之謂性」
相同，〔註9〕但事實上二者是有差異的：告子的「生」，是「天生」的「生」，
因此告子所謂「性」是「與生俱來」之意；而荀子的「生」，是「產生」的「生」，

〔註5〕　王先謙：《荀子集解·正名》，卷16，頁412。按：原作「性之和所生」，今據
　　　　清人說校改。
〔註6〕　王先謙：《荀子集解·性惡》，卷17，頁436。按：原作「不可事而在人者」，
　　　　今據清人說校改。
〔註7〕　陳德和在〈荀子性惡論之意義及其價值〉一文中曾就「所以然」一詞在語法
　　　　上的使用略作分析，同時討論牟宗三、唐君毅與徐復觀等人之見解，作者指
　　　　出「所以然」是用來指稱某一實物或發生原因，除此之外，「所以然」又可當
　　　　作某一實物、事件存在的理由；但此二種使用方式似乎都無法恰當的表達荀
　　　　子之意。參見氏著：《儒家思想的哲學詮釋》（臺北：洪葉文化事業有限公司，
　　　　2002年），頁125～126。
〔註8〕　學者持類似主張者，如：梁啟雄認為「生之所以然者為之性」指的是天賦之
　　　　本質，生理學上之性；而「性之和所生，精合感應」指的是「事物感人而人
　　　　應之」，是天賦本能，心理學上之性。參見梁啟雄：《荀子柬釋·正名》（臺北：
　　　　臺灣商務印書館，1993年六刷），第22篇，頁311。廖名春認為「『精合感
　　　　應』，指人的感官本能與外界事物相接觸而產生反應。……可見在荀子眼中，
　　　　人性包含對客觀事物反映的內容。」參見氏著：《荀子新探》（臺北：文津出
　　　　版社，1994年），頁104。
〔註9〕　如鮑國順即持此意見。參見氏著：《荀子學說析論》（臺北：華正書局，1993
　　　　年三版），頁13。

所以荀子所謂的「性」是「自然而然」的「性」，至於這個「自然而然」的「性」是善或惡，則應就荀子對於「性」的內容更具體的析論，才能有更清楚的理解。據此，若認為荀子對於「性」的原始定義與告子相同，都是一種無善無惡的心理活動，恐怕不是完全正確的訓釋。

二、人性的內容

（一）「情」與「欲」

順著上述荀子對「性」的訓釋，便可進一步討論荀子所說的「情」與「欲」：

> 人生而有欲。〔註10〕

> 性之好、惡、喜、怒、哀、樂謂之情。〔註11〕

> 性者，天之就也；情者，性之質也；欲者，情之應也。〔註12〕

在荀子看來，性是以「情」的方式來表現的；所謂「情」，是源於「性」的實然呈現；「欲」則是「情」的感應。因此，荀子每每將「性」和「情」合在一起稱之為「情性」，例如：

> 今人之性，飢而欲飽，寒而欲暖，勞而欲休，此人之情性也。〔註13〕

> 若夫目好色，耳好聲，口好味，心好利，骨體膚理好愉佚，是皆人之情性者也，感而自然，不待事而後生之者也。……夫好利而欲得者，此人之情性也。〔註14〕

由以上例子可看出，「性」和「情」、「欲」在荀子的認知裡，三者是統一的、同義的概念，都是人天生本有的能力、慾望及自然的反應。因此，荀子就人性進行一連串的陳述，都與此有關：

> 夫人之情，目欲綦色，耳欲綦聲，口欲綦味，鼻欲綦臭，心欲綦佚。此五綦者，人情之所必不免也。〔註15〕

> 今人之性，目可以見，耳可以聽。夫可以見之明不離目，可以聽之

〔註10〕 王先謙：《荀子集解・禮論》，卷13，頁346。

〔註11〕 王先謙：《荀子集解・正名》，卷16，頁412。

〔註12〕 王先謙：《荀子集解・正名》，卷16，頁428。

〔註13〕 王先謙：《荀子集解・性惡》，卷17，頁436。

〔註14〕 王先謙：《荀子集解・性惡》，卷17，頁437～438。按：原作「是皆生於人之情性也」，今據清人說校改。

〔註15〕 王先謙：《荀子集解・王霸》，卷7，頁211。

聰不離耳。目明而耳聰，不可學明矣。〔註16〕

以上這兩則陳述，再對照著荀子「情性」並稱的引文，可看出荀子以人的視
聽等天生官能、欲飽欲暖等自然生理欲求及慕色慕聲等好惡來界定人性。從
這些文字敘述看來，似乎荀子的人性論必然走向「性惡」的結果，是頗合理
的推論；然而，若能跳脫這種傳統的理解思路，再進一步分析上述這些引文，
便能有更深入的理解：在荀子對人性的陳述中，除了那些官能欲求、心理反
應外，值得注意的是，在這些事實的陳述中，均未對「性」（包含「情」、「欲」）
下價值判斷，也沒有以此爲惡；換言之，他是從自然層面上來看待人性，並
不以自然情欲本身爲惡。在此，至少可說，荀子對於自己所陳述的情欲，是
持中性的態度。

（二）「心」與「知」

「心」與「知」是荀子人性論中的重要結構，關於「心」的基本概念，
荀子言：

> 耳目鼻口形能，各有接而不相能也，夫是之謂天官。心居中虛以治
> 五官，夫是之謂天君。〔註17〕

> 心者，形之君也，而神明之主也，出令而無所受令。自禁也、自使
> 也、自奪也、自取也、自行也、自止也。〔註18〕

> 情然而心爲之擇謂之慮。〔註19〕

依上述引文看來，荀子的「心」頗具有主宰的涵義。人的外在表現是「心」
透過考量而作出抉擇，並發動官能來執行的，因此，「心」也是自然生命的官
能，就此而言，顯然「心」是「性」的一部分，〔註20〕同時「心」亦是精神
作用的主導者，所以「心」是「出令」而不「受令」。

〔註16〕王先謙：《荀子集解・性惡》，卷17，頁436。

〔註17〕王先謙：《荀子集解・天論》，卷11，頁309。

〔註18〕王先謙：《荀子集解・解蔽》，卷15，頁397～398。

〔註19〕王先謙：《荀子集解・正名》，卷16，頁412。

〔註20〕何淑靜曾就荀子是否以「心」爲「性」作過討論，並認爲：「『心是性』是從
　　　　『生而有』來說的，『心不是性』是從『實踐工夫』來說的」，這兩層的意思
　　　　都內涵於荀子的思想體系中，是並存的。參見氏著：《孟荀道德實踐理論之研
　　　　究》（臺北：文津出版社，1988年），頁47～73。按：此一討論是受限於荀子
　　　　「不可學、不可事而在天者，謂之性」的定義而產生的結果，事實上，所謂
　　　　「實踐工夫」——即「僞」，亦有「性」的作用存在（詳本文後述），因此，
　　　　本文認爲荀子的「心」是「性」的一部分。

另一方面，荀子認爲「心」具有「知」的功能：

> 心有徵知。徵知則緣耳而知聲可也，緣目而知形可也。然而徵知必
> 將待五官之當薄其類然後可也。〔註21〕

> 凡生乎天地之間者，有血氣之屬必有知，有知之屬莫不愛其類。……
> 故有血氣之屬莫知於人，故人之於其親也，至死無窮。〔註22〕

> 人之所以爲人者，何已也？曰：以其有辨也。……故人道莫不有辨。
> 辨莫大於分，分莫大於禮，禮莫大於聖王。〔註23〕

> 凡以知，人之性也；可以知，物之理也。以可以知之人性，求可以
> 知物之理而無所凝止之，則沒世窮年不能偏也。〔註24〕

「心」之所以能考量抉擇，主要在於有「知」。所謂「徵知」，意即依循著耳
目情欲等感受的原始驅動而知覺、認知外在事物，這種先天的稟賦，是「心」
的主要功能。依據這幾段引文，可看出「知」包括了幾個層次：首先，「知」
是感官知覺的能力，這是包括人、禽在內的「血氣之屬」均有的稟賦，其中
又以人最具此能力，這是人思親之情不止息的原因；其次，「知」指的是一種
理性的辨知、思慮能力，當然，這種能力是人性所獨有，「人之所以爲人」的
條件，至於認知的對象，即荀子所言的「可以知，物之理」，其涵蓋的範圍不
僅止於知識層面，更重要的應是道德層面的能慮能辨，故言：「辨莫大於分，
分莫大於禮」，顯見其辨知的著眼所在。再看：

> 故心不可以不知道。心不知道，則不可道而可非道。……心知道，
> 然後可道；可道，然後能守道以禁非道。以其可道之心取人，則合
> 於道人，而不合於不道之人矣。以其可道之心，與道人論非道，治
> 之要也。〔註25〕

這裡所說的「道」，是指權衡古今人事的最高準則，亦即禮義等道德的總括。
〔註26〕荀子言「心不可以不知道」，強調人心必當知「道」，即「道」是心知

〔註21〕 王先謙：《荀子集解・正名》，卷16，頁417。按：原作「然而徵知必將待天
官之當薄其類然後可也」，今據清人說校改。
〔註22〕 王先謙：《荀子集解・禮論》，卷13，頁372～373。
〔註23〕 王先謙：《荀子集解・非相》，卷3，頁78～79。
〔註24〕 王先謙：《荀子集解・解蔽》，卷15，頁406。按：原作「求可以知物之理而
無所疑止之」，今據清人說校改。
〔註25〕 王先謙：《荀子集解・解蔽》，卷15，頁394～395。
〔註26〕 〈儒效〉：「道者，非天之道，非地之道，人之所以道也，君子之所道也。」

的最主要對象,由知「道」而認可「道」,進而能遵行、持守「道」,這是「知」的最終目的;至於由知「道」至行「道」的過程,就是其建構的道德實踐進路。依此,荀子所論的心知,並不能以一般哲學意義的「知識論」(Epistemology)來理解,而應視爲人性在道德實踐中的一環。

　　然而,必須進一步說明的是,雖然荀子強調人心「不可以不知道」,但並不等同於人心已具備了如同孟子所說的仁義禮智之德;換言之,在人心尚未知「道」時,人欲人情將有出現失序、混亂狀態的可能,荀子言:

> 心之所可中理,則欲雖多,奚傷於治!欲不及而動過之,心使之也。
>
> 心之所可失理,則欲雖寡,奚止於亂![註27]

從這段論述來看,心知的選擇判斷並不能保證必然合理合道,亦即荀子也承認心知的認可會出現「失理」的情況。如此一來,則「心」雖能思慮、辨知「道」,但似乎並沒有道德意識之價值的存在,其本質並沒有產生道德意識的價值根據。然而,事實上,荀子在陳述人性的種種表現時,並不僅止於感官本能和生理欲求:

> 好榮惡辱,好利惡害,是君子、小人之所同也。……好利而惡害,是人之所生而有也,是無待而然者也,是禹、桀之所同也。[註28]
>
> 善在身,介然必以自好也;不善在身,菑然必以自惡也。[註29]
>
> 桀、紂者,善爲人所惡也;而湯、武者,善爲人所好也。人之所惡何也?曰:汙漫、爭奪、貪利是也。人之所好者何也?曰:禮義、辭讓、忠信是也。……故凡得勝者必與人也,凡得人者必與道也。道也者何也?曰:禮讓忠信是也。[註30]
>
> 義與利者,人之所兩有也。雖堯、舜不能去民之欲利,然而能使其欲利不克其好義也。雖桀、紂亦不能去民之好義,然而能使其好義不勝其欲利也。[註31]

又〈大略〉:「君子處仁以義,然後仁也;行義以禮,然後義也;制禮反本成末,然後禮也。三者皆通,然後道也。」參見王先謙:《荀子集解》,卷4,頁122;卷19,頁492。

[註27] 王先謙:《荀子集解・正名》,卷16,頁428。

[註28] 王先謙:《荀子集解・榮辱》,卷2,頁61〜63。

[註29] 王先謙:《荀子集解・修身》,卷1,頁21。

[註30] 王先謙:《荀子集解・彊國》,卷11,頁298。

[註31] 王先謙:《荀子集解・大略》,卷19,頁502。

> 體恭敬而心忠信，術禮義而情愛人，橫行天下，雖困四夷，人莫不
> 貴。勞苦之事則爭先，饒樂之事則能讓，端愨誠信，拘守而詳，橫
> 行天下，雖困四夷，人莫不任。體倨固而心勢詐，術慎墨而精雜汙，
> 橫行天下，雖達四方，人莫不賤。勞苦之事則偷儒轉脫，饒樂之事
> 則佞兌而不曲，辟違而不愨，程役而不錄，橫行天下，雖達四方，
> 人莫不弃。〔註32〕

從以上的論述中可發現，荀子認爲人的本性除了前述感官生理的欲求外，亦有
趨利避害的本能，言「君子、小人之所同」、「禹、桀之所同」是強調自然而然
的普遍性，劉又銘先生早已指出，透過荀子所言人們的這種自然而然好利惡害
的本能在現實生活中表現爲對聖君、禮義辭讓等美德的喜好，以及對暴君、汙
漫爭奪等敗德的厭棄即顯示出荀子所陳述的心性事實上包含了一種知善知惡的
動力，以及好善惡惡的道德意識，雖然這個道德意識似乎只能透過主體在面對
現實各種情境中才能反應出來；或可說，這是一種潛存於人性內在中人向善的
能力，〔註33〕然而這種動力、情感都是主觀的可能，並非客觀的現實。因此，
若說荀子的「心」只是個認識主體而沒有道德價值意識，亦即不能在面對眾多
客觀事實的時候，知善知惡、好善惡惡，那麼當人在面對聖君、善行美德時，
亦只能將之視爲客觀事實及現象來認識。而這個聖君、善行美德做爲客觀的認
識對象，與暴君、惡行敗德等事實和現象，二者都是客觀的認識對象，應是相
同的；如此一來，對於荀子爲何說「人莫不貴」、「人莫不任」嘉行善道，便無
法得到合理的解釋。足見，荀子所說的「心」，絕不僅止於認識主體而已，實際
上亦潛存了在各種情境中辨知道德意識的能力。至於這個潛存的道德意識要如
何化爲現實的可能，則需要透過修養工夫，即「虛壹而靜」：

> 人何以知道？曰：心。心何以知？曰：虛壹而靜。心未嘗不藏也，
> 然而有所謂虛；心未嘗不兩也，然而有所謂一；心未嘗不動也，然
> 而有所謂靜。……不以所已藏害所將受謂之虛。……不以夫一害此

〔註32〕王先謙：《荀子集解·修身》，卷1，頁28～30。按：原作「術順墨而精雜汙」，
今據楊倞校改；「體倨故而心執詐」，今據清人說校改。

〔註33〕劉又銘先生：〈從「蘊謂」論荀子哲學潛在的性善觀〉指出，荀子的「心」是
「具有道德直覺能力而能夠在種種情境中辨認價值的心」，同時，這裡的「道
德直覺」是屬於一種「非通透性（就面對情境當下作出抉擇而言）」的「依他
型」的「德行之知」。刊於：《「孔學與二十一世紀」國際學術研討會論文集》
（臺北：政治大學文學院編印，2001年10月），頁50～77，尤其60～61。

一謂之壹。……不以夢劇亂知謂之靜。未得道而求道者，謂之虛壹
而靜。作之，則將須道者之虛，虛則入；將事道者之壹，壹則盡；
將思道者之靜，靜則察。知道察，知道行，體道者也。虛壹而靜，
謂之大清明。〔註34〕

荀子認爲，「虛壹而靜」是使心性能夠「知道」、「行道」，達到「大清明」的
方法。劉又銘先生即認爲，這段關於「虛壹而靜」的論述是眾所熟知的，雖
然其義涵並不一定顯露了任何道德屬性，但就其能「未得道而求道」而言，
無非是出於對前述種種嘉行美德的追求；在此可說，正由於有「未得道而求
道」的意志爲基礎，使得「虛壹而靜」的工夫有了動力的依據與目標。〔註35〕
這樣的「心知」，即使在荀子不曾明言心性內含著禮義辭讓等善端的情況下，
似乎仍透顯出其中有著欲善、能善的意識存在。〔註36〕

〔註34〕 王先謙：《荀子集解・解蔽》，卷15，頁395～397。按：原作「心未嘗不滿」、
「不以所已臧害所將受謂之虛」、「則將須道者之虛則人，將事道者之壹則盡，
盡將思道者靜則察」，今據楊倞、清人校改。
〔註35〕 劉又銘先生：〈從「蘊謂」論荀子哲學潛在的性善觀〉，頁62。
〔註36〕 許多學者均認爲荀子的心性有道德蘊涵，除本文所引劉又銘先生之外，又如：
（1）唐君毅〈荀子言「心」與「道」之關係辨義〉認爲，荀子言心能知循此
虛壹而靜之道，即爲「知道之心」，即人亦自有「實能循此虛壹而靜之道以用
心」之道心。刊於《香港中文大學中國文化研究所學報》，第4卷第1期（1971
年9月），頁1～20。又言：「荀子雖未嘗明言心善，然循荀子所謂心能自主作
主宰，自清其天君，以知道體道而行道上說，則仍不得不承認荀子之所謂心
有向上之能。」參見氏著：《中國哲學原論（導論篇）》（臺北：臺灣學生書局，
1986年），頁140。又：「荀子乃緣人之欲善，以言性惡，正見其唯在『人所
欲之善』與『其現實上之尚無此善』，二者互相對較對反之關係中，以所欲之
善爲標準，方反照出其尚未有善之現實生命狀態之爲惡。」至於「欲善」之
欲，則無論依孟子之言，與常識之論，皆不能不說是「善」也。參見氏著：《中
國哲學原論（原性篇）》（臺北：臺灣學生書局，1989年），頁69。（2）韓德
民亦認爲：荀子的心「就其能知甚至是能制禮義而言，相對於動物界那種不
能學習接受禮義的獸性，似乎仍應承認其中的道德蘊涵。」參見韓德民：〈荀
子性惡論的哲學透視〉，《孔孟學報》，第76期（1998年9月），頁157～168。
（3）崔大華言：「與孟子的『學問之道無他，求其放心而已矣』，即認爲倫理
道德是人性所固有或人的生活所應有的那種理性自覺相比，荀子的『君子性
非異也，善假於物也』，也是一種道德的理性自覺，他認爲將人屈從於原始情
欲的自然性格的人改造、昇華爲一種具有道德目標的社會性格的人，是人的
生活中所迫切需要的和能夠實現的。」參見氏著：《儒學引論》（北京：人民
出版社，2001年），頁68。（4）成中英則更明確地肯定了荀子所論性中存有
善的成分：「荀子允許人能思想，知道和運用理性，制定禮法以克制欲望的破
壞，是在某一意義下以性具有理之內涵，故性中也本然有善的成分。」參見

第二節 「性惡」之義諦

透過前面的相關討論，可確知荀子在肯定人性中有自然情欲及認識性之外，同時也肯定道德意識仍佔有一定的基礎，但是顯然這個內在的意識只是以一種「潛存」的方式存有；在「善」與「惡」之間，荀子選擇了「惡」做為陳述的方式，屢言「人之性惡」便是證明。因此，釐清性惡論的意義，將有助於更進一步掌握荀子的心性論。

在此，必須先瞭解荀子對於善、惡的界定：

> 凡古今天下之所謂善者，正理平治也；所謂惡者，偏險悖亂也。是善惡之分也已。……故善言古者必有節於今，善言天者必有徵於人。
>
> 凡論者，貴其有辨合，有符驗，故坐而言之，起而可設，張而可施行。今孟子曰「人之性善」，無辨合符驗，坐而言之，起而不可設，張而不可施行，豈不過甚矣哉！〔註37〕
>
> 禮義之謂治，非禮義之謂亂也。〔註38〕

荀子主張一切的論述都應該有效應並且是能夠被驗證的，亦即所謂的善、惡，都要能「辨合符驗」於客觀事實，而批評孟子「性善論」無法「辨合符驗」，正是其性格傾向的表現；按照其以禮義、非禮義來界定「治」、「亂」，又言「治」、「亂」即所謂的善、惡之分，則更完整地來說，凡合乎禮義法度，以謹守社會秩序的表現為善，反之，違背禮義法度以擾亂社會常規的行為則是惡。

一、「性惡」之因

荀子從兩個角度來論述性惡：

（一）從人之性、順人之情

> 今人之性，生而有好利焉，順是，故爭奪生而辭讓亡焉；生而有疾惡焉，順是，故殘賊生而忠信亡焉；生而有耳目之欲，有好聲色焉，順是，故淫亂生而禮義文理亡焉。然則從人之性，順人之情，必出於爭奪，合於犯文亂理而歸於暴。〔註39〕

氏著：《創造和諧》（上海：上海文藝出版社，2002年），頁66。

〔註37〕王先謙：《荀子集解・性惡》，卷17，頁439～441。

〔註38〕王先謙：《荀子集解・不苟》，卷2，頁44。

〔註39〕王先謙：《荀子集解・性惡》，卷17，頁434～435。按：原作「合於犯分亂理而歸於暴」，今據清人說校改。

荀子所觀察到人性表現的具體事實，首先是放縱情性而造成種種悖禮犯義的情況，故言「人之性惡」。值得注意的是，畢竟人性與「從人之性、順人之情」是不相同的，荀子在此仍沒有說好利疾惡之情、耳目聲色之性的本質為惡，而是強調了放縱（即「順是」）情性造成犯分亂禮的狀況之下，才說是惡。

（二）離其樸、離其資

> 今人之性，生而離其樸，離其資，必失而喪之。用此觀之，然則人之性惡明矣。所謂性善者，不離其樸而美之，不離其資而利之也。
> 〔註40〕

所謂的「樸」，是指質樸；「資」，是指資材，二者都意謂著「性」的原始面目。荀子認為「性善」是指人性不離其質樸與資材而言，一旦離開了質樸與資材，便不能稱善了。由此看來，荀子是承認人性本有「善」的原始面目，但講求「辨合符驗」的荀子，其焦點顯然並不在此，而是更重視的是在「離其樸」、「離其資」的客觀事實，即使心性原本有道德價值的基礎，只是在產生之始便遠離了這個基礎，這便是荀子屢言「人之性惡」之因。

二、性偽合

　　荀子由順縱情性、遠離質樸資材而言「人之性惡」，但由於人性之中存有禮義法度等內在基礎，透過心的思辨、認知能力的配合，便能避免人耽溺於惡，這就是「化性起偽」。所謂「偽」，荀子言：

> 不可學、不可事而在人者謂之性；可學而能、可事而成之在人者謂之偽。是性、偽之分也。……夫感而不能然，必且待事而後然者，謂之偽。是性、偽之所生，其不同之徵也。故聖人化性而起偽，偽起而生禮義，禮義生而制法度。〔註41〕

> 偽者，文理隆盛也。無性則偽之無所加，無偽則性不能自美。性偽合，然後聖人之名一，天下之功於是就也。故曰：天地合而萬物生，陰陽接而變化起，性偽合而天下治。〔註42〕

〔註40〕王先謙：《荀子集解・性惡》，卷17，頁436。按：原作「生而離其朴」，今據清人說校改。

〔註41〕王先謙：《荀子集解・性惡》，卷17，頁436～438。按：原作「謂之生於偽」，今據清人說校改。

〔註42〕王先謙：《荀子集解・禮論》，卷13，頁366。

這段論述一方面指出了「偽」意指人為作用外；另一方面闡述了「性」、「偽」的關係：首先，相對於「不可學」、「不可事」的「性」而言，「可學而能」、「可事而成」的「偽」顯然是與「性」相對立的概念，而「文理隆盛」即指「離其樸、離其資」的禮義法度而言，這是「性」、「偽」的分際；再從另一個角度來看，「無性則偽之無所加」、「無偽則性不能自美」，則是強調了「性」與「偽」二者是一種相依相存的狀態，換言之，「可學而能」、「可事而成」的「偽」必然也有「性」的作用存在，〔註43〕「性」是「偽」所賴以進行的基礎，就如同人生而會走會跑，但專精於走路或擅長賽跑，則是待人為的努力，「性」和「偽」的關係亦是如此；同時，二者「合」的意義是被荀子所看重的，故言「性偽合而天下治」。

從「性偽合」的概念出發，則禮義法度制定的目的，便不是用來取代「性」的：

> 人莫貴乎生，莫樂乎安，所以養生樂安者，莫大乎禮義。〔註44〕

> 人生而有欲，欲而不得，則不能無求；求而無度量分界，則不能不爭；爭則亂，亂則窮。先王惡其亂也，故制禮義以分之，以養人之欲，給人之求，使欲必不窮乎物，物必不屈於欲，兩者相持而長，是禮之所起也。故禮者，養也。〔註45〕

> 禮者斷長續短，損有餘，益不足，達愛敬之文，而滋成行義之美者也。故文飾、麤惡、聲樂、哭泣、恬愉、憂戚，是反也，然而禮兼而用之，時舉而代御。……若夫斷之繼之，博之淺之，益之損之，類之盡之，盛之美之，使本末終始莫不順比，足以為萬世則，則是禮也。〔註46〕

> 故雖為守門，欲不可去，性之具也。雖為天子，欲不可盡。欲雖不可盡，可以近盡也；欲雖不可去，求可節也。所欲雖不可盡，求者猶近盡；欲雖不可去，所求不得，慮者欲節求也。道者，進則近盡，退則節求。〔註47〕

〔註43〕 以上說法，參考劉又銘先生：〈從「蘊謂」論荀子哲學潛在的性善觀〉，頁54～55。

〔註44〕 王先謙：《荀子集解・疆國》，卷11，頁299。按：原作「養生安樂者」，今據清人說校改。

〔註45〕 王先謙：《荀子集解・禮論》，卷13，頁346。

〔註46〕 王先謙：《荀子集解・禮論》，卷13，頁363～366

〔註47〕 王先謙：《荀子集解・正名》，卷16，頁428～429。

在前文討論荀子有關情性的陳述時，已知荀子並不以自然情欲本身爲惡，再從上面這幾段引文中，不難發現其對於情欲不僅沒有去除或盡絕的意思，反而是要在一定的範圍內，滿足這些自然情欲，故言「進則近盡，退則節求」，是秉持著一種調節、成全的態度；而自然情欲之中，實已含藏了對禮義秩序的要求，因此，禮義法度的制定是爲了要「養人之欲」、「給人之求」、「養生安樂」，以達到「本末終始莫不順比」的境地。綜合前述「心」、「性」的相關討論來看，便可具體的瞭解禮義法度產生的脈絡：當人的好利疾惡之情、耳目聲色之欲因順縱而與客觀環境產生衝突時，潛存於心性之中好善惡惡的內在機制便會呈現，由求道的心志爲始，透過虛壹而靜的工夫，能夠認知、思辨，尋繹出一種足以調和種種衝突、妥貼安置情感慾望之道，並以此來指導人們的一切行爲，這就是禮義法度的產生。必須說明的是，雖然禮義法度的根源是存在於人性之中的，但這種對道德價值與人性聯繫的肯定，在荀子心性論的脈絡中，似乎是隱藏在其深層的思想中，甚或連荀子自己亦不曾察覺，〔註48〕因此在多數的論述中所呈現的往往是禮義法度和人性分執兩端：

> 古者聖王以人之性惡，以爲偏險而不正，悖亂而不治，是以爲之起禮義，制法度，以矯飾人之情性而正之，以擾化人之情性而導之也。始皆出於治，合於道者也。……用此觀之，然則人之性惡明矣，其善者，僞也。〔註49〕

> 問者曰：「人之性惡，則禮義惡生？」應之曰：「凡禮義者，是生於聖人之僞，非故生於人之性也。……聖人積思慮，習僞故，以生禮義而起法度，然則禮義法度者，是生於聖人之僞，非故生於人之性也。」〔註50〕

在這兩段文字中，荀子嚴格地區分了「性」和「僞」之別。由「辨合符驗」的限制來看，即使人性中存有好善惡惡的先天依據，但對荀子而言並不能算

〔註48〕劉又銘先生〈從「蘊謂」論荀子哲學潛在的性善觀〉一文中首先提出，這是荀子在「蘊謂」層次裡的「性善觀」。這裡所說的「蘊謂」，是依傅偉勳「創造的詮釋學」提出五個辯正層次、劉昌元修訂爲「意謂」與「蘊謂」兩個層次而來。「意謂」指文本的字面意思；「蘊謂」則指文本可能蘊涵的深層義理，它不必是在作者的意向之內，但必須有脈絡證據的支持。刊於：《「孔學與二十一世紀」國際學術研討會論文集》，頁50～77。
〔註49〕王先謙：《荀子集解・性惡》，卷17，頁435。
〔註50〕王先謙：《荀子集解・性惡》，卷17，頁437。

是善；而是必須能於現實中呈現符合禮義法度的意圖或行爲，能達到「正理平治」的表現，才能說是善。亦即主觀意願與能力的善，並非荀子的概念界定中所認可的善，必須緊扣現實來講，這也就是荀子一方面會說禮義法度「非故生於人之性」，另一方面卻又在其他論述中「無意」流露出禮義法度蘊藏於人性的觀點所呈現的弔詭之因。

　　至於「禮義惡生」的問題，則是荀子心性論受到最多詰難的課題，言禮義「生於聖人之僞」，此一回答並沒有從發生的層面上解決起源的質疑：〔註51〕人性之中，若無禮義的存在，則即使是聖人，勢必亦不能創生禮義法度。由於有這樣的質疑，因此才會將禮義法度說成是客觀的事物而非內在於人的生命主體。牟宗三認爲荀子所講的人性，只是動物性，而荀子所講的心，只是認識心，便是極具代表性的說法：

> 其論人之性完全從自然之心理現象而言。……荀子所見於人之性
> 者，一眼只看到此一層。把人只視爲赤裸裸之生物生理之自然生命。
> 此動物性之自然生命，剋就其本身之所是而言之，亦無所謂惡，直
> 自然而已矣。惟順之而無節，則惡亂生焉。是即荀子之所謂性惡
> 也。……荀子于心則只認識其思辨之用，故其心是「認識的心」，非
> 道德的心也；是智的，非仁義禮智合一之心也。〔註52〕

牟宗三認爲荀子所說的人性乃就原始生理慾望而言，因此禮義失去了內在根源，遂成爲沒有內在安頓與超越安頓的外在物；而心是「認知心」，僅能依外在的禮義而成就道德，據此，道德的實踐便欠缺了必然性與普遍性；這是荀學思想的基本缺陷。牟宗三將荀子所說的禮義從人的心性中外推出去，此一見解對當代學者影響甚大，諸多學者亦持相同或相似的見解。〔註53〕

〔註51〕 如惠吉星認爲：「對於禮義產生的可能性特別是主體能動性的作用，荀子沒有
　　　　做出令人信服的解釋……荀子的性惡論不斷遭到后人的詰難和批評，這是一
　　　　個重要原因。」參見氏著：《荀子與中國文化》（貴陽：貴州人民出版社，2001
　　　　年），頁113。鄭力爲：〈綜論荀子思想之性格〉指出，「（荀子）於禮義之所以
　　　　爲禮義之本源問題上，全無了解，致其學問所示現之價值問題，乃成全無著
　　　　落全無安頓者。此荀學之所以被視爲儒學之歧出也。」參見氏著：《儒學方向
　　　　與人的尊嚴》（臺北：文津出版社，1987年），頁194。

〔註52〕 牟宗三：《名家與荀子》（臺北：臺灣學生書局，1994年），頁223～224。

〔註53〕 如（1）蔡仁厚言：「荀子以智識心，而不以仁識心。以智識心，心爲「見理」
　　　　的認知心；……若心只是「見理」的認知心，則理在心外，心與理便形成主
　　　　客相對而有彼此之限隔。在如此情形之下，心之見理亦因而有了限制而並無
　　　　必然性。」參見氏著：《孔孟荀哲學》（臺北：臺灣學生書局，1999年五刷），

如果就上文對荀子心性論的分析來看，其所論的人性之中絕不僅止於有欲飽暖惡飢寒等動物性和認識客觀事物的認識心，荀子同時仍肯定人的生命主體是禮義法度的根源，且亦具有制定及執行善的內在機制，惟這種內在機制的發展與完成必須透過其他功能的輔助才得以完備。因此荀子言「聖人積思慮，習偽故，以生禮義而起法度」，表示禮義法度仍是由聖人的制定才存在的；聖人之性與凡人之性並無二致，在面對偏險不正、悖亂不治的亂象時，心性中潛存的道德意識促使他能認知、思辨而制定出禮義法度。是故，將荀子的禮義法度視爲外在於主體的客觀之物，以此來貶抑荀子的心性論價値，勢必無法完全正確瞭解其眞正的意涵。

第三節　荀子心性論之價値

綜合上述分析，在此便可以完整地呈現荀子的心性論。首先，就荀子自己對人性定義及特出概念的文字表述來看，人性所指的就是「生之所以然」、「不可學不可事」的耳目聲色之欲、好利疾惡之情等自然本性，他用非常明確的文字倡言「性惡」，至於代表正面價値的禮義法度，荀子認爲那是人在後天生活中「化性起偽」的結果，不屬於生而就有的人性。如果單就這些文句敘述來分析，就很容易得出一個與孟子性善論完全對立的性惡論的結論。然

頁 390～391、頁 412。（2）李瑞全亦認爲荀子將禮義外於人心，因此荀子的「禮義生於聖人之偽」，將陷於「禮義既待聖人，而聖人在修得聖果之先又有待於禮義，如是即陷於一無窮後退之中，禮義之生成成爲不可解。此中關鍵，即由於荀子只從客觀分位等級中看人，不能正面肯定人的道德主體性，由是不能說明道德價値之根源……。」參見李瑞全：〈荀子論性與論人之爲人〉，《東海學報》，第 26 期（1985 年 6 月），頁 209～224。（3）周群振言：「無論言性、言情，荀子的著眼點，總是落在『欲』上說話的。綜合而觀，也可說是『即性即情即欲』的。」又言：「人之爲善，不能在主觀的『心性』上立基，而當在客觀的『禮義之統』上立基。」參見氏著：《荀子思想研究》（臺北：文津出版社，1987 年），頁 49，25。（4）鮑國順在〈論荀子善從何來與價値根源的問題〉一文中，認爲「荀子既稱禮義由聖人所生，又不承認人性中存有禮義，如此必分禮義與性爲二本的結果，使其原本有源可溯之善，頓失著落，而終無法自圓其說，不無遺憾。」刊於《孔孟學報》，第 62 期（1991 年 9 月），頁 257～267。（5）韋政通亦表示荀子之性即自然情欲，荀子所認之心爲認知心。參見氏著：《荀子與古代哲學》（臺北：臺灣商務印書館，1992 年二版），頁 68～81。（6）趙士林亦認爲荀子所說的心，是認知主體、意志主體，卻非道德主體。參見氏著：《荀子》（臺北：東大圖書公司，1999 年），頁 47～80。

而，只以這個層面來論荀子心性論的意義和價值，不免太輕忽荀子思想的深義。因為，這些表述並不能涵蓋其全部人性論中所蘊涵的內容及意義。只要對荀子的論述作更深一層的考察，便可發現，荀子在心性論述中的實際內容，絕對遠比其在人性善惡的簡短宣言及對人性相關概念所作近於定義式的表述要豐富、深廣得多。

由深廣的層面考察荀子的人性，在自然本能、生理欲望中，實含藏了好善惡惡的意識，它表現於現實生活中出現爭亂、奪利等惡行與禮義、辭讓等美德時的察覺與抉擇，這種好善惡惡的道德良知便有促使人們透過認知、思辨等功能而尋繹出調和各種情感欲望的可能，由此而制定禮義之道，實踐一切道德規範。雖然這樣的思考脈絡和成就禮義的進路意味著道德價值在人性內部仍有其肯定性的前提，但畢竟與孟子所依持的立足點不同。孟子強調人的本性中異於禽獸的「四端」為善，只要將這個自身固有的善端加以擴充、發展，那麼道德的修養與實踐便得以完成，如此則生命主體在道德的完成不僅是具有本體性的意義，同時更顯示在這過程中的完全自足自立性，儘管這其間仍須個體的主觀努力，但對於人的道德能力則顯得信心十足，這是採取了「道德的理想主義」〔註54〕（moral idealism）立場來看待心性問題；相對於荀子，一方面承認人性中本能欲望的存在，另一方面又透露出這種本能欲望中潛存著道德良知的基本元素，藉由認知思辨的配合之下，亦有自我實踐道德的能力；很顯然地，荀子對於人在道德領域作為主體地位的看法上，雖是肯定但抱持著謹慎的態度，於是對於禮義法度根源的理解及道德的實踐，自然會結合主體與外在現實的相互作用而展開。所以，荀子歷數人性惡的種種表現來突出人的道德能力除自身本有外，更是一種有意識地努力追求的成果，反覆強調積學不息，專心一致的重要性，在此都能夠得到更深刻的理解。

從更寬廣的儒學視野來看，無論是孟子或荀子，在主體道德實踐的要求上，他們的目標是一致的。孟子人性論的進路，從肯定生命主體本質出發，由自身主觀內省修養發展完善自我，對於主體在道德追求過程中展現了絕對的自信心，建構了所有儒者所熟悉的性善論；而荀子則從調節、和諧人性情欲為出發點來說明道德價值的起源，並重視主體在客觀認知思辨的功能配

〔註54〕傅偉勳：《批判的繼承與創造的發展》（臺北：東大圖書公司，1986 年），頁44。

合，透過現實生活抉擇而完成道德的實踐，這種超越現實的進取心，可說是一種與孟子完全不同的進路，亦有著不可取代的價值。依此，若以孟學傳統心性論的角度來批判荀子的心性論，不僅模糊了荀學原始精神，同時也失去釐清儒學史上另一條道德實踐進路的機會。若能跳脫過去尊孟黜荀的態度，重新正視荀學，必定能發掘更多樣的儒學風貌。

第三章　荀子的禮義觀與修養工夫論

　　荀子以「天人之分」、「天人相參」的主張說明了對於天人關係的看法，一方面將天與人事作了某種程度的區別，彰顯人為努力的重要性；另一方面又強調人們在現世的實踐中便能夠與天相聯繫，而其中聯繫的關鍵就是禮義。因此，推尊禮義的價值與實踐，成為荀子思想系統中極重要的一環。而最值得注意的便是在禮義法度的「體常」與「盡變」意涵之下所提出的「法先王」、「法後王」議題。至於禮義的產生，雖然荀子肯定人的生命主體仍是根源，人性中的情欲與心知具有制定與執行禮義的內在機制，只是這種內在機制的發展與完成並不是藉由自省感通的工夫而得，而是透過人心在現實世界裡的積慮、習故中成就，這是荀子在修養工夫論所呈顯的特點。

　　依此，本章擬以荀子的禮義思想為考察核心：包括荀子賦予禮義的內涵，並由此分析「法先王」及「法後王」所代表的意義；同時亦指出在荀子人性論理路下成就禮義道德的修養工夫。

第一節　禮義觀

　　在荀子的論述中，以「道」代表著一切思想的最高準則、總體的概念。首先，荀子便明確的劃分了「道」的討論範圍：

> 道者，非天之道，非地之道，人之所以道也，君子之所道也。〔註1〕

> 故君子壹於道而以贊稽物。壹於道則正，以贊稽物則察，以正志行察論，則萬物官矣。〔註2〕

〔註1〕　王先謙：《荀子集解·儒效》（北京：中華書局，1992 年二刷），卷 4，頁 122。
〔註2〕　王先謙：《荀子集解·解蔽》，卷 15，頁 399～400。

在這兩則引文中，第一則引文明言荀子所論的「道」，並非指抽象的宇宙本體，乃專究現實的人事言行而論，因此，荀子作〈君道〉、〈臣道〉篇闡明爲君、爲臣者應當依循的法則；又言「治國有道」〔註3〕、「道存則國存，道亡則國亡」〔註4〕、「精於道者兼物物」〔註5〕、「道也者，治之經理也」〔註6〕均可看出同樣的傾向。第二則引文言「壹於道則正」，足以說明「道」基本上是一個辨別事物的判準，萬物必須經由「道」的稽察而獲得致正，就此而言，「道」是一個整體性的理念，至於「道」所包含的概念，荀子言：

> 親親、故故、庸庸、勞勞，仁之殺也。貴貴、尊尊、賢賢、老老、長長，義之倫也。行之得其節，禮之序也。仁，愛也，故親。義，理也，故行。禮，節也，故成。……君子處仁以義，然後仁也；行義以禮，然後義也；制禮反本成末，然後禮也。三者皆通，然後道也。〔註7〕

仁、義、禮代表了三個不同的理念，各有不同的意涵，荀子認爲必須通達三者，才能建構出完整的「道」，換言之，仁、義、禮是「道」的核心概念，而「道」是統攝仁、義、禮的終極思想。依據上述引文，荀子所謂的「仁」，指的是愛人；「義」是行事的理性能力；「禮」則是行事的節度。在《荀子》書中，雖然論及仁的份量遠不及禮、義，但這並不表示荀子輕視仁的意義或價值。其言：

> 君子養心莫善於誠，致誠則無它事矣，唯仁之爲守，唯義之爲行。誠心守仁則形，形則神，神則能化矣；誠心行義則理，理則明，明則能變矣。變化代興，謂之天德。〔註8〕

> 先王之道，仁之隆也，比中而行之。曷謂中？曰：禮義是也。〔註9〕

> 人主仁心設焉，知其役也，禮其盡也。故王者先仁而後禮，天施然也。〔註10〕

這裡所言「唯仁之爲守，唯義之爲行」、「先仁而後禮」，以及前述引文「處仁以義」，實已可看出荀子並非不重視仁，而是將仁涵攝於禮和義之內，亦即仁

〔註3〕 王先謙：《荀子集解・王霸》，卷7，頁212。

〔註4〕 王先謙：《荀子集解・君道》，卷8，頁237。

〔註5〕 王先謙：《荀子集解・解蔽》，卷15，頁399。

〔註6〕 王先謙：《荀子集解・正名》，卷16，頁423。

〔註7〕 王先謙：《荀子集解・大略》，卷19，頁491～492。

〔註8〕 王先謙：《荀子集解・不苟》，卷2，頁46。

〔註9〕 王先謙：《荀子集解・儒效》，卷4，頁121～122。

〔註10〕 王先謙：《荀子集解・大略》，卷19，頁488。

是呈顯於禮和義的建構之中。至於禮和義，荀子言：

　　禮者，人主之所以爲群臣寸尺尋丈檢式也，人倫盡矣。〔註11〕

　　國無禮則不正，禮之所以正國也，譬之猶衡之於輕重也，猶繩墨之
　　於曲直也，猶規矩之於方圓也，既錯之而人莫之能誣也。〔註12〕

　　禮者，人道之極也。〔註13〕

　　以義變應，知當曲直故也。《詩》曰：「左之左之，君子宜之；右之
　　右之，君子有之。」此言君子能以義屈信變應故也。〔註14〕

　　人何以能群？曰：分。分何以能行？曰：義。〔註15〕

禮做爲行事的節度，含有規範、儀則之意，是人道極致的表徵。在此必須進一
步說明的是，荀子雖亦常言「法」，但不能將之等同於法家所說專主於刑法的
「法」，而應理解爲法則、法度，〔註16〕且在實踐上抱持的態度是人重於「法」。
〔註17〕至於義，不僅是一種分判的理性能力，同時也是用以變通應事的能力。
〔註18〕在荀子的論述中常常是禮、義並列出現，例如「禮義之謂治，非禮義之
謂亂也」〔註19〕、「禮義者，治之始也」〔註20〕、「禮義備而君子歸之」〔註21〕、
「禮義教化，是齊之也」〔註22〕等，用以做爲治理社會國家的準則，故言：

　　推禮義之統，分是非之分，總天下之要，治海內之眾，若使一人，

〔註11〕　王先謙：《荀子集解・儒效》，卷4，頁145～146。
〔註12〕　王先謙：《荀子集解・王霸》，卷7，頁209～210。
〔註13〕　王先謙：《荀子集解・禮論》，卷13，頁356。
〔註14〕　王先謙：《荀子集解・不苟》，卷2，頁42。
〔註15〕　王先謙：《荀子集解・王制》，卷5，頁164。
〔註16〕　如〈王制〉：「王者之法，等賦，政事，財萬物，所以養萬民也。」又〈禮論〉：
　　　　「禮者，養也。」足見這裡所說的「法」與禮的意義是相近的。參見王先謙：
　　　　《荀子集解》，卷5，頁160；卷13，頁346。按：原作「王者之等賦」，今依
　　　　據清人說校改。
〔註17〕　〈君道〉：「法者，治之端也；君子者，法之原也。故有君子則法雖省，足以
　　　　遍矣；無君子則法雖具，失先後之施，不能應事之變，足以亂矣。」參見王先
　　　　謙：《荀子集解》，卷8，頁230。
〔註18〕　柯雄文（Antonio S.Cua）著，許漢譯：〈荀子論德之統一性〉文中言荀子所謂
　　　　的「義」，是針對人生非常或急困情境中的理性能力之運作。刊於《哲學與文
　　　　化》，第12卷第12期（1985年12月），頁26～33。
〔註19〕　王先謙：《荀子集解・不苟》，卷3，頁44。
〔註20〕　王先謙：《荀子集解・王制》，卷5，頁163。
〔註21〕　王先謙：《荀子集解・致士》，卷9，頁260。
〔註22〕　王先謙：《荀子集解・議兵》，卷10，頁275。

故操彌約而事彌大。〔註23〕

所謂的「推禮義之統」，即指「從事禮義統一意義的類比推衍」或「在統一的觀點（統類）引導下，推擴禮義的知識」，〔註24〕而「禮義之統」遂成為突顯荀子思想特色之辭，〔註25〕甚至可說，荀子的「道」即是「禮義之統」。因此，當荀子言「道」或「禮義」時，即包含了日常既有的規範義，以及在特殊情境中合理的判斷能力。其言：

> 夫道者，體常而盡變，一隅不足以舉之。曲知之人，觀於道之一隅而未之能識也，內以自亂，外以惑人，上以蔽下，下以蔽上，此蔽塞之禍也。〔註26〕

> 道者，古今之正權也，離道而內自擇，則不知禍福之所託。〔註27〕

「道」（即「禮義」）本身即有通變、活用的意思，若只專注於「道」的單一面向，則會「蔽」於其他面向，此即所謂「曲知之人」的「蔽塞之禍」。荀子以「體常而盡變」闡釋「道」，實則說明了「道」的兩個實踐面向：一是指在一般情境中道德原則或規範的依循，即「體常」，代表普遍性意義；二是指在不同時空中道德原則的通變，即「盡變」，代表著特殊性意義。〔註28〕唯有充分掌握了「道」的這兩個面向——「體常」與「盡變」，方能使萬物致正，這不僅是荀子評價事物的準則，同時，也主導了其歷史思考及評斷。因此第二則引文中荀子明確地將「道」與古今聯繫起來，所謂「古今之正權」中的「權」，具有靈活變通（權

〔註23〕 王先謙：《荀子集解・不苟》，卷3，頁49。

〔註24〕 柯雄文（Antonio S.Cua）著，賴顯邦譯：《倫理論辯——荀子道德認識論之研究》（*Ethical Argumentation：A Study in Hsun Tzu's Moral Epistemology*）（臺北：黎明文化事業公司，1990年），頁86。

〔註25〕 如李哲賢：《荀子之核心思想——「禮義之統」及其時代意義》（臺北：文津出版社，1994年）即以「禮義之統」為荀子核心思想所作之研究。又如蔡仁厚論荀子思想亦以標舉出「禮義之統」一章作析論。參見氏著：《孔孟荀哲學》（臺北：臺灣學生書局，1999年五刷），卷下荀子之部，〈第六章 荀子「禮義之統」析論〉，頁453～473。

〔註26〕 王先謙：《荀子集解・解蔽》，卷15，頁393。

〔註27〕 王先謙：《荀子集解・正名》，卷16，頁430。

〔註28〕 陳大齊〈孔子仁義思想的體常而盡變〉一文中，作者以荀子的「體常而盡變」一語來解釋孔子所說仁義間的關係。在文中，曾詳細爬梳荀子「體常而盡變」中「常」與「變」的意義，可資參酌：（一）常的意義是定，變的意義是易；（二）常的又一意義是恆，變的又一意義是偶；（三）常字含有「一」的意義，變字含有「多」的意義。參見氏著：《孔子思想研究論集（二）》（臺北：黎明文化事業公司，1983年），頁27～45，尤其頁27～36。

變）與理性的比較分析（取衡）的雙重含義，〔註29〕就此而言，可知荀子對於歷史文化的價值判斷，除了重視在時間和空間中被反覆考驗、被反覆選擇和確認後所流傳下來的文化思想或禮儀制度之外，同時還必須進行理性的靈活應變，才能轉化爲現世具體的落實，也就是要兼具「體常」與「盡變」的原則。

一、體　常

　　荀子認爲歷史發展無論如何周折，都必然有通過時空檢驗與具體實踐後的一種基本的價值原則，一種依循禮義道德的王道精神，在這種王道精神形成之後，反過來又超越時間和空間而存在。他說：

> 以人度人，以情度情，以類度類，以說度功，以道觀盡，古今一也。
> 類不悖，雖久同理，故鄉乎邪曲而不迷，觀乎雜物而不惑，以此度
> 之。〔註30〕
>
> 與時遷徙，與世偃仰，千舉萬變，其道一也。是大儒之稽也。〔註31〕
>
> 百王之無變，足以爲道貫。一廢一起，應之以貫，理貫不亂。不知
> 貫，不知應變，貫之大體未嘗亡也。〔註32〕

上述引文中，所謂「以道觀盡，古今一也」、「千舉萬變，其道一也」及「百王之無變，足以爲道貫」，都說明了從人文歷史陳跡中所提煉出的普遍法則——「道」，不僅僅是來自過去，同時也存在於現世，貫通於古今，這種貫通就是「道貫」，「貫」字在此包含有歷時性的意義，所以「道」是一恆定原則；其次，又言「不知貫，不知應變」，表示「道貫」是洞悉境遇變化之「理」的關鍵；換言之，「道貫」是境遇分析及靈活應變的依據，是理解歷史文化的基礎，也是現世訂定規範的前提。

二、盡　變

　　儘管從歷史陳跡中淬煉出貫通古今的普遍法則，然而，在某些特定情境

〔註29〕楊國榮：《善的歷程——儒家價值體系的歷史衍化及其現代轉換》（上海：上海人民出版社，2000年），頁108～109。
〔註30〕王先謙：《荀子集解・非相》，卷3，頁82。按：原作「古今一度也」，今據清人說校改。
〔註31〕王先謙：《荀子集解・儒效》，卷4，頁138。
〔註32〕王先謙：《荀子集解・天論》，卷11，頁318。

中致使一般原則難以範圍之時，荀子提出必須對普遍原則作出適當通變，此即「盡變」之意義；對於能夠應變得宜之人，荀子往往予以相當高的評價，在其論述中，屢見不鮮：

> 物至而應，事起而辨，若是，則可謂通士矣。〔註33〕

> 居錯遷徙，應變不窮，是聖人之辯者也。〔註34〕

> 宗原應變，曲得其宜，如是，然後聖人也。〔註35〕

> 萬物得其宜，事變得其應，⋯⋯是然後君子之所長也。〔註36〕

> 修百王之法若辨白黑，應當時之變若數一二，⋯⋯如是，則可謂聖人矣。〔註37〕

> 王者之人：飾動以禮義，聽斷以類，明振毫末。舉措應變而不窮，夫是之謂有原。是王者之人也。〔註38〕

> （人主）⋯⋯其知慮足以應待萬變然後可，夫是之爲國具。〔註39〕

荀子稱善於應物者爲「通士」，屢讚能夠應事之變者是聖人，亦即治國人才（「國具」），表現了他對於境遇中具體權變的重視。顯然，在荀子心目中，要建立一個健全的治事之道，一方面必須汲取自古以來通過了時間的考驗與實踐的試煉，足以掌握各個時代「一廢一起」的王道精神；另一方面還要能夠以此王道精神爲基礎原則，依不同的境遇作分析，適當地通變而制訂法令制度，如此才能建構出符合現世的禮義法度：

> 有法者以法行，無法者以類舉。以其本，知其末，以其左，知其右，凡百事異理而相守也。慶賞刑罰，通類而後應。政教習俗，相順而後行。〔註40〕

前述引文言「以義變應」，與上段引文中的「宗原應變」，說明了普遍的原則儘管可以因特定境遇作合理的變通或調整，但卻不意味著無條件否定原則本身，同樣的道理亦可於本段引文的「以其本，知其末」看出。這裡的「本」、「原」

〔註33〕 王先謙：《荀子集解・不苟》，卷2，頁49。
〔註34〕 王先謙：《荀子集解・非相》，卷3，頁88。
〔註35〕 王先謙：《荀子集解・非十二子》，卷3，頁105。
〔註36〕 王先謙：《荀子集解・儒效》，卷4，頁123～124。
〔註37〕 王先謙：《荀子集解・儒效》，卷4，頁130。
〔註38〕 王先謙：《荀子集解・王制》，卷5，頁158。
〔註39〕 王先謙：《荀子集解・君道》，卷8，頁244。
〔註40〕 王先謙：《荀子集解・大略》，卷19，頁500。

所指稱的，實際上與「以義變應」中的「義」並無二致，即情境中合宜、適切
的理性運作。至於「無法者以類舉」，則提供了應變的方法：宜從事物間類比推
衍而尋繹出不同事物間的統一性，〔註41〕如此方能「鄉乎邪曲而不迷，觀乎雜
物而不惑」，應對各種變化的情勢。最後荀子總論說「政教習俗，相順而後行」，
其中的「政教」指的當然是現世的政令教化，而「習俗」則包含有歷時性的意
義，唯有二者相符合順應，才得以施行，從這裡可以看出荀子所追求的王道精
神，是含括了古時的傳統原則，以及當前環境之通變，二者的調和，才是最完
備之「道」。而「道」的實踐，實際上正是一個動態的、連續的過程。

第二節　法先王與法後王

　　荀子透過歷史的省察，除了表達對過去歷史上統治者及政治社會的回
顧、評價之外，更重要的是對未來理想政治的憧憬；關於前者回顧性的思維
主要集中於「先王」的相關論述，而後者則是前瞻性的思考，涵括於「後王」
的闡發。由於二者的思維活動十分密切，於是在荀子闡述的文字中，一方面
主張必須效法先王，另一方面又倡議「法後王」，這兩個看似相反的議題同時
出現在《荀子》書中，造成頗多歧論；且荀子雖提出「法後王」，卻未直接點
明究竟誰才是「後王」，遂又引發後世學者許多不同的見解及批評。

　　回顧過去學者對荀子歷史觀的研究中，最值得注意的，如上所言，乃在
於「後王」身分的認定，以及與「先王」的區別。其中有關「後王」的解釋，
對於「法後王」的意義將具關鍵性的影響，這是歷來研究者均須涉及的議題，
同時也是最大的歧異所在。唐代楊倞注釋《荀子》中的「後王」為「當今之
王」、「近時之王」、「後世之王」或「當世之王」，〔註42〕對於後王並沒有明確
的斷定其指稱，留予後世廣泛的解釋空間。對此，約可歸納成下列幾種意見：
一是認為「後王」即是周文王、周武王。這是延續清人劉台拱（1751～1805）、
王念孫（1744～1832）之見解，〔註43〕並且以為荀子的「後王」與「先王」（包

〔註41〕柯雄文（Antonio S. Cua）曾詳論有關荀子「推類」、「統類」的概念，可資參
　　　酌。參見柯雄文著，賴顯邦譯：《倫理論辯──荀子道德認識論之研究》，頁
　　　67～95。

〔註42〕請參王先謙：《荀子集解》，〈不苟〉，卷2，頁48；〈非相〉，卷3，頁80；〈儒
　　　效〉，卷4，頁138；〈王制〉，卷5，頁158。

〔註43〕劉台拱曰：「後王，謂文、武也，楊注非。」王念孫曰：「『後王』二字，本篇
　　　一見，〈不苟〉篇一見，〈儒效〉篇二見，〈王制〉篇一見，〈正名〉篇三見，〈成

括荀子本身所說的「先王」及孟子所說的「先王」）在實質上並無差別，當今
學者持此說者最多，如：熊公哲、馮友蘭、郭沫若等。〔註44〕二是以「後王」
為守成之主，是相對於開創之君而言，劉師培主此說，〔註45〕後廖名春據此
進一步認為「後王」指的是成王、康王而言。〔註46〕三是認為荀子的本意是
在強調禮義法度的損益、累積及全備性，因此「後王」本無一定的指稱，持
類似意見者如張亨、陳大齊等人。〔註47〕而王靈康則分析了前述熊公哲以「後

相〉篇一見，皆指文、武而言，楊注皆誤。」參見王先謙：《荀子集解·非相》，
卷3，頁80。

〔註44〕（1）熊公哲認為，荀子「法後王」即法聖王，法聖王即「法先王」；並言荀
子是「憲章文武」的儒者。參見氏著：《荀卿學案》（臺北：臺灣商務印書館，
1967年），頁46～49；（2）馮友蘭亦認為荀子所說的「後王」指的就是周朝
的文王、武王；且其所言的「先王」和「後王」都是指周文、武王。參見氏
著：《中國哲學史新編》（臺北：藍燈文化事業股份有限公司，1991年），第2
冊，頁396～397；（3）郭沫若：「（荀子）他的所謂『法後王』和孟子的『尊
先王』毫無區別：所謂『先王』者，因先於梁惠齊宣故謂之『先』，所謂『後
王』者，因後於神農黃帝故謂之『後』，如此而已。」請參氏著：《十批判書》
（上海：群益出版社，1947年），頁202；（4）魏元珪：《荀子哲學思想研究》
言：「蓋以周文武王而與堯舜以前之人物相比，自然已是後王，惟站在荀子之
時代背景而言，則又已是先王。」（臺中：東海大學出版社，1983年），頁216
～220；（5）馬積高：《荀學源流》（上海：上海古籍出版社，2000年），pp.83
～87；（6）韋政通：《荀子與古代哲學》（臺北：臺灣商務印書館，1992年），
頁11～17；（7）喬木青：〈荀況「法後王」考辨〉，《社會科學戰線》，1978年
第2期，頁31～40。

〔註45〕見梁啓雄：「劉師培曰：『後、后古通。后，繼體君也。蓋開創為君，守成為
后。開創之君，立法草創，而成文之法，大抵定於守成之君，如周之體制，
定於周公成王是也。荀子所言後王，均指守成之主言，非指文武言也。』」參
見氏著中注解〈非相〉之引文，《荀子柬釋》（臺北：臺灣商務印書館，1993
年六刷），頁50。

〔註46〕廖名春：《荀子新探》（臺北：文津出版社，1994年），頁165～173。後有鄭
文泉〈荀子「法後王」對後世歷史論述「聖王觀」的影響〉一文亦以廖氏之
見解為論說依據。刊於《孔孟月刊》，第33卷第10期（1995年6月），頁34
～45。

〔註47〕（1）張亨在〈荀子「法後王」解〉文中表示，荀子重在「後王」的禮義法度
乃是總承前聖，累積而來，最為完美全備之處，並指出其主張並不是和孟子
的「法先王」完全相反，只是他們所偏重的不同。刊於《孔孟月刊》，第1卷
第3期（1962年11月），頁27～28、頁20。（2）陳大齊則強調後代的法度是
累積、損益了前代的法度而成。參見氏著：《荀子學說》（臺北：中國文化大
學出版社，1989年），頁208～210。（3）王杰：〈荀子歷史觀基本特徵新探〉
亦認為荀子反覆使用「先王」、「後王」概念，並非實指，主要是一種理想層
次上的虛指。《中國哲學史研究》，1989年第1期，頁57～61、頁90。（4）周

王」為周文王、武王，及廖名春斷定為周成王、康王等論述的意義並提出商榷後，以荀子〈正名〉篇中制定名詞、使用名詞的原則為依據，討論了荀子的論述中「王者」、「聖王」、「先王」等名詞之所指，同時視荀子「法後王」的主張是一種「用以闡發禮義之統來自過去，經過現在，朝向未來發展，並為這隨著時間而永不止息的發展提出規範性的標準」，〔註48〕以此，則所謂的「後王」，亦屬於虛懸期待的理想王者。若仔細考察上述三種推論，不難發現其差異之因，在於思考角度不同之故：前二者主要是以文本考據的方式來看，因此將荀子沒有指明的「後王」考訂出特定的君王，且皆集中於西周的治世明君，闡明荀子對周道之崇敬；第三種觀點則較傾向於以哲學角度將「後王」視為荀子在政治思想中對於理想君王的期望。這兩種思考角度均有其立論基礎，能夠提供更多重的視野來看待荀子的政治思想。

　　本節的研究重心並不在於考究「先王」、「後王」的身份指稱為何，而是欲藉由荀子所言「道」（即「禮義」）體常盡變的內涵，亦即由歷史經驗中所積澱出禮義法度的普遍性，以及在現實情境制約下就禮義制度進行理性的靈活應變而得以落實現世的特殊性，考察荀子對於「法先王」、「法後王」的意義，進一步理解荀子禮義觀的運用與現實政治社會的聯繫，最後並探究其價值所在。

一、法先王

　　在荀子的論述中，尊崇先王，盛讚先王之道的文句屢屢可見：

　　　將原先王，本仁義，則禮正其經緯蹊徑也。〔註49〕

　　　凡言不合先王，不順禮義，謂之姦言，雖辯，君子不聽。〔註50〕

　　　儒者法先王，隆禮義，謹乎臣子而致貴其上者也。〔註51〕

群振則指出荀子「原在彰顯一個撐架盛世的『道』——文制或體統，始不至被幾個定名或定義所拘限，而阻梗其精神之開拓與前瞻」，因此不必囿於「周道」或「文王」「武王」等定稱。參見氏著：《荀子思想研究》（臺北：文津出版社，1987年），頁92～94。

〔註48〕王靈康：《荀子的「法後王」思想》（臺北：政治大學哲學系碩士論文，2000年6月），頁72。

〔註49〕王先謙：《荀子集解・勸學》，卷1，頁16。

〔註50〕王先謙：《荀子集解・非相》，卷3，頁83。

〔註51〕王先謙：《荀子集解・儒效》，卷4，頁117。

先王之道，仁之隆也，比中而行之。曷謂中？曰：禮義是也。〔註52〕

先王案爲之立文，尊尊親親之義至矣。〔註53〕

先王之道，則堯、舜已。〔註54〕

從這些引文中，不難看出荀子對於先王的崇敬之情。這種賦予先王高度評價，並且以禮義等道德條目與先王之道對舉並稱，用以申述其主張或批評諸子思想，如斥違反先王之言論爲「姦言」等，本是荀子論述古今的特點之一；然而，必須更進一步說明的是，即使荀子在此已明確地指出其心目中的「先王」是堯、舜，但若以此來解讀荀子所論的一切「先王」，恐怕會難以理解其所寄予「先王」意義的全貌，況且荀子所稱道的歷史君王中，除堯、舜外，還包括伏羲、后稷、禹、湯、文王、武王等人，〔註55〕因此，從更廣闊的層面看，考察荀子的「先王」，毋須特意指稱任何一位歷史君王，而是泛指歷史中理想聖王的共同名稱。當然，這個理想聖王概念的形成仍是源自於具體的歷史聖君爲摹本，經過澱積、薈萃了這些歷史聖君的一切才德而成就的概念。〔註56〕換言之，「先王」的概念雖然是從具體的歷史人物中抽繹而出，但是，一旦形成之後，反而超越了歷史人物而存在，成爲一種具有普遍意義的概念。

荀子所構想的「先王」，是一個人類歷史文化基礎的創生者，制定了禮義法度，成就了太平盛世的領導者，是所有後世爲政者必須效法的理想聖王。由於這個「先王」乃是由歷史澱積而來的概念，因此，所謂的「先王之道」亦即禮義法度，必然也是通過時間的試煉而來，就此而言，「先王之道」呈顯的是禮義法度普遍性的法則。

〔註52〕王先謙：《荀子集解‧儒效》，卷4，頁121～122。

〔註53〕王先謙：《荀子集解‧禮論》，卷13，頁376。

〔註54〕王先謙：《荀子集解‧大略》，卷19，頁505。

〔註55〕荀子稱道伏羲、后稷、禹、湯、文、武王之言，如〈非十二子〉：「一天下，財萬物長養人民，兼利天下，……則聖人之得勢者，舜、禹是也。」〈正論〉：「湯、武非取天下也，修其道，行其義，興天下之同利，除天下之同害，而天下歸之也。」〈成相〉：「基必施，辨賢、罷，文武之道同伏羲。由之者治，不由者亂何疑爲？」「得后稷，五穀殖，夔爲樂正鳥獸服。契爲司徒，民知孝弟尊有德。」參見王先謙：《荀子集解》，卷3，頁97；卷12，頁324；卷18，頁460、頁463。

〔註56〕以上說法，參考王杰：〈荀子歷史觀基本特徵新探〉，《中國哲學史研究》，1989年第1期，頁57～61，90。

二、法後王

荀子推崇「先王之道」，主要著眼於歷時性恆久的原理，同時也是社會政治的原則，在這方面，荀子與孔、孟表現出相近的運思傾向。但是，對於時勢的注重及通變，即禮義法度在特殊性情境下的權宜應對，似乎荀子比孔、孟有著更多的關注。〔註57〕如前文所提及的，將禮義法度的通變納入聖人或治國人才的品評考量，同時又將之與古今聯繫起來，賦予歷史意義，尤其對後者，促使了荀子「法後王」的主張。

首先，荀子指出「後王」是治國者必須效法的典範，他說：

> 天地始者，今日是也；百王之道，後王是也。君子審後王之道而論
> 於百王之前，若端拱而議。〔註58〕

> 凡成相，辨法方，至治之極復後王。〔註59〕

荀子認爲，「後王」是「百王之道」的總體表徵，因而要求治國的君子必須詳審「後王之道」作爲治國策略，即效法「後王」，以禮義爲最高準則，明辨是非，進而總領天下，如此便能「端拱而議」。這是荀子對於後王的推崇。再看：

> 聖王有百，吾孰法焉？故曰：文久而滅，節族久而絕，守法數之有
> 司極而褫。故曰：欲觀聖王之跡，則於其粲然者矣，後王是也。彼
> 後王者，天下之君也，舍後王而道上古，譬之是猶舍己之君而事人
> 之君也。〔註60〕

> 百家之說不及後王，則不聽也。〔註61〕

> 王者之制：道不過三代，法不貳後王。道過三代謂之蕩，法貳後王

〔註57〕朱熹：《論語集注・子罕第九》：「子曰：『可與共學，未可與適道；可與適道，
　　　未可與立；可與立，未可與權』。」孔子在此僅點出「權」是難於「共學」、「適
　　　道」、「立」的工夫，並沒有進一步的討論。又：《孟子集注・離婁章句上》：「男
　　　女授受不親，禮也；嫂溺援之以手者，權也。」孟子在此提出道德原則在特殊
　　　情境下的權變，對於孔子所說的「權」僅止於提供了一個具體事例。對於
　　　權宜通變，無論是孔子或孟子，似乎均沒有深入的理論建構。二者俱見朱熹：
　　　《四書章句集注》（北京：中華書局，2001年七刷），卷5，頁116；卷7，頁
　　　284。
〔註58〕王先謙：《荀子集解・不苟》，卷2，頁48。按：原作「若端拜而議」，今據清
　　　人說校改。
〔註59〕王先謙：《荀子集解・成相》，卷18，頁460。
〔註60〕王先謙：《荀子集解・非相》，卷3，頁79～81。按：原作「文久而息」「守法
　　　數之有司極禮而褫」，今據清人校改。
〔註61〕王先謙：《荀子集解・儒效》，卷4，頁147。

謂之不雅。〔註62〕

由第一段引文所言，可看出荀子仍表達了同樣的主題：「後王」不但是屬於聖王之列，而且還是「聖王之跡」的「粲然者」，是「天下之君」；若再配合著第三段引文的「道不過三代」、「道過三代謂之蕩」來看，則荀子所說的「後王」，如過去學者所推論爲周代聖王或直謂文王、武王，也並無不妥；而「法後王」的原因，如引文中所言，是由於「文久而滅，節族久而絕」，且「後王」距離現世較近，典制粲然明備，又是損益累積了百王之禮法而成，是故荀子又主張「法後王」。這樣的說法固然合乎荀子「以近知遠」、「近則論詳」〔註63〕的常理推測，但是，如此一來，「後王」與「先王」似乎是一樣的，都是「天下之君」，都是「聖王」，唯一的差異僅在於「後王」在時間上距離現世較近，事跡較「粲然」罷了。

事實上，若從荀子「盡變」原則的運用觀點來看，「法後王」的提出或許有更深層的意涵。他說：

> 法後王，統禮義，一制度，以淺持博，以古持今，以一持萬，苟仁義之類也，雖在鳥獸之中，若別白黑，倚物怪變，所未嘗聞也，所未嘗見也，卒然起一方，則舉統類而應之，無所儗㤪，張法而度之，則晻然若合符節，是大儒者也。〔註64〕

> 循其舊法，擇其善者而用之，足以順服好利之人矣。〔註65〕

> 若有王者起，必將有循於舊名，有作於新名。〔註66〕

> 是非疑則度之以遠事，驗之以近物，參之以平心，流言止焉，惡言死焉。〔註67〕

這裡的「循其舊法」、「循於舊名」、「度之以遠事」，所指的是傳統的繼承及延續，而「舉統類而應之」、「有作於新名」、「驗之以近物」顯然是提醒不可忽

〔註62〕王先謙：《荀子集解・王制》，卷5，頁158。

〔註63〕〈非相〉：「欲觀千歲則數今日，欲知億萬則審一二，欲知上世則審周道，欲知周道則審其人所貴君子。故曰：以近知遠，以一知萬，以微知明。此之謂也。」「傳者久則論略，近則論詳，略則舉大，詳則舉小。」參見王先謙：《荀子集解》，卷3，頁81、82。

〔註64〕王先謙：《荀子集解・儒效》，卷4，頁140～141。按：原作「法先王」，今據清人說校改。

〔註65〕王先謙：《荀子集解・王霸》，卷7，頁215。

〔註66〕王先謙：《荀子集解・正名》，卷16，頁414。

〔註67〕王先謙：《荀子集解・大略》，卷19，頁516。

略當前時勢而應變的重要性，此即前面曾討論的「有法者以法行，無法者以類舉」意義相同。依此實踐原則來看，則「後王」所做的，便不僅僅是傳承「先王之道」（由歷史積澱形成的禮義法度普遍性法則），當面對「倚物怪變，所未嘗聞也，所未嘗見也」的特殊境遇時，必須審時度勢以通變，亦即禮義法度在特殊情境下的運用，這正是荀子標榜「法後王」的用意所在。因此，荀子的「後王」，似乎不必再拘限於某個特定時代或某幾位明君，從更深遠的意義而言，「後王」代表的是荀子心目中理想治國者的概念，這個概念結合了歷史經驗的累積與現實情境應變得宜的理想，且荀子對於後者或許更為重視，稱法後王者為「大儒」。在這個意義之下，於是治國方法的「法後王」概念相較於「法先王」而言，應是更為適切的。

如果說，荀子提出的「法先王」是著眼於禮義法度普遍性原則的掌握，是藉由回顧歷史經驗而來，那麼，「法後王」代表的則是在現實情境制約下禮義法度的通變應用，一方面包含著以「先王之道」為基礎，一方面更強調的是為了切合現世或未來實踐的原則，謀求另闢解決困境的新徑，有著前瞻性的意義。換言之，「法先王」訴諸的是一個一般事物判斷及運作標準或尺度的既成架構，能夠延續禮義法度普遍性原則的實踐；「法後王」卻蘊含了禮義道德在現實世界踐履中的一種開創性的可能。在「道」的「體常」與「盡變」兩個實踐面向中，「法先王」體現的精神傾向於「體常」的一面，而「法後王」呈現的是「盡變」的一面。但是，這樣的區別只是就「先」「後」屬性而言的。事實上，荀子所要效法的「先王」，必然也是推崇此「先王」在其所屬時代能夠依當時所需而制定合宜的禮義法度，創造太平治世而立論的，只是，當荀子凸顯了作為效法對象而具有「先王」或「後王」的屬性的不同強調時，便透露出荀子對於禮義之統（即「道」）在實踐理論上的特點。而荀子曾言孟子「略法先王而不知其統」，〔註68〕其批評的應該就是孟子在禮義的相關論述中所關照的層面與其不同所致。

三、法後王之價值

余英時曾經指出，從比較文化史的觀點來考察古代中國思想家所論的「道」，具有兩種特性：一是強調其「歷史性」，即與以往的文化傳統之間的

〔註68〕王先謙：《荀子集解‧非十二子》，卷3，頁94。

密切聯繫；二是「人間性」，尤其重視人間秩序的安排。黃俊傑認爲這兩個特點，在荀子的思想中頗能明確地展現。〔註69〕對荀子而言，歷史是綿延不斷的發展過程，古與今是以一種相延續的方式存在，因此，做爲貫通古今的精神核心或價值原則的「道」，是通過歷史文化經驗的凝煉與歸納而形成的，在形成之後，又超越了歷史而存在，確實具有恆常性的價值，足以視爲評價歷史的依據，這就是荀子推崇「先王之道」的立論基礎，同時，運用古今對比的訴求方式，〔註70〕闡揚歷史的鑑戒作用，單就此而言，「道」似乎只是既成的架構，只是靜態的歷史成果，用以褒貶歷史人物，用以詮釋歷史事跡的進行脈絡而已。但是，很顯然的，這樣的觀察所呈現的，只是荀子的「道」的一個面向而已，事實上，在更多的論述中，可發現荀子在強調「道」的實踐過程中，必須不斷汲取現實情境作爲變化的、調整的元素，是一個不間歇的創造過程，這就是荀子所謂「後王」的概念根源。是故，荀子以「體常而盡變」來說明「道」的特質，一方面看重「道」與歷史文化的關聯，另一方面又凸顯出「道」在落實於現實情境中的實踐問題。

從這樣的觀點來看荀子「法先王」與「法後王」，便可明白爲何雖然「先王」與「後王」並重，但其論述似乎偏重於「法後王」的原因。與「先王」相較之下，「後王」所表徵的意義，是更具實踐價值的。若將歷史積澱出的「先王之道」當作治世原則的基礎，那麼，由此所展開的後續發展，或許才是荀子認爲更值得關注的，「先王之道」便能在現世的新事物中，延續著原有的生命，同時藉由不斷發展、不斷深化、甚至創新的向前發展，使人們在思想、擇取和行爲的原則上，獲致更理想的成果，社會文化也才有更進步的可能，這也才是「法後王」的眞正意義及價值所在。

第三節　修養工夫論

依據荀子心性論的主張，人心不僅有感官知覺之能，實亦具有理性的辨

〔註69〕黃俊傑：〈荀子非孟的思想背景——論「思孟五行說」的思想內涵〉，《臺大歷史學報》，第15期（1990年12月），頁21～38。余英時之論，參見余英時：〈古代知識階層的興起與發展〉，收於氏著：《中國知識階層史論〈古代篇〉》（臺北：聯經出版公司，1980年），頁1～108。

〔註70〕如〈非十二子〉：「古之所謂處士者，德之盛者也，能靜者也，修正者也，知命者也，……今之所謂處士者，無能而云能者也，無知而云知者也，利心無足而佯無欲者也。」參見王先謙：《荀子集解》，卷3，頁101。

知、思慮能力，且此一能力便主宰著人們在現實生活中尋求一個能夠妥貼安置情感欲望之道來做爲人們行事的準則，亦即禮義之道的產生（參見第貳章）；因此荀子所言的禮義，如前所論，往往賦予權衡、相稱的意涵，且重視在實際情境中的適宜性，這在倡議「法後王」中已清楚的呈現。另一方面，由於禮義的產生除仰賴人心潛藏欲善疾惡的內在機制外，同時亦須加上客觀情境中認知經驗的積累，在二者相互作用、配合之中，臻至完善的境地。依此，在修養工夫上，荀子強調去除人心之患以歸於「大清明」；並且要求積學、求師、擇友等，最終的目的，是要成爲「盡倫」、「盡制」的聖王。

一、知道、行道

（一）大清明之心

荀子認爲人心易於被一物一偏所蔽而有片面性、侷限性之患，[註71]因此修養工夫首先在於「虛壹而靜」以達「大清明」之心，如此才能進一步「知道」。其言：

> 心知道，然後可道；可道，然後能守道以禁非道。……人何以知道？曰：心。心何以知？曰：虛壹而靜。心未嘗不藏也，然而有所謂虛；心未嘗不兩也，然而有所謂一；心未嘗不動也，然而有所謂靜。……不以所已藏害所將受謂之虛。……不以夫一害此一謂之壹。……不以夢劇亂知謂之靜。未得道而求道者，謂之虛壹而靜。作之，則將須道者之虛，虛則入；將事道者之壹，壹則盡；將思道者之靜，靜則察。知道察，知道行，體道者也。虛壹而靜，謂之大清明。[註72]

關於「虛」、「壹」、「靜」的解釋，現代論者均頗有著墨。簡單來說，不因原有所知而侷限了接收新知，稱之爲「虛」；對於不同事物能夠兼知、統攝，稱之爲「壹」；排除一切內外在雜念干擾的狀態，稱之爲「靜」。[註73]荀子認

[註71]　如〈不苟〉：「凡人之患，偏傷之也。見其可欲也，則不慮其可惡也者；見其可利也，則不顧其可害也者。是以動則必陷，爲則必辱，是偏傷之患也。」〈解蔽〉：「凡人之患，蔽於一曲而闇於大理」、「凡萬物異則莫不相爲蔽，此心術之公患也。」參見王先謙：《荀子集解》，卷2，頁51；卷15，頁386、388。

[註72]　王先謙：《荀子集解・解蔽》，卷15，頁395～397。按：原作「心未嘗不滿」、「不以所已藏害所將受謂之虛」、「則將須道者之虛則人，將事道者之壹則盡，盡將思道者靜則察」，今據楊倞、清人校改。

[註73]　當代學者對於「虛」、「壹」、「靜」的詮解大致相近，惟張亨認爲「壹」應解

爲，「虛壹而靜」的「大清明」之心，是心能「知道」的前題。他描述「大清明」之心的情形：

> 萬物莫形而不見，莫見而不論，莫論而失位。坐於室而見四海，處
> 於今而論久遠，疏觀萬物而知其情，參稽治亂而通其度，經緯天地
> 而材官萬物，制割大理而宇宙裏矣。恢恢廣廣，孰知其極！睪睪廣
> 廣，孰知其德！涫涫紛紛，孰知其形！明參日月，大滿八極，夫是
> 之謂大人。夫惡有蔽哉！〔註74〕

當人心在虛壹而靜的狀態之下，便能通觀萬物、洞察古今、恢弘廣闊，一切
事理均能適切掌握。然而，值得注意的是，大清明之心並不是荀子所欲達成
的目標，虛壹而靜是心能夠認知「道」的條件，「道」才是修養工夫的終極目
標。因此，即使荀子所描述的大清明頗似道家的境界，且「虛」、「靜」又是
先秦道家常見用語，但其意義卻與道家完全不同。

（二）彊學、積善

荀子認爲當人達到「大清明」的境界時，便有足夠的道德認知能力；而
學習、積漸則是最佳途徑。其言：

> 今人之性，固無禮義，故彊學而求有之也；性不知禮義，故思慮而
> 求知之也。〔註75〕

> 注錯習俗，所以化性也；并一而不二，所以成積也。習俗移志，安
> 久移質，并一而不二則通於神明，參於天地矣。……涂之人百姓，
> 積善而全盡謂之聖人。彼求之而後得，爲之而後成，積之而後高，
> 盡之而後聖。故聖人也者，人之所積也。人積耨耕而爲農夫，積斲
> 削而爲工匠，積反貨爲商賈，積禮義而爲君子。〔註76〕

以「學」做爲道德修養與道德實踐的工夫，本是儒家思想的共通特點。不僅

爲結合統一的能力，有別於後文「君子壹於道而以贊稽物」的「壹」爲專一
之意。本文依張亨之解。參見張亨：〈荀子對人的認知及其問題〉，《臺大文史
哲學報》，第 20 期（1971 年），頁 175～217。至於其他學者的觀點，參見惠
吉興：《荀子與中國文化》（貴陽：貴州人民出版社，2001 年），頁 211～214；
韋政通：《荀子與古代哲學》，頁 159～161；蔡仁厚：《孔孟荀哲學》，頁 413
～417。

〔註74〕 王先謙：《荀子集解·解蔽》，卷 15，頁 397。標點略改。按：原作「制割大
理，而宇宙裏矣」，今據楊倞校改。

〔註75〕 王先謙：《荀子集解·性惡》，卷 17，頁 439。

〔註76〕 王先謙：《荀子集解·儒效》，卷 4，頁 144。

荀子重學，強調「并一而不二」的專一態度；孟子亦肯定學習在成德工夫上的重要性，同時也講求「專心致志」的工夫，〔註77〕然而，爲學在荀、孟思想中的意義並不相同。荀子言「可學而能、可事而成之在人者謂之僞」〔註78〕、「性僞合天下治」，〔註79〕將成德工夫直接繫於外在事物、事理的學習活動，以及認知經驗的培養，因此作〈勸學〉爲《荀》書之首，要求人們「彊」學，且尤重禮的學習，〔註80〕必須在積累中體察禮義之道，即「積善」；而被視爲匯聚義理大成的儒家經典，自然成爲學習的首要對象，在修養過程中有著必然的位置。〔註81〕孟子則由根植於人心的四善端而論成德工夫，是故，內在的自省、存養成爲其焦點所在，言「學」在於「求其放心」，〔註82〕相對於外在的認知、學習而言，養其「大體」〔註83〕、擴充四端等自覺活動才是更爲重要的修養工夫，其言「梓匠輪輿能與人規矩，不能使人巧」，〔註84〕正足以說明對客觀學習工夫在成就道德上所持的態度，與荀子以問學與否來做爲賤貴、愚智、貧富，甚至是人與禽獸的判別，〔註85〕其差異已明確可辨。

〔註77〕朱熹：《孟子集注・告子章句上》：「今夫弈之爲數，小數也；不專心致志，則不得也。弈秋，通國之善弈者也。使弈秋誨二人弈，其一人專心致志，惟弈秋之爲聽；一人雖聽之，一心以爲有鴻鵠將至，思援弓繳而射之，雖與之俱學，弗若之矣。」參見朱熹：《四書章句集注》，卷11，頁332。

〔註78〕王先謙：《荀子集解・性惡》，卷17，頁436。

〔註79〕王先謙：《荀子集解・禮論》，卷13，頁366。

〔註80〕〈修身〉：「學也者，禮法也。」參見王先謙《荀子集解》，卷1，頁34。

〔註81〕〈勸學〉：「學至乎《禮》而止矣。夫是之謂道德之極。《禮》之敬文也，《樂》之中和也，《詩》、《書》之博也，《春秋》之微也，在天地之閒者畢矣。」又〈儒效〉：「聖人也者，道之管也。天下之道管是矣，百王之道一是矣，故《詩》、《書》、《禮》、《樂》之道歸是矣。……天下之道畢是矣。」參見王先謙：《荀子集解》，卷1，頁12；卷4，頁133～134。按：原作「故《詩》、《書》、《禮》、《樂》之歸是矣」，今據清人説校改。

〔註82〕朱熹：《孟子集注・告子章句上》，《四書章句集注》，卷11，頁334。

〔註83〕朱熹：《孟子集注・告子章句上》：「體有貴賤，有小大。無以小害大，無以賤害貴。養其小者爲小人，養其大者爲大人。」又「從其大體爲大人，從其小體爲小人。」參見《四書章句集注》，卷11，頁334、335。按：大體指心，小體指耳目口鼻等感官。

〔註84〕朱熹：《孟子集注・盡心章句下》，《四書章句集注》，卷14，頁365。

〔註85〕〈儒效〉：「我欲賤而貴，愚而智，貧而富，可乎？曰：其惟學乎？」又〈勸學〉：「學數有終，若其義則不可須臾舍也。爲之，人也；舍之，禽獸也。」參見王先謙：《荀子集解》，卷4，頁125；卷1，頁11。

荀子論學，除了要求專一、積漸之外，同時亦包括具體的踐行，言：

> 君子之學也，入乎耳，箸乎心，布乎四體，形乎動靜，端而言，蝡
> 而動，一可以爲法則。〔註86〕

> 道雖邇，不行不至；事雖小，不爲不成。〔註87〕

> 不聞不若聞之，聞之不若見之，見之不若知之，知之不若行之，學
> 至於行之而止矣。行之，明也。明之爲聖人。聖人也者，本仁義，
> 當是非，齊言行，不失豪釐，無它道焉，已乎行之矣。故聞之而不
> 見，雖博必謬；見之而不知，雖識必妄；知之而不行，雖敦必困。
> 〔註88〕

人們透過「彊學」、「積善」的工夫而知「道」後，能夠行「道」，才是完整的
爲學歷程。依據荀子講究事理必須「有辨合」、「有符驗」的說法，將認知、
積累所習之「道」於現實生活中踐行，以求「坐而言之，起而可設，張而可
施行」，〔註89〕實是其一貫的主張，故言「道」是「不行不至」；另一方面，
從荀子賦予「道」體常而盡變的內涵來看踐行，則有更廣闊的意義。如上二
節所論，「道」包含了在種種情境中應變得宜的能力，因此，「道」本有不間
歇的動態創造性意涵，換言之，在踐行的過程中，不僅是「道」的徵驗，亦
是「道」的學習，此即引文中所言「學至於行之而止矣」，實已明確地將踐行
納入學習的活動中，作爲學習的方法。

（三）隆師、親友

荀子論學除了強調專心一致之外，並指出能夠快速且有效地習得《禮》、
《樂》、《詩》、《書》、《春秋》等經典的方法，在於師友的輔助，故言：「學莫
便乎近其人。」〔註90〕事實上，良師益友不僅裨益於經書的理解，荀子更將
隆師、親友視爲修養工夫的一部分。其言：

> 非我而當者，吾師也；是我而當者，吾友也；諂諛我者，吾賊也。
> 故君子隆師而親友，以致惡其賊。〔註91〕

〔註86〕王先謙：《荀子集解・勸學》，卷1，頁12。
〔註87〕王先謙：《荀子集解・修身》，卷1，頁32。
〔註88〕王先謙：《荀子集解・儒效》，卷4，頁142。
〔註89〕王先謙：《荀子集解・性惡》，卷17，頁441。
〔註90〕王先謙：《荀子集解・勸學》，卷1，頁14。
〔註91〕王先謙：《荀子集解・修身》，卷1，頁21。

> 夫人雖有性質美而心辯知，必將求賢師而事之，擇良友而友之。得
> 賢師而事之，則所聞者堯、舜、禹、湯之道也；得良友而友之，則
> 所見者忠信敬讓之行也。〔註92〕

這裡所言的「隆師」、「求賢師」、「親友」、「擇良友」，顯然不再侷限於通曉經
典的致知層面，業已擴大爲成德成聖的工夫。其中，結交益友的部分，與孟
子所言「友其德」、「尚友」〔註93〕頗爲一致；較值得注意的是荀子「隆師」
的相關論述，其言：

> 凡治氣養心之術，莫徑由禮，莫要得師，莫神一好。夫是之謂治氣
> 養心之術也。〔註94〕

> 禮者，所以正身也；師者，所以正禮也。無師，吾安知禮之爲是也？
> 禮然而然，則是情安禮也；師云而云，則是知若師也。情安禮，知
> 若師，則是聖人也。……不是師法而好自用，譬之是猶以盲辨色，
> 以聾辨聲也，舍亂妄無爲也。故學也者，禮法也。夫師，以身爲正
> 儀而貴自安者也。〔註95〕

> 師術有四，而博習不與焉：尊嚴而憚，可以爲師；耆艾而信，可以
> 爲師；誦說而不陵不犯，可以爲師；知微而論，可以爲師。〔註96〕

重視禮義的價值，強調禮義的學習本是荀子思想的一貫立場，而在上述引文
中，荀子將習禮與從師並列爲治氣養心的方法，認爲從師是認知禮義的最佳
途徑，由此凸顯出師在修養工夫中的地位。因此，荀子列舉了爲師之術的四
個條件，一方面形塑了爲師的外在形象：「尊嚴而憚」、「耆艾而信」；另一方
面也指出了爲師應具備的授業、傳道方法：「誦說而不陵不犯」、「知微而論」。
至於沒有將「博習」納入爲師之術，正呼應了荀子所論爲學的目的不在於窮
究一般客觀知識，〔註97〕而是禮義之道的認知與踐行。

〔註92〕王先謙：《荀子集解‧性惡》，卷17，頁449。
〔註93〕朱熹：《孟子集注‧萬章章句下》：「友也者，友其德也。」又：「一鄉之善
　　　　士，斯友一鄉之善士；……天下之善士，斯友天下之善士，以友天下之善
　　　　士爲未足，又尚論古之人，……是尚友也。」《四書集注》，卷10，頁317、
　　　　324。
〔註94〕王先謙：《荀子集解‧修身》，卷1，頁26～27。
〔註95〕王先謙：《荀子集解‧修身》，卷1，頁33～34。
〔註96〕王先謙：《荀子集解‧致士》，卷9，頁263～264。
〔註97〕如〈解蔽〉：「以可以知人之性，求可以知物之理而無所疑止之，則沒世窮年
　　　　不能遍也。」參見王先謙：《荀子集解》，卷15，頁406。

二、盡倫、盡制

荀子認爲修養的終極目標，在於成爲盡倫、盡制的聖王：

> 學惡乎始？惡乎終？曰：其數則始乎誦經，終乎讀禮；其義則始乎爲士，終乎爲聖人。〔註98〕

> 故學者固學爲聖人也，非特學爲無方之民也。〔註99〕

> 故學也者，固學止之也。惡乎止之？曰：止諸至足。曷謂至足？曰：聖王也。聖也者，盡倫者也；王也者，盡制者也。兩盡者，足以爲天下極矣。故學者，以聖王爲師，案以聖王之制爲法，法其法，以求其統類，以務象效其人。嚮是而務，士也；類是而幾，君子也；知之，聖人也。〔註100〕

這裡的「盡倫」、「盡制」，固然可按字義而解釋爲窮盡事理及法度；然而，依據荀子所言的彊學、積善都以禮義爲目標來看，所謂的「盡倫」、「盡制」似可再進一步理解爲：盡通禮義的原理原則，徹底掌握禮義的具體規範；換言之，無論是「盡倫」或「盡制」，都是就現實世界的人文社會、政治實踐爲著眼點，這與孟子講求在存養、擴充、感通的工夫中，超越自我而與天合一的目標，顯然有著不同的特色。再者，荀子既以盡倫、盡制爲人生的最高理想，同時，又藉由人們在盡倫、盡制上的修爲程度而將之區別出不同的等第：能「嚮是而務」者爲士，能「類是而幾」者爲君子，能「知之」者爲聖人。由士而君子而聖人，正意味著修養工夫並非一蹴可及，代表的是一種持續積累的工夫，亦呼應了其言積跬步以至千里、積小流以成江海〔註101〕的精神。

〔註98〕王先謙：《荀子集解·勸學》，卷1，頁11。

〔註99〕王先謙：《荀子集解·禮論》，卷19，頁357。

〔註100〕王先謙：《荀子集解·解蔽》，卷15，頁406～407。按：原作「曷謂至足，曰：聖也」，今據清人說校改。

〔註101〕王先謙：《荀子集解·勸學》，卷1，頁8。

第二篇　清代《荀子》考據與荀學的重
新定位

第四章　清儒考據《荀子》的成就與侷限

　　《荀子》一書，自唐代楊倞作注後，宋、元至明代中葉，儒者對於荀書的訓釋及勘刻極少，成果不多。〔註1〕至明末清初的傅山（1607～1684）推崇子學，並且廣泛批注眾多先秦子書，包括《荀子》在內，在諸子學研究中獲得優異成就。至清乾嘉時期，先秦諸子的著作在考據學的推動下，於版本的校勘、文字訓詁的考釋等方面，作了全面的整理；考據學家如劉台拱、郝懿行（1757～1825）、王念孫、俞樾（1821～1906）、王先謙等人，對於荀子的校勘與訓釋，獲致了空前的成果，是清代荀學研究中極為重要的一環。然而，必須說明的是，這些校釋固然取得了超越前人的成就，有其意義及價值存在，但是疏於荀子義理思想的考察分析，欠缺透過全篇或全書的共同概念下來考究字詞文義，則是它的侷限所在。

　　清代《四庫全書》中，子部所涵蓋的範圍甚廣，據《四庫全書總目‧子部總敘》言：「自六經以外立說者，皆子書也。」〔註2〕依此，子部包攬的門

〔註1〕　據嚴靈峰《無求備齋荀子集成》所收錄，宋代校釋《荀子》者，如錢佃於淳熙八年（1181）集諸家所藏二浙、西蜀本、元豐國子監本參校，著《荀子考異》；龔士卨於景定元年（1260）據楊倞注本，中附「重言」、「重意」、「互注」，成《纂圖互注荀子》；《天祿琳琅書目》指出《荀子考異》與《纂圖互注荀子》二書均為帖括之書。明代評點風氣盛行，亦普及於荀書，如孫鑛、鍾惺著《荀子評點》，焦竑、翁正春、朱之蕃著《荀子品彙釋評》，歸有光、文震孟著《荀子彙函》，均以荀子筆法文氣的品評為主。參見嚴靈峰：《無求備齋荀子集成》（臺北：成文出版社，1977年，以下書名簡稱《荀子集成》），目錄頁1～8；王先謙：《荀子集解‧考證上》（北京：中華書局，1992年二刷），頁10～11。
〔註2〕　永瑢等撰：《四庫全書總目‧子部總敘》（臺北：臺灣商務印書館，1965年），頁3～1。

類包含了儒家、兵家、法家、農家、醫家、天文算法、術數、藝術、譜錄、雜家、類書、小說家、釋家、道家等；顯然，這個範圍不僅包含了先秦諸子，而且亦收羅了秦漢以後的諸家著作，如此龐雜繁多的門類，對於本文所欲探究的論題而言，是不可能且不必要的。章太炎（1869～1936）曾言：

> 所謂諸子學者，非專限於周秦，後代諸家，亦得列入，而必以周秦為主。……當時學者，惟以師說為宗，小有異同，便不相附，非如後人之忌狹隘、喜寬容、惡門戶、矜曠觀也。蓋觀調和獨立之殊，而知古今學者遠不相及。〔註3〕

章太炎認為先秦諸子是歷來諸子學中的主體，對於先秦諸子的評價很高。在清代諸子學的研究中，先秦諸子的整理與研究亦是最值得重視的，因此，本文所論及的清代諸子學，所設定的範圍是指先秦諸子，當然，這也包括了儒家中被納入子學範疇的荀子在內。

第一節　清代荀學考據的興起

一、清初的荀學研究

即使清代諸子學的考據興盛於乾嘉時期，絕大多數校勘、訓釋《荀子》的相關著作亦是在乾嘉時期完成，但若僅就此一時期的成果來探究荀學的研究成果而忽視了清初致力於諸子學研究的傅山，恐怕是不夠完備的。

傅山在諸子學研究上的成就，不僅僅在於評注了《老子》、《莊子》、《列子》、《墨子》、《荀子》、《公孫龍子》、《管子》、《淮南子》等諸多子書，更重要的是倡議提昇子學地位的主張，成為清初諸子學研究者中最具代表性的開創者。〔註4〕

〔註3〕 章太炎：〈諸子學略說〉，參見湯志鈞編：《章太炎政論選集》（北京：中華書局，1977年），上冊，頁285～286。

〔註4〕 如丁寶銓言：「昌言子學，過精二藏，乾嘉以後，遂成風氣，治子名其家者有人，通釋入於儒者有人，中西大通，益抉其樊：諸子道釋，一以貫之，名曰哲學，其大無外，其細無間，由是以言近日之哲學，實嗇廬氏（按：傅山別字嗇廬）之支流與其餘裔也。」參見傅山：《霜紅龕集·丁序》（臺北：漢華文化事業公司，1971年），頁4～5；又胡楚生言：「竊嘗以為，清儒之所從事，其能進於宋明儒者，亦有數端，……其三，則周秦諸子之宏揚也，蓋九流百氏之學，舍短取長，皆可以通萬方之略，然而自兩漢以下，治諸子者，除老

（一）傅山推崇子學的主張

傅山一如眾多明清之際的學者，對於宋代理學提出嚴厲的批判，[註5] 而其特出之處則在於否定宋學之餘，並沒有如一般清初儒家學者主張回歸儒家經典，而是重視佛經與子書，他說：

> 仔細想來，便此技到絕頂，要他何用？文事武備，暗暗底吃了他沒影子虧，要將此事算接孔孟之脈，眞惡心殺！眞惡心殺！[註6]

> 失心之士，毫無餐采，致使如來本跡大明中天而不見，諸子著述雲雷鼓震而不聞，蓋其迷也久矣！雖有欲抉昏蒙之目，拔滯溺之身者，亦將如何之哉？[註7]

傅山對於多數儒者們視爲一切學術思想標準的儒家經典表示不以爲然，認爲論學應該要突破儒家經典的藩籬，重視被沉埋的「如來本跡」與「諸子著述」，並且汲取其中思想精義，如此才是具有價值的學術。換言之，長久以來被視爲學術權威的經學，在傅山的理解中，已不是絕對擁有最崇高的地位了。又言：

> 經、子之爭末矣。只因儒者知六經之名，遂以爲子不如經之尊，昔見之鄙可見。即以字求之，「經」本「巠」字。「一」即「天」，「SSS」則「川」。《說文》：「巠，水脈也。」而加「工」焉，又分「二」爲天地，「丨」以貫之。「子」則「一」「了」而已。古「子」字作「SSS」。「巠」、「子」皆從「SSS」者，何也？「SSS」即「川」者，水也，《〈則無不流行之理。訓詁者以「SSS」上之「SSS」爲髮形，亦淺矣。人，水也；「子」之從「SSS」者，正謂得SSS之一而爲人也，與「巠」之從「SSS」者同文。即不然，從孫稚之語，故喃喃。孔子、孟子不稱孔經、孟經，而必曰孔子、孟子者，可見有子而後有作經者也。

> 莊之外，百不一見，至於清儒，傅青主首開研議之風，而汪容甫張皋文繼之，……至是而九流之學，經兩千年之沉埋，乃能刮垢磨光，別樹聲彩，馴至與經典傳記，分庭而抗禮矣。」參見氏著：《清代學術史研究‧自敘》（臺北：臺灣學生書局，1988 年），頁2〜3。

〔註5〕 有關傅山對宋代理學批判的論述，參見考許守泯：《傅山之生平與思想》（新竹：清華大學歷史系碩士論文，1989 年）；鄭卜五：《傅青主與其諸子學研究》（高雄：高雄師範大學國文系碩士論文，1990 年）；周玟觀：《傅山學術思想研究》（臺北：臺灣大學中文系碩士論文，1998 年）；王茂、蔣國保、余秉頤、陶清合著：《清代哲學》（合肥：安徽人民出版社，1992 年），頁 551〜579。

〔註6〕 傅山：〈書成宏文後〉，《霜紅龕集》，卷18，頁 555。

〔註7〕 傅山：〈重刻釋迦成道記敍〉，《霜紅龕集》，卷 16，頁 492。

　　豈不皆發一笑。〔註8〕

傅山以文字考證的方式，說明「經」、「子」二字都從「水」，有著相同的來源，依此，經、子本源相同，並無尊卑之分，毋須崇經而貶子。姑且不論如此的字源考證是否正確，但傅山強調經、子地位相等的用心，仍在其論述中表露無遺；再者，又以人們慣稱孔子、孟子而不言孔經、孟經的用語方式論證「有子而後有作經者」，如此一來，經、子地位不僅應視為平等，且子甚至更早於經了。這些說法，很顯然的都是試圖從學理上以經、子二者的比較關係中來提升子學在學術上的地位。除此之外，傅山從實際效用上盛讚子學的功用，他說：

　　子書不無可驚可喜，但五六種以上，徑欲重復明志、見道、取節而已。〔註9〕

　　吾以《管子》、《莊子》、《列子》、《愣嚴》、《唯識》、《毗婆》諸論約略參同，益知所謂儒者之不濟事也。釋氏說斷滅處，敢說過不斷滅，若儒家似專專斷滅處做工夫，卻實實不能斷滅。〔註10〕

　　學者讀此（按：《管子・小問篇》），可以立身，可以禦侮，可以成德，可以濟物。小子玩之，茲實也。兔脫也，謂脫然變化而出也。忠信甲冑，禮義干櫓，内甲卷城，兵刃之道也。〔註11〕

傅山判斷子學的價值高於經學的理由，在於子學能「濟事」而儒學「不濟事」。這裡所謂的「濟事」，除了包含個人的「明志」、「見道」、「取節」等修身領域外，甚至「禦侮」、「成德」、「濟物」等經世之道亦能透過各種子書發掘；換言之，從致用的觀點而言，顯然傅山認為子書的功能是勝過經書的。

　　由經、子來源相同故不應有尊卑之別，進而指出「有子而後有作經者」來凸顯子學地位，同時從「濟事」的價值取向中，說明子學研究的重要性；傅山這種由經學到子學的學術主張，對於中國學術發展史上長期以經學為核心的傳統來說，具有深遠的意義。

（二）傅山《荀子評注》的成就

　　傅山推崇子學的主張不僅止於理論的敘說而已，同時也致力於理論的實踐；其諸子學的研究領域不但涉獵甚廣，且頗具獨創精神。然而，這些諸子

〔註8〕　傅山：〈雜記三〉，《霜紅龕集》，卷38，頁1082～1083。
〔註9〕　傅山：〈與戴楓仲書〉，《霜紅龕集》，卷24，頁669。
〔註10〕　傅山：〈讀子三〉，《霜紅龕集》，卷34，頁979。
〔註11〕　傅山：〈雜記三〉，《霜紅龕集》，卷38，頁1095。

學的研究著作在過去並沒有受到太多的重視，有許多已經散佚，〔註 12〕包括《荀子評注》亦是在近期才完整地呈現。〔註 13〕

在傅山的諸子學研究中，荀子雖不是他最尊崇的先秦諸子，〔註 14〕但對於《荀子》一書的批注與整理卻不只一次，曾言：

> 長夏蒸溽，閒坐不住，取昔所點荀卿書再一瞷之，隨取其詞義之雋永者，略記一半句或數字。吾後有讀是書者，置此於前，以爲著眼之先，亦一勸也。〔註 15〕

由這段序文中所言「取昔所點荀卿一書」，足見傅山曾就《荀子》一書作過點校工作，日後又再針對《荀子》中雋永的詞義加以選錄批注，這一部分亦是現今所能見者。透過《荀子評注》，可了解傅山就《荀子》的考據及義理闡發上，在清代荀學的研究中所代表的開創意義。

傅山的《荀子評注》是結合了訓釋與義理兩個層面。首先，在訓釋層面上，傅山著重於音義的辨證，引用《說文》、《廣韻》、《集韻》、《玉篇》等群書爲基礎，同時又能夠將全書中同一字詞匯集在一起，加以探究，並會通方言俗諺以明古義，甚至對於楊倞的注解提出駁正，〔註 16〕這些注解的方式雖

〔註 12〕傅山的著作除醫書外，過去最普遍的學術著作只有《霜紅龕集》，侯外廬〈傅山《荀子評注》手稿序言〉認爲：由於傅山的思想著作觸犯當時忌諱，故有不少作品在清代時便不能刊印。郝樹侯〈傅山的學術思想與成就〉則認爲：由於人們欽佩傅山反清且堅拒朝廷徵聘，反而減少對其學術的注意；其次，傅山的書法被奉爲「國初第一」，致使其著作遺稿被收藏者奉爲瑰寶而珍藏，因此後人得以見者不多，如《荀子評注》便是其一。二文均收於郝樹侯等撰：《傅山研究文集》（太原：山西人民出版社，1985 年），頁 1～7、頁 12～22。

〔註 13〕據郝樹侯：〈傅山的學術思想與成就〉言，傅山的《荀子評注》「初藏祁縣丹楓閣，後歸太古曹氏，直至近年，才由曹氏後裔捐獻給山西省文物管理委員會。」侯外廬曾於 1962 年 6 月爲即將出版的《荀子評注》作〈序〉，但該書又因動亂而中斷出版；現今所見《荀子評注》爲 1990 年上海古籍出版社出版。參見郝樹侯等撰：《傅山研究文集》，頁 12。

〔註 14〕傅山曾自承自己是學老莊者，在〈書張維遇志狀後〉言：「老夫學老莊者也。」參見氏著：《霜紅龕集》，卷 17，頁 512。

〔註 15〕傅山評註，吳連城釋文：《荀子評注・序》（上海：上海古籍出版社，1990 年），頁 197。

〔註 16〕在訓釋上，如《荀子・正名》中「屋室廬庾，葭稾蓐，尚机筵，而可以養形。」楊倞注解「廬」爲屋室，「葭稾」爲蓆蓐，乃貧賤人之居。傅山則引《說文》、《周禮》、《莊子》、《詩傳》說明「屋室廬庾」大概謂非一定之華居，或在野之廬，或貯粟之庾，此解較楊注詳細許多；在匯集多篇加以考察的部分，如：《荀子・仲尼》：「非綦文理也」中的「綦」字，傅山匯集了〈王制〉、〈富國〉、

然在運用上遠不如後來乾嘉時期的考據學家精密及準確，但從清代荀學研究的角度來看，有關《荀子》考據的發展，在傅山的《荀子評注》中已有了雛型，且恐怕也是清初學者中所僅見的。

其次，《荀子評注》在義理的論述上，也有相當的發揮。對於《荀子》一書整體的思想評價，傅山言：

> 《荀子》三十二篇不全儒家者言，而習稱爲儒者，不細讀其書也。有儒之一端焉，是其辭之複而嘽者也。但少精摯處，則即與儒遠，而近于法家，近于刑名家。非墨，而又有近于墨家者言。〔註17〕

> 荀卿屢有非墨之論，此篇「大天而思之，孰與物蓄而制之？從天而頌之，孰與制天命而用之？望時而待之，孰與應時而使之？」與《墨子·大取》篇之語：「爲暴人語天之爲是也，而性爲暴人歌天之爲非也」。「歌天之爲」即「從天而頌之」之義。道固有至相左右者而與之少合者如此。〔註18〕

在此，傅山指出荀子的思想並非純粹爲儒家學說，甚至，荀子思想的精摯處不僅遠於儒家，且近於法家與刑名家；即使有非難墨家的言論，卻也有少部分的思想與墨家相合。顯然，傅山所考察的荀子思想，是匯集了先秦各家而成的。事實上，傅山並不是第一位質疑荀子思想非儒家正統的人，自唐代韓愈評荀子是「大醇而小疵」爲代表性的開始以來至現代的學者，對於荀子在先秦諸子學派中的歸屬問題，至今仍未形成絕對的共識；〔註19〕只是，大多

〈王霸〉、〈君道〉、〈議兵〉、〈正論〉、〈君子〉、〈雲賦〉、〈宥坐〉等九篇的文句及楊倞注，歸納出「綦」有「期」、「窮極」、「基」、「極」等四種解釋；在會通方言俗諺上，如《荀子·非十二子》中「離蹤跂訾」，傅山以晉諺「立能能起」解之；除此之外，在《荀子·禮論》中「絲末」一詞，楊注「末」同「幭」，織絲爲幭。傅山引《說文》、《集韻》、《周禮》說明若將「絲末」解爲織絲爲幭，則是喪車之飾，如此一來，則與後文的「養威」文義不符，故楊注爲非。以上參見傅山評注，吳連城釋文：《傅山荀子評注》，頁254、頁214、頁211、頁243。

〔註17〕傅山評注，吳連城釋文：《傅山荀子評注》，批注全書後之文，頁272。
〔註18〕傅山評注，吳連城釋文：《傅山荀子評注》，批注〈天論〉後之文，頁237。
〔註19〕在宋、明時代，無論是程朱或陸王的思想體系，荀子均被排除於儒家之外，如：（1）宋代朱熹曾言：「荀卿則全是申韓，觀〈成相〉一篇可見。」參見黎靖德編：《朱子語類·戰國漢唐諸子》（臺北：正中書局，1962年），第137卷，頁4825。（2）明朝嘉靖九年（1530）甚至將荀子逐出孔廟，參見《明世宗實錄》，收於《明實錄》（臺北：中央研究院歷史語言研究所校印縮印本，1984年），第8冊，卷119，頁8166。（3）至清代熊賜履編《學統》，將荀子貶入「雜學」。

數的學者貶斥荀子非儒家的原因，都是從荀子的「性惡」、「法後王」等思想，
以及與孟子思想的差異爲基礎而論述；而推尊老、莊思想的傅山則不然，雖
指出《荀子》融合法家、刑名家及墨家的思想，但並沒有負面的評價，倒是
對於荀子抨擊老、莊思想的論述加以反駁：

> 謂老子「有詘而無信，則貴賤不分」此大蔑矣。其義似謂貴者當信，
> 賤者當詘也，以自卑陋矣。且不知老子「善下人」、「不爲大」之語，
> 即天道下濟而光明之義。〔註20〕

又於《荀子・解蔽》中「莊子蔽於天而不知人」，傅山言：

> 老荀逕被漆園先生瞞過，亦可謂不讀書者矣。莊子眞有世出世有之
> 妙，糟老那得知？〔註21〕

由這兩段引文，可知傅山與荀子對於老、莊的理解並不一致，而傅山迴護老、
莊亦是十分明確的。他認爲荀子批老子「貴賤不分」、批莊子「蔽於天而不知
人」都是錯誤的理解，未能正確的理解老、莊思想；這裡稱荀子爲「老荀」、
「糟老」，也可看出傅山對於荀子的貶意。同時，傅山亦就《荀子》中的論述
提出詰難，如《荀子・王霸》：「故國者，世所以新者也，是憚憚，非變也，
改王改行也。故一朝之日也，一日之人也，然而厭焉有千歲之固，何也？曰：
援夫千歲之信法以持之也。」傅山曰：

> 荀子每以法後王爲詞，而此又言千歲之信法耶？若爾，則後王不必
> 法矣。〔註22〕

參見氏著編：〈雜學〉，《學統》（臺北：新文豐出版社，1962年），卷43，頁553
～557。(4) 至近代學者也有否定荀子爲儒家者，如楊筠如認爲《荀子》是雜
湊之書，參見氏著：《荀子研究》（臺北：臺灣商務印書館，1966年），頁12～
35。郭沫若則較推崇孔孟，以爲荀子是「雜家」的祖宗。參見氏著：《十批判
書・荀子的批判》（上海：群益出版社，1947年），頁185～218；趙吉惠：〈論
荀學與孔孟哲學的根本區別〉指出荀子思想是「兼儒墨、合名法」的黃老之學，
惟認爲荀學是接通傳統與現代、融合東方與西方、對於現實傳統文化的創造性
現代轉化的橋樑予以正面評價。刊於《哲學與文化》，第26卷第7期（1999年
7月），頁648～658；葛志毅：〈荀子學辨〉則指出荀子學術思想是「博攝雜採，
兼綜並取」，其中的法治思想有相當一部分應源於商鞅的影響。刊於《歷史研
究》，1996年第3期，頁16～28；蒙文通認爲《荀子》的〈天論〉、〈禮論〉、
〈性惡〉皆鄰於申、商之途，而其所以立仁義者，實又出於老、莊之旨。」參
見氏著：《古學甄微》（成都：巴蜀書社，1987年），頁76～77。
〔註20〕傅山評注，吳連城釋文：《傅山荀子評注》，批注〈天論〉後之文，頁238。
〔註21〕傅山評注，吳連城釋文：《傅山荀子評注》，頁249。
〔註22〕傅山評注，吳連城釋文：《傅山荀子評注》，頁224。

荀子在此所說的「千歲之信法」，指的應是一種依循禮義道德的王道精神，這種王道精神是通過長久時空檢驗與具體實踐後累積而成的基本價值原則，在其形成之後，即超越時空而存在，自然不因改朝換代而有所變動。傅山似乎將「千歲之信法」理解爲固守自古以來的法令，如此一來，對於荀子的「法後王」主張便無法瞭解，故有此詰難。再如：《荀子・君道》：「便嬖左右者，人主之所以窺遠收眾之門戶牖嚮也，不可不早具也。」傅山曰：

> 老荀於此失言哉！從來便嬖左右有賢者耶？後雖曰：「其知惠足使規
> 物，其端誠足使定物然後可也。」從來有幾個知惠端誠之便嬖耶？
> 〔註23〕

由於國君要掌控的範圍極廣，但耳目所能顧及的範圍卻十分有限，因此，荀子認爲國君左右的人如同「門戶牖嚮」，能夠讓國君獲得更廣泛的訊息。荀子在此用了「便嬖」一詞，指的是國君周遭近習之人，而且必須是「知惠端誠」之人，這是荀子所描述的理想君臣準則；而傅山則以爲「便嬖左右」者鮮有「知惠端誠」之人，這似乎是就歷史經驗的角度加以批駁。

　　除詰難《荀子》論述之外，傅山對於《荀子》義理思想的闡發，是相當值得注意的，在《荀子・禮論》：「性者，本始材樸也；僞者，文理隆盛也。無性則僞之無所加，無僞則性不能自美。性僞合，然後聖人之名一，天下之功於是就也。」傅山言：

> 此明言禮全是僞也。《樂記》曰：「和順積中，而英華發外，唯樂不
> 可以爲僞。」又曰：「著誠去僞，禮之經也。」蓋見禮之可以僞爲矣。
> 然僞不全爲詐僞也。〔註24〕

另又言曰：

> 〈性惡〉一篇立意甚高，而文不足副之。「僞」字本有別義，而爲後
> 世用以爲詐譌，遂昧從人從爲之義。此亦會意一種。〔註25〕

《荀子》的心性論，歷來一直是備受抨擊的主要原因，而關鍵之一，就是將「僞」字訓爲「眞僞」之「僞」，傅山指出「僞不全爲詐僞」、「『僞』字本有別義」，事實上是繼承了楊倞的註解「僞，爲也」的旨趣，後來的乾嘉學者訓解亦大都持相同意見，由此可看出傅山對於荀子的思想仍有一定程度的理

〔註23〕傅山評注，吳連城釋文：《傅山荀子評注》，頁227。
〔註24〕傅山評注，吳連城釋文：《傅山荀子評注》，頁244。
〔註25〕傅山評注，吳連城釋文：《傅山荀子評注》，全書批注後之文，頁272。

解；同時，傅山也稱道荀子論學應不斷更新、通變的主張，《荀子・大略》：「君子之學如蛻，幡然遷之。」傅山評曰：「妙喻」，〔註26〕又將此精神列為教喻子孫之訓條：

> 蛻，荀子如蛻之脫，君子學問，不時變化，如蟬蛻殼，若得少自錮，豈能長進。〔註27〕

由此可看出，在論學上，傅山取法於荀子的証明。另外，傅山亦藉《荀子》來批評當世俗儒，《荀子・非十二子》：「世俗之溝猶瞀儒嚾嚾然不知其所非也。」傅山言：

> 儒字《荀子》屢見，皆與偷儒連言，而此則瞀儒。若儒如本讀音，則謂之瞎儒也。儒真多瞎子。溝猶如本音讀，則謂如在溝瀆之中，而講謀猷，是瞀儒之大概也。〈儒效〉篇又有「愚陋溝瞀」。〔註28〕
>
> 荀以此非思、孟則不可，而後世之奴儒實中其非也。其所謂「案往舊造說」然也。僻違幽隱，則儒無此才也；閉約不解，則誠然也。……溝猶瞀儒者，所謂在溝渠中而猶猶然自以為大，蓋瞎而儒也。寫奴儒也肖之，然而不可語於思、孟也。〔註29〕

這兩段話看似對荀子的論述有所批評，且又為思、孟辯護，然而，實際上是藉此在批評「陋儒」的言行就像「在溝瀆之中，而講謀猷」，即使高談闊論卻沒有獨立見解的「瞎儒」。這是傅山用以表達對儒者蔑視的方式，至於他說「以此非思、孟則不可」，反而不是論述的重心了。

　　就清初諸子學的發展來看，雖然傅山並非是唯一有所成就及貢獻者，如方以智（1611～1671）著有《諸子燔痏》、《藥地炮莊》，王夫之（1619～1692）著有《老子衍》、《莊子通》、《莊子解》及《呂覽釋》、《淮南子注》等，都從哲學層面重釋了老、莊或其他諸子，然而，「他們主要研究了老、莊，涉獵諸子學的範圍還比較窄。而且他們都是批判性地研究老、莊，未能改變儒學正統的偏見。」〔註30〕相較之下，傅山能突破儒學獨尊的學術傳統觀念，力倡子學研究價值，並且將研究諸子的範圍加以擴大，對於清代諸子學研究的興

〔註26〕傅山評注，吳連城釋文：《傅山荀子評注》，頁263。
〔註27〕傅山：〈家訓・己未七月二十日書教兩孫〉，《霜紅龕集》，卷25，頁705。
〔註28〕傅山評注，吳連城釋文：《傅山荀子評注》，頁210。
〔註29〕傅山：〈讀經史・學解〉，《霜紅龕集》，卷31，頁841～842。
〔註30〕羅檢秋：《近代諸子學與文化思潮》（北京：中國社會科學出版社，1997年），頁12。

起，是一個重要的標的。在荀學研究上，即使《荀子評注》並非傅山最突出的著作，但從研究的體例上而言，擇取重要文句加以批注、以文字聲韻爲考證基礎等方法，實已具備了後來乾嘉時代《荀子》考據的雛型，這是《荀子評注》的成就之一；再者，在研究內容上，傅山雖然多是從老、莊思想的角度來批判荀子的論述，同時對於荀學在學派歸屬的認定上也還有很大的討論空間，然而，能在注解《荀子》的同時又顧及義理思想的考察，這一點恐怕是乾嘉學者考據《荀子》所不能及的。

二、乾嘉時期諸子考據的興起

　　清初傅山致力於諸子學的研究，強調諸子學的價值，並且具體落實於訓釋及義理兩方面，標誌著清初諸子學研究的成果。然而，傅山的主張似乎並沒有獲得後來學者的支持及發展；乾嘉時期所興盛的考據學，成爲引導諸子學研究的關鍵因素。過去學者論及乾嘉時期子學研究的興起，大都已明言與考據學的密切關係，但是，細究這些評論，仍可發現不少相異之處，如梁啓超說：

> 自清初提倡讀書好古之風，學者始以通習經史相淬屬，其結果惹起許多古書之復活，內中最重要者爲秦漢以前子書之研究。……關於子書研究的最後目的，當然是要知道這一家學說的全部眞相，再下嚴正的批評。但是，想了解一家學說，最少也要把他書中語句所含意先看得明白。……所以想研究子書，非先有人做一番注釋工夫不可。注釋必要所注所釋確是原文，否則「舉燭」、「鼠璞」，動成笑話，而眞意愈晦。不幸許多古書，展轉傳抄傳刻，訛舛不少，還有累代妄人，憑臆竄改，越發一塌糊塗。所以想要得正確注釋，非先行（或連帶著）做一番校勘工夫不可。清儒對於子書（及其他古書）之研究，就順著這種程序次第發展出來。〔註31〕

梁啓超指出，清儒研究子書的目的在於瞭解其學術思想，而瞭解學術思想的前提則必須建立於校勘及注釋的工夫，因此，清儒研究子學的順序，是由校勘到注釋，再透過注釋而瞭解諸子學說，並加以批判；換言之，梁啓超認爲乾嘉時期的儒者從事諸子學的考據是爲了探究諸子的思想。然而，從這些考

〔註31〕梁啓超：《中國近三百年學術史》（北京：東方出版社，1996年），頁276～277。

據學家的研究成果或其他的論述中，卻無法尋繹出他們當初的研究動機是為
了探究子書思想的証明；即使在校勘、文字訓詁的過程中，不免對其中所包
含的思想觀點有所評論，但似乎仍不足以說明這些有限的評價即是考據學者
的最終目的。較多的學者，則傾向認為「以子證經」的需要，才是子書考據
興起的原因，如胡適：

> 漢學家既重古訓古義，不得不研究與古代儒家同時的子書，用來作
> 參考互證的材料。故清初（按：指嘉慶以前）的諸子學，不過是經
> 學的一種附屬品，一種參考書。不料後來的學者，越研究子書，越
> 覺得子書有價值。〔註32〕

羅焌：

> （考證學）自漢至今，莫盛於清。……溯源兩漢，辨析今古，經學
> 之盛，超軼唐宋。又以古諸子書關聯經傳可以佐證事實，可以校訂
> 脫譌，可以旁通音訓，故乾嘉以還學者，皆留意子書，用為治經之
> 助。然當時治諸子學者，亦止輯佚、校勘、解故三派，要之皆考證
> 學也。〔註33〕

羅檢秋亦言：

> 儒經考證中孕育了校勘、訓詁諸子的風氣。……考證儒經不可能只
> 是以經證經，而是必須博稽古籍，廣採旁證。在考據家看來，材料
> 越古，越有說服力。……先秦子書無疑是治經的重要材料。〔註34〕

這三段論述的共通點是均認為乾嘉時期子書研究的興起是肇因於經典考證的
需要而來，並非對於諸子思想的興趣所致。因此，胡適言子書在當時只是經
學的「附屬品」，甚或是「參考書」而已，可見地位並不高。此一說法，在清
儒考據經書時大量引用諸子書為輔助可獲得證實；另外，清儒俞樾亦曾提及
評述諸子的動機，實有助於經義的瞭解：

> （周秦兩漢諸子之書）往往可以考證經義，不必稱引其文，而古
> 言古義，居然可見。故讀《莊子‧人間世》篇曰：「大枝折，小枝
> 泄。」「泄」即「抴」之假字，謂牽引也。而《詩‧七月》篇：「以

〔註32〕胡適：《中國哲學史大綱（外一種）》（石家莊：河北教育出版社，2001年），
頁12。
〔註33〕羅焌：《諸子學述》（臺北：河洛圖書出版社，1974年），頁54。
〔註34〕羅檢秋：《近代諸子學與文化思潮》，頁23。

伐遠揚，猗彼女桑」之義見矣。……讀《管子・大匡》篇曰：「臣
祿齊國之政。」而知《尚書》今文家說大麓，古有此說。……讀
《商子・禁使》篇曰：「驪虞以相監。」而知韓魯《詩》說「以驪
虞爲掌鳥獸官」，亦古義也。……凡此之類，皆秦火以前，六經舊
說，孤文隻字，尋繹無窮。嗚呼！西漢京師之緒論，已可寶貴，
況又在其前歟！然諸子之書，文詞奧衍，且多古文假借字，注家
不能盡通，而儒者又屏置弗道，傳寫苟且，莫或訂證，顛倒錯亂，
讀者難之。樾治經之暇，旁及諸子，不揣鄙陋，用《群經平議》
之例，爲《諸子平議》。〔註35〕

由於經、子在文字、內容上互見的情形常常出現，因此，借助子書來進一步
探究經書中文句的意義，便十分普遍。俞樾不但藉由子書來考證經義，同時
更於「治經之暇」，依研究經學的體例寫成《諸子平議》三十五卷，囊括先秦
至西漢諸子十四家，足見對於子書考證範圍的廣泛。更進一步來看，除了由
子書以求古義之外，對於以古音爲訓詁根源的考據學者們而言，〔註36〕就古
音以求古義則是更爲基礎的工作，而廣博地考究子書古音正提供了豐富的資
源，依此，乾嘉時期諸子書考據的興起，顯然是因著經典考據的方法論所致，
子書的考證並非考據學者的最終目的。當然，在考證儒家經典之餘，範圍的
逐漸擴大，進而兼治子書，論及諸子思想，亦是必然的延伸，如余英時言：

清代的考證最初集中在經學，旁及史學，後來發展到諸子學。這是
一個很自然的進程，因爲以先秦古籍的校刊、訓詁和考訂而言，群
經以後便是諸子了。在諸子之中，最先當然要碰到《荀子》。這是儒
家內部唯一一部「非正統」或「異端」的子書。再下一步則是儒家
以外的「異端」了，如《墨子》、《老子》、《管子》之類。……但是
這樣對一部一部的子書深入地整理下去，最後必然導向諸子思想的
再發現。〔註37〕

余英時在此所論清代考證次序是由經學旁及史學，再由史學到諸子學的進程，

〔註35〕俞樾：《諸子平議・序》（臺北：世界書局，1991 年五版），頁 1。
〔註36〕如錢大昕：〈觀〉言：「古人訓詁，寓於聲音。」參見氏著：《十駕齋養新錄》（臺
　　　北：臺灣商務印書館：1978 年），卷 1，頁 4；王念孫言：「竊以訓詁之旨，本
　　　於聲音。」參見氏著：《廣雅疏證・自序》（臺北：廣文書局，1971 年），頁 2。
〔註37〕余英時：《中國近代思想史上的胡適》（臺北：聯經出版公司，1984 年），頁
　　　78〜79。

從清儒對古籍所關注的焦點而言，這樣的趨勢是正確的，如前述的俞樾便是如此；但若從實際從事考證的方法來看，按上所言，則於考證經書前應先累積子書中古音古義的材料，那麼，子書的初步整理和經書的考證時間便有可能是同時進行，甚至有早一步的可能，〔註38〕只是在當時清儒看重的是經書罷了。當然，由考據學所引導而興起的諸子學研究，亦是以考據爲主，由校勘爲始，發展到訓詁、校釋，是乾嘉時期諸子學考據的進程，而《荀子》一書的考據，亦是如此。

第二節　清儒考據《荀子》的成績

依據現代學者整理所見《荀子》的研究書目，包括至今仍存或已亡佚者，在清代以前共有四十一部，其中自清順治元年（1644）到宣統三年（1911）間，即清儒研究《荀子》的書目，則有四十八部，〔註39〕其數量竟高於清代以前歷代書目的總合，反映出清儒對於《荀子》書研究盛況。在這四十八部書目中，目前可見者有三十一部，多數收於嚴靈峰《無求備齋荀子集成》中，現依據成書先後整理於下：

作　者	書　名	成書年代	備　　註
馬驌 （1620～1673）	《荀子著書》	康熙九年 （1677）	書前節錄《史記》中荀子史事，選錄《荀子》書中部分篇章。見《荀子集成》第29冊及《繹史》（臺北：新興書局，1983年），卷143。
陳夢雷 （1651～1723） 蔣廷錫 （1669～1732）	《荀子匯考》	雍正四年 （1726）	收錄唐、宋、明代有關《荀子》之序文、目錄、雜錄等資料，見《古今圖書集成》（臺北：鼎文書局，1977年），理學彙編經籍典第443卷荀子部，頁4463～4468。

〔註38〕蕭義玲：〈從方法論的發展看清代諸子學的興起〉文中以王念孫所著《廣雅疏證》、《讀書雜志》及針對先秦兩漢等書的研究叢稿的先後順序來看，這些叢稿應是《廣雅疏證》事先累積的材料。足見考據學者對於子書的考據時間極有可能早於或與經書考據同時進行。刊於《孔孟學報》，第75期（1998年3月），頁153～168。

〔註39〕請參嚴靈峰：《周秦兩漢魏諸子知見書目・中國荀子書目錄》，本論文所統計之書目以清代作者著書年代爲依據。（臺北：正中書局，1977年），第3冊，頁31～117。

方苞 （1668～1749）	《刪定荀子》	乾隆元年 （1736）	書前有〈刪定荀子管子序〉：「荀氏之書，略述先王之禮教，……荀氏之疵累，乃其書所自具，……凡辭之繁而塞、詭而俚者，悉去之，而義之大駁者，則存而不削。」全書選錄《荀子》各篇之內容，見《荀子集成》第 28 冊。
王懋竑 （1668～1741）	《荀子存校》	乾隆七年 （1742）	摘取《荀子》中文句詞彙考訂，見《荀子集成》第 38 冊。
謝墉 （1719～1795） 盧文弨 （1717～1796）	《荀子箋釋》	乾隆五十一年（1786）	書前有序：「其援引校讎，悉出抱經，參互考證」，表示該書原出於盧文弨之校勘，由謝墉刊行，故後有學者稱此書爲盧校本。採元、明多種版本，輯諸家之說，書末附所據校勘之版本說明。該書爲多數清人接續校勘者之底本。見《荀子集成》第 20 冊。
謝墉 （1719～1795）	《荀子校勘補遺》	乾隆五十一年（1786）	補充《荀子箋釋》之不足者。見《荀子集成》第 20 冊。
任兆麟 （？～？）	《荀卿子述記》	乾隆五十二年（1787）	書前有序：「望溪方氏嘗放其意，刪定爲一書，凡辭之繁而塞、詭而俚者，悉去之，故義之大駁者，存而不削焉。余以其書頗不式韓子離道黜去之義。爰節次一編，俾學者正厥趨。」全書選錄《荀子》部分篇章原文。見《荀子集成》第 29 冊。
朱亦棟 （？～？）	《荀子札記》	乾隆年間	摘錄《荀子》中文句詞彙作注解。見《荀子集成》第 35 冊。
姚文田 （1761～1830）	《荀子古韻》	嘉慶九年 （1804）	摘錄《荀子》文中有叶韻者，並加標記。
劉台拱 （1751～1805）	《荀子補註》	嘉慶十一年 （1806）	摘錄《荀子》中文句詞彙，以先秦兩漢等典籍考訂文字文義，並附己見。見《荀子集成》第 33 冊。王先謙作《荀子集解》採其書。
張道緒 （？～？）	《荀子選》	嘉慶十六年 （1811）	書前選錄《史記》中荀子史事，全書節錄《荀子》各篇之內容。見《荀子集成》第 29 冊。
江有誥 （？～1851）	《荀子韻讀》	嘉慶十九年 （1814）	摘錄《荀子》文中有叶韻者，並加標記。見《荀子集成》第 21 冊。
汪中 （1744～1794）	《荀卿子通論》	嘉慶二十年 （1815）	援引諸多古籍以考證荀子學術淵源，並附錄「荀卿子年表」，見王先謙《荀子集解・考證》。

洪頤煊 （1765～1833）	《荀子叢錄》	道光二年 （1822）	摘錄《荀子》中文句詞彙，以楊倞注及古籍校訂。見《荀子集成》第33冊。
郝懿行 （1757～1825）	《荀子補註》	道光四年 （1824）	摘錄《荀子》中文句詞彙，以先秦兩漢等古籍及劉台拱之校說以校訂楊倞所注訓詁未明或假借之音義，並附己見，文末並收入〈與王伯申侍郎論孫卿書〉、〈與李月汀比部論楊倞書〉。見《荀子集成》第33冊。王先謙作《荀子集解》採其書。
王念孫 （1744～1832）	《荀子雜志》	道光九年 （1829）	摘錄《荀子》中文句詞彙，據盧校本加按語，以先秦兩漢等古籍考訂文字文義，並附己見。見《荀子集成》第34冊及《讀書雜志·八》（臺北：樂天出版社，1972年），頁630～749。王先謙作《荀子集解》採其書。
王念孫 （1744～1832）	《荀子雜志補遺》	道光十年 （1830）	此書爲王念孫於《荀子雜志》付梓後，又得顧廣圻之校本，故摘錄顧氏所錄而前此未見者，及後來所考訂之內容。末附〈荀子佚文〉。見《荀子集成》第34冊及《讀書雜志·八》，頁750～760。王先謙作《荀子集解》採其書。
顧廣圻 （1766～1835）	《荀子校正》	道光九年 （1829）	摘錄《荀子》中文句詞彙，以北宋呂夏卿監本、南宋錢佃江西漕司本校訂文字。文末附〈跋〉說明取此二版本「正以合之，乃成兩美耳。」見《荀子集成》第35冊。王先謙作《荀子集解》採其書。
俞樾 （1821～1906）	《荀子平議》	同治九年 （1870）	摘錄《荀子》中文句詞彙，以先秦兩漢諸家說校訂文字文義，並附己見。見《荀子集成》第35冊及《諸子平議》（臺北：世界書局，1991年），卷12～15，頁131～177。王先謙作《荀子集解》採其書。
俞樾 （1821～1906）	《荀子詩說》	同治九年 （1870）	書前有序：「荀卿傳《詩》實爲毛詩所自出，……今讀毛詩而不知荀義是數典而忘祖也，故刺取《荀子》書中引《詩》者，凡若干事以存荀卿詩說焉。」摘錄《荀子》中引《詩》之文，並附己見。見《荀子集成》第35冊及《曲園雜纂·第六》，收於氏著：《春在堂全書》（臺北：中國文獻出版社，1968年），第3冊，頁1391～1401。

胡元儀 （1848～1907）	《荀（郇）卿別傳》	光緒十六年 （1890）	以《史記・孟荀列傳》及史籍纂集荀子生平事蹟，並於文後評論；另有〈郇卿別傳攷異二十二事〉，反駁汪中所論。見王先謙《荀子集解・考證》。
王先謙 （1842～1917）	《荀子集解》	光緒十七年 （1891）	據盧校本，採劉台拱、郝懿行、王念孫、汪中、俞樾等諸家之考訂成果，並斷以己見爲《荀子》訓釋，是目前最通行之《荀子》校釋本。見《荀子集成》第21～23冊。
王先謙 （1842～1917）	《荀子集解考證》	光緒十七年 （1891）	附錄於《荀子集解》卷首。纂錄歷代史志中述及《荀子》之相關資料，包括《荀子》之版本或思想評論等，並收錄汪中《荀卿子通論》、《荀卿子年表》，以及胡元儀所《郇卿別傳》、《郇卿別傳攷異》。
李寶洤 （?～?）	《荀子文粹》	光緒二十三年（1897）	選錄《荀子》各篇之內容，並附己見。見《荀子集成》第30冊。
蔣德鈞 （?～?）	《荀子鈔》	光緒二十四年（1898）	選錄《荀子》各篇之內容，無注。見《群書治要子鈔》（上海：商務印書館，1936年），卷38，頁653～669。
陶鴻慶 （1860～1918）	《讀孫卿子札記》	光緒二十六年（1900）	摘錄《荀子》中文句，採郝懿行、王先謙等說法，並附己見。見《讀諸子札記》（臺北：藝文印書館，1971年），第8，頁219～259。
吳汝綸 （1840～1903）	《荀子點勘》	光緒二十九年（1903）	選錄王先謙《荀子集解》注文，並附己見。見《荀子集成》第24冊。
孫詒讓 （1848～1908）	《荀子札迻》	光緒三十一年（1905）	摘錄《荀子》中文句詞彙，採劉台拱、郝懿行、王念孫之考訂成果，並附己見。見《荀子集成》第35冊及《札迻》（山東：齊魯書社，1989年），卷6。
繆荃孫 （1844～1919）	《荀子考異識誤》	光緒三十一年（1905）	附於宋人錢佃所著《荀子考異》後，指出《荀子》各篇誤字，見《荀子集成》第35冊。
文廷式 （1856～1904）	《荀子枝語》	光緒三十二年（1906）	摘錄《荀子》中文句詞彙，採劉台拱、郝懿行、王念孫之考訂成果，並附己見。
于鬯 （1854～1910）	《荀子校書》	宣統三年（1911）	摘錄《荀子》中文句詞彙，採先秦兩漢古籍及劉台拱、郝懿行、王念孫考訂成果，並附己見。見《荀子集成》第37冊。

　　由上述整理中可看出，清儒研究《荀子》主要集中在校勘及訓釋兩方面。自謝墉、盧文弨援引宋、元、明各版本所校勘的《荀子箋釋》完成以後，其成就已超越了唐代楊倞《荀子注》，成為接續校注者的基礎，而劉台拱、郝懿行、王念孫、俞樾等人則更進一步運用古音以求古義及古語法、修辭，甚至風俗、方言等各種廣泛知識，大大地提高了校釋的準確度及精密性，至光緒十七年（1891）王先謙匯集眾家校釋成果所撰的《荀子集解》，沿襲了前儒日益繁複的校釋方法，同時蒐羅更多的版本加以融會，這部「總帳式的整理」之作〔註40〕成為清代訓釋《荀子》書中最具代表性的著作，同時也為當代研究者奠定了重要的根基。現今學者對於王先謙校詁《荀子》書的成就，已有頗為完整的分析與歸納，茲不再重複贅述，在此僅錄其整理之條目，包括：（一）破除字形的束縛，以古音求古義，如古字中假借及聯綿詞等問題的釐清；（二）追溯漢字形體的複雜演變，「淹晦者發明之，偽誤者校正之」。如從文字發展史來推求字形源流或推斷文字訛誤，從文字的正俗寫法來考察文字的形體變化，從形音義三者的關係來考釋文字；（三）「比例而知，觸類長之」，利用古書文例推求詞義或校訂誤字；（四）對疑難問題從多方面尋求證據，參互比較以求良詁；（五）對虛詞訓釋的深入。〔註41〕由此，《荀子》書在清儒的整理、校釋之下，得以完整的呈現，透過清儒的校釋，後世對於荀子思想的理解亦有所裨益。

　　除了就荀書作考證外，清儒對於荀子的學術源流及生平事蹟的考察，亦有突出的成就，其代表著作是汪中的《荀卿子通論》及《荀卿子年表》。汪中引證大量材料，企圖證明諸多經書的傳授皆與荀子有關，他說：

〔註40〕葉紹鈞：「胡適說整理國故有三途，其中之一叫做『總帳式的整理』。王先謙的工作，正是結的從前人校釋《荀子》的帳。」參見氏著：《荀子選註・緒言》，收於嚴靈峰：《荀子集成》，第30冊，頁12。按：胡適之言，見〈淮南鴻烈集解序〉：「整理國故，約有三途：一曰索引式之整理，一曰總帳式之整理，一曰專史式之整理。……總帳式者，向來集注、集傳、集說之類似之。」參見劉文典撰，馮逸、喬華點校：《淮南鴻烈集解》（北京：中華書局，1997年二刷），頁1。
〔註41〕李中生：〈從王先謙《荀子集解》看清代訓詁學的得失〉，參見氏著：《荀子校詁叢稿》（廣州：廣東高等教育出版社，2001年），頁103～112。關於王先謙《荀子集解》對荀書的校釋內容分析，可參見黃旻聖：《王先謙《荀子集解》研究》，（成功大學中文研究所碩士論文，1997年）。按：事實上，現代學者就清儒在考據古籍成果的整理與分析，亦值得參究，其中有諸多特色亦可於《荀子》書的考證中印證。相關資料，可參林慶彰主編：《乾嘉學術研究論著目錄》（臺北：中央研究院中國文哲研究所，1995年）。

荀卿之學，出於孔氏，而尤有功於諸經。《經典敘錄・毛詩》：「徐整
云：『子夏授高行子，高行子授薛倉子，薛倉子授帛妙子，帛妙子授
河閒人大毛公，毛公爲《詩故訓》傳于家，以授趙人小毛公。』一云：
『子夏傳曾申，申傳魏人李克，克傳魯人孟仲子，孟仲子傳根牟子，
根牟子傳趙人孫卿子，孫卿子傳魯人大毛公。』」由是言之，《毛詩》，
荀卿子之傳也。……《魯詩》，荀卿子之傳也。……《韓詩》，荀卿子
之別子也。……《左氏春秋》，荀卿之傳也。……《穀梁春秋》，荀卿
子之傳也。荀卿所學，本長于《禮》。……曲臺之《禮》，荀卿之支與
餘裔也。蓋自七十子之徒既沒，漢諸儒未興，中更戰國、暴秦之亂，
六藝之傳賴以不絕者，荀卿也。周公作之，孔子述之，荀卿子傳之，
其揆一也。……今考其書，始於〈勸學〉，終於〈堯問〉，篇次實仿《論
語》。〈六藝論〉云：「《論語》，子夏、仲弓合撰。」《風俗通》云：「穀
梁爲子夏門人。」而〈非相〉、〈非十二子〉、〈儒效〉三篇每以仲尼、
子弓並稱。子弓之爲仲弓，猶子路之爲季路，知荀卿之學實出於子夏、
仲弓也。〈宥坐〉、〈子道〉、〈法行〉、〈哀公〉、〈堯問〉五篇，雜記孔
子及諸弟子言行，蓋據其平日之聞於師友者，亦由淵源所漸，傳習有
素而然也。故曰荀卿之學出於孔氏，而尤有功於諸經。〔註42〕

這一段考證內容可分成兩部分，一是諸經的傳授，一是荀子的師承。依照汪
中看法，包括《毛詩》、《魯詩》、《韓詩》、《左氏春秋》、《穀梁春秋》及「曲
臺之《禮》」都是經過荀子流傳下來，而考察《荀子》書中的篇目及內容，亦
可見其與《論語》、孔子弟子的密切關聯；由此論證荀子之學事實上是出於孔
子，屬於孔門嫡傳；另根據上述表格所見，有俞樾作《荀子詩說》，搜羅《荀
子》書中引《詩經》之篇章，並與《毛詩》互證，從實質內容中論證荀子在
《毛詩》傳承過程中的地位。如此一來，向來被視爲學術領域中最崇高地位
的經學，在此與荀子有了連結，對於荀子學術派別的歸屬及地位的提升，自
然有著深遠的意義；再者，汪氏跳脫當時普遍就荀書的字句詞彙考證型態，
提供了另一種考證荀子學術的方式，呈現了清儒考證多元化的趨勢特徵。後
有胡元儀亦從事荀子生平事蹟的考證，肯定荀子傳經的說法與汪中如出一
轍，〔註43〕又言：

〔註42〕汪中：《荀卿子通論》，參見王先謙：《荀子集解・考證下》，頁 21～22。
〔註43〕胡元儀：《郇卿別傳攷異二十二事》，參見王先謙：《荀子集解・考證下》，頁

　　郇卿尤精于《禮》，書闕有閒，受授莫詳。由是漢之治《易》、《詩》、
　　《春秋》者皆源出于郇卿。郇卿弟子今知名者，韓非、李斯、陳囂、
　　毛亨、浮丘伯、張蒼而已，當時甚盛也。至漢時，蘭陵人多善爲學，
　　皆卿之門人也。漢人稱之曰：「蘭陵人喜字爲卿，法郇卿也。」教澤
　　所及，蓋亦遠矣。〔註44〕

這段話主要強調了荀子的學術影響範圍之廣，凸顯了荀子的重要性；換言之，
若研究儒家學統的發展歷史，則荀子就必須納入研究範圍，這對習於宋、明
時代慣稱孟子是傳承孔子學術的說法，有顯著的不同。荀學在考證學風的推
動下，無論在《荀子》書的研究方面，或是學統地位的考察上，都有了相當
可觀的成就，對於後世學者進一步了解荀學思想，亦將產生一定的效果。

第三節　清儒考據《荀子》的侷限

　　在考據學風的推動下，清儒就《荀子》書的研究，幾乎全是校詁，雖然在
文句字義的校勘及訓詁上獲致相當的成就，對於考證範圍的擴大及分析的深入
上的努力不遺餘力；然而，即使如此，這些訓詁成果仍然存在著許多疏失。

一、校詁文句的疏失

　　近現代學者對於清人校釋《荀子》的成果作了一番整理，除了有更進一步
的研究之外，同時也駁正諸多清人校詁上的疏失，如于省吾《荀子新證》、潘重
規〈讀王先謙《荀子集解》札記〉、鍾泰《荀注訂補》、趙海金《荀子校釋》、劉
文起《荀子正補》、龍宇純〈《荀子集解》補正〉、李中生《荀子校詁叢稿》等，
均指出清人校勘《荀子》書中所存在的不少誤校誤改的部分，〔註45〕如于省吾

　　　　39～50。

〔註44〕胡元儀：《郇卿別傳》，參見王先謙：《荀子集解·考證下》，頁39。

〔註45〕除上述的于省吾、潘重規、龍宇純、李中生外，還有劉師培：《荀子斠補》、《荀
　　　　子補釋》，俱收於氏著：《劉申叔先生遺書》（臺北：華世出版社，1975年），第
　　　　2冊，頁1075～1115；1117～1163。王叔岷據《古逸叢書》影宋台州本考校《荀
　　　　子》，作《荀子斠理》，參見：《中央研究院史語所集刊》（1962年12月），第
　　　　34本《故院長胡適先生紀念文集》上冊，頁115～197。毛子水：《荀子訓解補
　　　　正》（臺北：華正書局，1980年）。龍宇純：〈荀卿子記餘〉，《中國文哲研究集
　　　　刊》，第15期（1999年9月），頁199～262。另有：高亨《荀子新箋》、楊樹
　　　　達《讀荀子小箋》、劉念親《荀子正名篇詁釋》、日人久保愛《荀子增註》、豬
　　　　飼彥博《荀子增註補遺》等著作，均收於嚴靈峰：《荀子集成》，第36～45冊。

指出：

> 近世之考訂《荀子》者，淹貫如王懷祖（按：王念孫），精醇如劉端
> 臨（按：劉台拱），辨覈如俞蔭甫（按：俞樾）、劉申叔（按：劉師培），
> 最稱有功於是書也。至王氏《集解》，梁氏《柬釋》尤能薈輯眾說，
> 擷其精要。省吾誦覽之餘，偶有所見，雜引舊籍，旁徵古籍，以證成
> 己說。爰舉四例，略明端緒：有不知譌字而誤者，……有不識古文而
> 誤者，……有隨意增損字句而誤者，……有不知通假而誤者。〔註46〕

李中生亦言：

> 由於注家們有時機械地、片面地，也可以說是不太慎重地運用這些校
> 勘方法：在利用本篇前後文字進行互證時，忽略了還需從整部書的義
> 理和用詞造句來融會貫通；在利用他書或類書的引用來比勘時，忽略
> 了他書或類書的引文也會有省改的情況；在利用古注來改動原文時，
> 忽略了古注與原文所存在的一些特殊對應關係；在利用古人行文的常
> 規句法進行校對時，忽略了古人行文的文句異例。〔註47〕

于省吾一方面肯定王念孫、劉台拱、俞樾等人校釋《荀子》有功，但另一方
面也明確歸納出其校釋之誤；至於李中生所提出的批評則更擴及清人疏於義
理考察所導致的訛誤。而清人的這些校釋之失，大都表現在文字增刪之粗疏，
如：《荀子·榮辱》：「堯、禹者，非生而具者也，夫起於變故，成乎修修之為，
待盡而後備者也。」俞樾曰：「『修之』二字衍。『起於變故，成乎修為』，二
語相對成文。下文曰：『非執修為之君子，莫之能知也。』正以「修為」二字
連文，可證。」〔註48〕對此，于省吾言：

> 「修修」應讀作「攸攸」。……「攸攸」亦即「悠悠」，古書尤多通
> 用，「悠悠」乃久遠之意。……上言堯、禹者非生而具者也，故接以
> 夫起於變難事故，成乎悠久之所為，待盡而後備者也。其言閱歷之
> 深且久，非一蹴而可幾也，成乎悠悠之為，於上下文義，至為調適。
> 清儒每據上下文句法或類書以改古籍，得失參半。〔註49〕

鍾泰則僅就「夫起於變故成乎修為」解釋，言：

〔註46〕于省吾：《荀子新證·序》（臺北：樂天出版社，1970年），頁189。
〔註47〕李中生：《荀子校詁叢稿·序》，頁2～3。
〔註48〕俞樾：〈荀子平議·一〉，參見氏著：《諸子平議》，卷12，頁136。
〔註49〕于省吾：《荀子新證·榮辱》，卷1，頁195。

變，猶化也。即化性之謂，故猶習也。〔註50〕

李中生則言：

> 俞樾所改固然不對（不能無故而衍「修之」兩字），于省吾所釋也不
> 妥當。此句應斷為：「夫起於變故，成乎修。修之為，待盡而後備者
> 也。」……此處的「修之為，待盡而後備者也」與〈修身〉篇強調
> 「遍善之度」意旨相同。〔註51〕

俞樾認為「成乎修修之為」中應刪去「修之」二字，以符合上下句對文而成
「起於變故，成乎修為」，此說所依據的理由顯然過於薄弱，故受到後世學者
的駁正。于省吾認為「修」「攸」二字為通假字，故「修修」即「攸攸」，亦
即「悠悠」，有長久之意；同時，于氏亦批評清人這種妄改古文之失。鍾泰、
李中生則是將全句重新斷句為「起於變故，成乎修。修之為，待盡而後備者
也。」李氏更進一步提出說明，同樣不認同俞樾刪改古文之舉，但亦不同意
于氏之說，在重新斷句後，「修」字仍作修養之意，此作法亦可見於現今其他
注釋《荀子》之書。〔註52〕即使于省吾和李中生二位學者見解不盡相同，但
反對俞樾刪改《荀子》文字的態度卻是相當一致的。又如：《荀子·不苟》：「言
辯而不辭。」郝懿行引《韓詩外傳》，以「辭」宜改作「亂」，並認為「於義
較長，此並形譌。」〔註53〕王念孫亦認為「當依《外傳》作『不亂』，……『亂』、
『辭』皆形近而誤。」〔註54〕對此，潘重規言：

> 君子言「辯而不辭」即下文「君子辯而不爭」之意。《說文》：「辭，
> 訟也。」又「訟，爭也。」辭即爭也。〈榮辱〉篇：「辯而不說者，
> 爭也。」義可互證。〔註55〕

潘重規引《說文》以證「辭」字本有爭訟之意，因此「言辯而不辭」意即辯而
不爭之意，趙海金、劉文起亦持相同之見解，〔註56〕由此考察郝懿行與王念孫

〔註50〕鍾泰：《荀注訂補》，收於嚴靈峰：《荀子集成》，第 36 冊，頁 25。

〔註51〕李中生：《荀子校詁叢稿》，頁 138～139。

〔註52〕如張覺：《荀子譯注》（上海：上海古籍出版社，1995 年），頁 55：蔣南華、
　　　羅書勤、楊寒清：《荀子全譯》（貴陽：貴州人民出版社，1995 年），頁 60。

〔註53〕郝懿行：《荀子補註·不苟》，收於嚴靈峰編：《荀子集成》，第 33 冊，頁 12。

〔註54〕王念孫：《荀子雜志》，參見氏著：《讀書雜志》（臺北：樂天出版社，1972 年），
　　　第 8，頁 640。

〔註55〕潘重規：〈讀王先謙《荀子集解》札記〉，《制言半月刊》，第 12 期（1936 年 3
　　　月），總頁 1229。

〔註56〕趙海金：《荀子校釋》（自印本，不著出版年月），頁 16～17。劉文起：《荀子

據《韓詩外傳》校改「辭」爲「亂」，在文義上反而略嫌偏頗。龍宇純亦言：

> 《說文》：「辭，訟也。」「訟，爭也。」然則辭之言爭，言君子雖辯而不故爭也。下文：「君子……辯而不爭」，文義正與此同。〈榮辱〉篇亦曰：「辯而不說者，爭也。」謂善辯而不見悅於人者，以其好爭也，故君子辯而不爭，無異此文注腳，並可證辭字不誤。《韓詩外傳》作「言辯而不亂」，既云辯矣，自言不亂。言辯而不亂，句實不辭，蓋亦不達辭字之意而妄改之。郝氏王氏乃欲據彼以改此，何邪？〔註57〕

龍宇純的意見大體上與潘重規相同，在引用《說文》爲訓釋基礎之餘，同時更考察了《荀子》書中其他文句作爲佐證，且龍宇純甚至指出清儒所據校改的《韓詩外傳》反而有遭妄改之誤，而考據學家未能察覺此誤，遂以此而校改《荀子》，影響了考據的準確性。

　　清人訓詁《荀子》之失，除了因受限於古文詞例、通假或引據古籍而造成的疏漏外，缺乏義理的考察分析亦是主要問題之一。近人汪東認爲：「王先謙比次清代諸家之說以爲《集解》，單辭隻意，固有勝者，然往往通訓詁而昧於辭言之情，其贏絀相若。」〔註58〕鍾泰亦言：「諸家喜糾發楊氏之誤，即亦有楊本不誤而自說實誤者，亦有雖能正楊之誤而所詮仍未當於荀悑者。……諸家既屏斥亦理不欲言，而於文章銜接與否，又往往忽不經意。則其不能無失，固勢有必然者矣。」〔註59〕這段兩話均指出從事訓詁考據的清人忽略了從義理思想上來訓釋文句，因此，在某些分析上，反而比不上唐代的楊倞，〔註60〕例如：《荀子・非相》：「法先王，順禮義，黨學者。」郝懿行注曰：「注云（按：指楊倞之注）：『黨，親比』，非也。《方言》：『黨，知也。』……此則『黨』爲曉了之意。法先王，順禮義，出言可以曉悟學者，非朋黨親比之義也。」〔註61〕俞樾則說：「《方言》：『黨、曉、哲，知也。楚謂之黨，或曰曉，齊、宋之間謂之哲。』……蓋

正補》（臺北：臺灣師範大學國文研究所博士論文，1980年），頁36～37。

〔註57〕龍宇純：〈荀子集解補正〉，參見氏著：《荀子論集》（臺北：臺灣學生書局，1987年），頁131。

〔註58〕引自潘重規：〈讀王先謙《荀子集解》札記・序文〉，《制言半月刊》，第12期，總頁1227。

〔註59〕鍾泰：《荀注訂補》，收於嚴靈峰：《荀子集成》，第36冊，〈序〉，頁2。

〔註60〕關於楊倞注解《荀》書之功，可參見劉文起：〈楊倞《荀子》注之學術成就〉，《中正中文學報年刊》，第4期（2001年12月），頁279～312。

〔註61〕郝懿行：〈不苟篇〉，《荀子補註》，收於嚴靈峰：《荀子集成》，第33冊，頁24。

法先王，順禮義，以曉學者也。荀卿居楚久，故楚言耳。」〔註62〕郝、俞二人皆將「黨學者」解爲知曉學者，否定楊倞解爲親比學者的說法，俞樾甚至以爲此乃荀子久居楚國，故言楚語之故，而王先謙《荀子集解》亦引郝、俞氏之說爲訓。對此，潘重規說：

> 楊注未可非也。下文言「然而不好言，不樂言，則必非誠士」，正謂與學者相親比而不樂言則非眞好學之士。若謂「黨學者」爲曉悟學者，則又何謂不好言不樂言乎？〔註63〕

鍾泰言：

> 「黨」當從楊注爲是。下文言不好言、不樂言，則必非誠士也。夫言者，所以曉人，若此訓曉，則既有以語之矣，不必更言好言樂言，更不必言君子必辯矣。〔註64〕

劉文起言：

> 「黨學者」之黨，即親比之意，謂親比有學之士。〈勸學〉篇云：「君子居必擇鄉，遊必就士，所以防邪辟而近中正。」彼義同此。……則「黨」字不得訓爲曉悟，從可知矣。〔註65〕

由上述諸家的解說中，不難看出楊倞將「黨」解爲親比，確實優於清人的注解，主要的原因即在於清人只侷限於引據古籍來校釋文句，未能就思想上來理解，潘重規所提出的批評，即是從這一層面而言的。

二、校詁方法的侷限

　　清儒考據《荀子》的侷限，一方面是在校詁上的疏漏，已於上文所論；另一方面則在於校詁方法的侷限。清代多數的訓詁學家們奉行「訓詁明而義理明」的觀念，因此傾盡一生之力於文字的考訂上，然而，對於古籍中思想的理解或闡發卻相對貧乏，甚至也影響了訓釋文字的正確性。劉師培將這種「甄明詁故」、「掇拾叢殘」的研究稱爲「諸子之考證學」而不是「諸子之義理學」，顯然是否定了由「訓詁明」便能達到「義理明」的說法。牟宗三曾就清儒訓詁文句提出批評，他認爲研究中國哲學文獻的途徑，最重要是重「理

〔註62〕俞樾：〈荀子平議‧一〉，參見氏著：《諸子平議》，卷12，頁138～139。
〔註63〕潘重規：〈讀王先謙《荀子集解》札記〉，《制言半月刊》，第12期，總頁1230～1231。
〔註64〕鍾泰：《荀注訂補》，收於嚴靈峰：《荀子集成》，第36冊，頁31。
〔註65〕劉文起：《荀子正補》，頁64～65。

解」，也就是說，要先對於文句有恰當的了解，才能形成一個恰當的觀念，如是才能進到思想問題；而「了解文句，並不是訓詁文句」。〔註66〕從這個角度來看，則清儒對於《荀子》的訓詁考據工作，恐怕不能算是真正的「理解」。徐復觀對清儒由「文字」而「訓詁」而「義理」的單向活動提出了更進一步的批評，他說：

> 所謂解釋，首先是從原文獻中抽象出來的。某種解釋提出了以後，依然要回到原文獻中去接受考驗；即需對於一條一條的原文獻，在一個共同概念之下，要做到與字句的文義相符。這中間不僅是經過了研究者抽象的細密工作，且須經過很細密地處理材料的反復手續。……僅靠著訓詁來講思想，順著訓詁的要求，遂以為只有找出一個字的原形，原音，原義，才是可靠的訓詁；並即以這種訓詁來滿足思想史的要求。這種以語源為治思想史的方法，其實，完全是由缺乏文化演進觀念而來的錯覺。〔註67〕

徐復觀所指出清儒在理解文本上方法的侷限，在於只由字、詞的研究推展到全書或全篇之旨，卻忽視了必須由全書或全篇的意旨中來檢視這些解釋，也就是所謂「回到原文獻中去接受考驗」的「反復手續」。事實上，徐氏的觀點類似於當代西方詮釋學所謂「詮釋學循環」（hermeneutischer Zirkel）的概念，〔註68〕錢鍾書稱之為「闡釋之循環」，他說：

> 乾嘉「樸學」教人，必知字之詁，而後識句之意，識句之意，而後通全篇之義，進而窺全書之指。雖然，是特一邊耳，亦祇初恍耳。復須解全篇之義乃至全書之指（「志」），庶得以定某句之意（「詞」），解全句之意，庶得以定某字之詁（「文」）；或並須曉會作者立言之宗

〔註66〕 牟宗三演講、楊祖漢紀錄：〈研究中國哲學之文獻途徑〉：「我們重視讀文獻，第一步先通文句，但這種通文句不只是像清朝乾嘉年間的訓詁考據，先根據《說文》、《爾雅》，找出這個字那個字的造字的本義，這樣做是沒有多大用處的。……訓詁明則義理明，這話是不通的。」《鵝湖月刊》，第 11 卷第 1 期（1985年 7 月），頁 1～7。

〔註67〕 徐復觀：〈研究中國思想史的方法與態度問題〉，參見氏著：《中國思想史論集》（臺北：臺灣學生書局，1959 年），頁 4。

〔註68〕 詮釋學具有三個特徵：歷史性、整體性及循環性。關於「詮釋學循環」的概念，當代學者如施萊瑪赫（F. Schleiermacher）、伽達瑪（H.G. Gadamer，或譯為高達美、加達默爾、葛達瑪）等人均有相當豐富的理論。參見潘德榮：《詮釋學導論》（臺北：五南圖書出版社，1999 年）；陳榮華：《葛達瑪詮釋學與中國哲學的詮釋》（臺北：明文出版社，1998 年）。

尚、當時流行之文風、以及修詞異宜之著述體裁，方概知全篇或全書之指歸。積小以明大，而又舉大以貫小；推末以至本，而又探本以窮末；交互往復，庶幾乎義解圓足而免於偏枯，所謂「闡釋之循環」者是矣。〔註69〕

循環的理解理論與傳統的理解模式有著本質上的區別：從個別到達一般、由部分進入整體，是傳統的理解理論所描繪的理解模式，亦即當我們閱讀文本或理解某一語句時，必須先對單個詞語有所了解，如此才能進而把握它們的整體意義，據此，部分的理解被視為整體理解的基礎，整體是部分之和，理解的途徑乃是由部分向著整體的單向運動過程，清儒考據學者的古文字考訂工作便是最明顯的範例。詮釋循環理論則主張在理解中，部分與整體是相互作用的，任何部分的突破，必然影響整體的理解，對整體理解的深化，又將重新審視一切部分的理解，並對部分與部分、部分與整體之間的關係作出相應的調整，因此理解的過程是由部分與整體所構成的一個圓圈式的雙向循環運動；亦即當我們要「理解」一個文本時，自然是透過文字或詞語的訓釋來瞭解文本的涵義，但由於同樣的文字或詞語常因不同的時代、學術流變、作者思想而有不同的意義，因此，理解者反而需要先或多或少瞭解文本的涵義（這即是一種抽象能力的運用），且由此以明白其中個別文字或字詞的意義；當文字或字詞的意義更明確、清楚後，理解者便更容易、更清楚地掌握文本的脈絡及涵義。是故，理解的過程是由整體到部分，再由部分回到整體去（亦即徐復觀所言「反復手續」、錢鍾書所言「交互往復」之意），這個過程稱之為詮釋學循環。由此來看徐復觀所說，先「從原文獻中抽象出來」的步驟，便是指運用抽象能力先閱讀文本的涵義，換言之，有時候義理是可以獨立於訓古考據之外的，甚至「還可能反過來決定字詞或文句的意義。」〔註70〕

　　清代考據學者欠缺這種循環理念的概念反省，對於《荀子》的義理問題疏於運用抽象思考的能力去建構基本概念；同時，以孟子為正統的觀念在乾嘉學者中已根深蒂固，在這種情況下，對於《荀子》的訓解不免有所侷限。

〔註69〕錢鍾書：〈左傳正義六七則・隱公元年〉，收於氏著：《管錐編》（臺北：書林出版有限公司，1996 年），第 1 冊，頁 171。按：此則資料乃據李明輝：〈焦循對孟子心性論的詮釋及其方法論問題〉論及，參見氏著：《孟子重探》（臺北：聯經出版公司，2001 年），頁 69～109。

〔註70〕李明輝：〈焦循對孟子心性論的詮釋及其方法論〉，收於氏著：《孟子重探》，頁 69～109。

例如有些考據學者將荀子所論「後王」解釋爲周文王、武王,而「先王」則爲堯、舜,如此一來,所謂的「先王」、「後王」之不同便僅止於時代先後之別而已,這樣的訓解所傳達的思想,僅止於古聖王的模範意義,欠缺從荀子重視道的體常與盡變之歷史觀及禮義之道的實踐層面上來考察,這在荀子思想的理解與闡發上,自然是有所侷限的。

第四節　清儒考據《荀子》的意義

乾嘉時期的考據學雖然推動了《荀子》書的整理與研究,但是究其最初的動因,畢竟是在「以子證經」的前提下爲了考證經義提供服務的,從這個角度而言,這些考據學者的《荀子》書研究是「用」,即所謂「工具主義」;〔註71〕此外,儘管考據《荀子》獲致空前的成果,但仍存在著校詁文句上的疏失及校詁方法上的侷限,已如上節所言。再者,以整理、文字考證的方式所呈現的荀學研究成果,在義理思想層面的發揮顯然是十分有限的,清末民初的學者劉師培即曾言:

> 近世巨儒稍稍治諸子書,大抵甄明詁故,掇拾叢殘,乃諸子之考證
> 學,而非諸子之義理學也。〔註72〕

顯然劉師培認爲這些研治諸子學的學者只能稱之爲諸子的「考證學」,而不是諸子的「義理學」;再如現代學者陳平原亦言:

> 若是經師治學,只講音韻訓詁名物制度,如此讀書倒也無大礙;可
> 是一旦由「多陳事實」的「經」轉爲「多明義理」的「子」,清儒之
> 「不尚空談」變成爲明顯的缺陷。〔註73〕

這裡,陳平原同樣表達了清儒以訓詁校勘的方式並不足以研治諸子學的意見,換言之,訓詁與義理在此被截然劃分爲二,而義理思想闡述的缺乏更成爲考據學家遭後世學者詬病的主要原因。然而,必須說明的是,即使這樣的批評有其根據所在,但過於強調訓詁與義理之間的差異,不免忽視了二者之間仍有一定的聯繫存在。就《荀子》的而言,清儒訓解「人之性惡,其善者

〔註71〕林軍:〈試論清代乾嘉諸子學興起的文化意義〉,《紹興文理學院學報》,第 23
　　　　卷第 6 期(2003 年 12 月),頁 42～43、頁 90。
〔註72〕劉師培:《周末學術史序》,參見氏著:《劉申叔先生遺書》,第 1 冊,頁 603。
〔註73〕陳平原:《中國現代學術之建立——以章太炎、胡適之爲中心》(臺北:麥田
　　　　出版社,2000 年),總頁 250～251。

僞也」中「僞」字爲「作爲」、「人爲」之意，而非如宋代儒者所理解的「欺僞」，並且以此爲基礎重新闡釋荀子的心性論（詳見第伍章），姑且不論其闡釋正確與否，至少在此便可看出訓詁與義理之間的關係。也就是說，對於清儒而言，校勘訓詁在義理思想的發皇上，是具有一定的基礎作用的。〔註74〕

　　誠然，清儒的《荀子》考據是在諸多侷限下的學術探討，但是若能從儒學發展歷史中長期尊孟抑荀的思想傳統來看，那麼《荀子》書及荀子學術源流的考據，實已觸及了孟子在儒家權威地位的問題，在儒家學統及學術史上，仍是具有一定的意義。整體來說，包括王念孫、郝懿行、劉台拱、王先謙等人，都認同廣博地參究古籍做爲考辨的資源，這是從事考據工作時應有的基本治學態度，因此，對於各個不同領域、不同學派的古籍，採取了參酌、切磋的態度；對於過去被視爲「異端」的諸子學說，採取了較包容的看法，如焦循（1763～1820）將《論語》中「攻乎異端」之意予以重新解釋：

　　《論語》：「攻乎異端，斯害也已。」談者以指楊、墨、佛、老。於是爲程、朱之學者，指陸氏爲異端；而王陽明之徒，又指程、朱爲異端。此二字遂不啻洪水猛獸、亂臣賊子，正不必然。……他山之石，可以攻玉。他者，異也；攻者，礎切磨錯之也；已者，止也。各持一理，此以爲異己也而擊之，彼亦以爲異己也而擊之，未有不成其害者，豈孔子之教也？異端猶云兩端，攻而摩之，以用其中而已。〔註75〕

　　諸子之異端若能自通於聖人之道，亦可也。〔註76〕

唐晏（？～？）亦言：

　　夫時至戰國諸子爭鳴，豈盡好爲異說哉？亦誠見夫人心風俗之敗

〔註74〕鄭吉雄〈乾嘉治經方法中的思想史線索——以王念孫《讀書雜志》爲例〉中便曾指出：「我始終堅信校勘訓詁和諸子義理之間有密切的關係。事實上，乾嘉以降的鴻儒碩彥多受經學訓練，其研治諸子的方法，自不得不從治經方法中尋繹而得；而究其研治的最後結果，又不得不於諸子異於儒學理念的思想觀念，包括政治、社會、倫理等各方面，有所發明，漸而反權威、平等、名理邏輯等各種問題與課題，均漸被發掘、被重視、被討論。」又言：「諸子學興起的起始點，原來是深深埋藏在乾嘉經學家堅實的經學研究、和枯索零碎的校勘文獻工作之中的。」參見林慶彰、張壽安主編：《乾嘉學者的義理學》（臺北：中央研究院中國文哲研究所，2003年），總頁511～512；總頁545。

〔註75〕焦循：〈攻乎異端解上〉，《雕菰集》（臺北：鼎文出版社，1977年），卷9，頁134。

〔註76〕焦循：〈釋異端〉，《論語通釋》，收於《木犀軒叢書》（光緒年間李盛鐸刊行，中央研究院歷史語言研究所傅斯年圖書館藏），頁7a。

　　壞，思所以挽救之術，故諸子之爲書猶群醫之處方也，高下淺深之
　　不同，其救人之心一也。戰國諸子雖道有偏正之不同，其拯世之心
　　則一也。〔註77〕

焦循將過去帶有負面評價的「異端」理解爲「兩端」，「攻」字解爲「攻錯」
而非「攻擊」之意，如此一來，「攻乎異端」意味著容納各種不同的學術資源，
加以磨合貫通，因此他認爲諸子在一定條件之下（即「自通於聖人之道」）亦
是能夠被認可的。這樣的主張無疑是肯定了學術的多元性及互補的作用；唐
晏則從社會實踐的角度而認同諸子學術的功用，主張這些被歸諸「異說」的
諸子仍具有探究的價值，能夠藉以擴展較寬廣的學術視野，在此原則之下，
長期被摒除於主流之外的荀學，獲得了重新被檢視的契機。因此，當考據學
者從事《荀子》考辨之時，另有不少學者已逐漸意識到荀學自有其思想理路
及價值，對於宋、明時代詆毀荀學的論述提出不同的見解，使荀學在儒家的
地位得以再次重估。（詳見第伍章）

　　當然，荀學在儒家地位得以重估，汪中的考證之功是極具影響的。透過考
證，汪中認爲儒家經典包括《毛詩》、《魯詩》、《韓詩》、《左氏春秋》、《穀梁春
秋》及禮學都是「周公作之，孔子述之，荀卿子傳之，其揆一也。」〔註78〕如
此大膽地肯定荀子傳經之功，又將荀子視爲孔子學術的繼承者，不僅突破唐代
以來以思孟學派爲唯一正統儒學的觀念，同時也爲日後考究《荀》書、論述荀
學之學者提供了理論基礎，梁啓超便曾指出，自汪中著《荀卿子通論》、《荀卿
子年表》後，荀學成爲清代「顯學」，〔註79〕足見其影響的深遠；另外，當代有
學者認爲乾嘉時期的儒者有一種普遍的學統重建的意向，其側重面有三：漢學
學統的重建、經世實學學統的重建、禮學學統的重建。其中在禮學學統重建的
部分，清人一方面鼓吹「以禮代理」，另一方面則是努力將清代禮學上續周秦禮

〔註77〕唐晏：〈明荀〉，《涉江先生文鈔》（1921 年排印本，中央研究院歷史語言研究
　　　　所傅斯年圖書館藏），頁 7b。
〔註78〕汪中：〈荀卿子通論〉，參見王先謙：《荀子集解・考證下》，頁 22。
〔註79〕梁啓超：《中國近三百年學術史》，頁 282；另外，如繆鉞：〈汪中誕生二百年紀
　　　　念〉中亦言：「容甫卓識所表見者，尤在其能發揚諸子之學。……清人以訓詁
　　　　治經，漸及諸子，以其同爲先秦古書，訓詁音韻，多資取證，然尚鮮有發揮大
　　　　義者。容甫治諸子，獨能不囿於傳統之見解，而與以新估價。……其《荀卿子
　　　　通論》闡發『荀卿之學，出於孔氏，而尤有功於諸經。』……自今日觀之，其
　　　　所論或亦不無可議，而在乾隆之時，能爲是言，則固朝陽鳴鳳，倜儻不群者矣。」
　　　　參見氏著：《詩詞散論》（臺北：臺灣開明書店，1956 年），頁 88～89。

學傳統，〔註80〕而汪中追溯禮學學統源自荀子，正是最典型的例證；換言之，汪中的考證已在某種程度上表現出對儒學學統重建的企圖，對於清代學術發展可說是別具意義的。

〔註80〕周積明：〈乾嘉時期的學統重建〉，《江漢論壇》，2002 年第 2 期，頁 56～60。

第五章　清儒對荀學思想之評述

　　清代考據學的興起，促使了《荀子》獲得重新被檢視的契機，在此過程中，對於長期被宋明理學家貶抑的荀學，有了不同的評價，一方面肯定荀學源出於孔門，另一方面對於前儒議荀提出了批駁，試圖對荀子學說中與長期居於「正統」地位的孟學二者間的歧異提出解說，呈現調和孟荀學說的傾向，由此將荀學納入儒家範疇。這些致力為荀子學說辯駁的學者，在客觀上確實提高了荀學的學術價值，部分的論述甚至可能動搖了孟子在學術獨尊的地位；然而，即使能夠改變過去抑荀的思考模式，卻始終無法改變以孟學為宗在其意識型態中的主導地位，且有關荀子思想的討論，多半是宋、明時代儒者所論及議題的反駁，如性惡、非孟、弟子李斯等，因此，在深究荀學思想體系脈絡的論述上則相對地貧乏，釐清孟、荀學說於儒家思想體系中的不同進路在這些學者的敘說中是難以找到答案的，更遑論自覺地在新的歷史條件下發掘荀學思想中足以汲取作為學術革新的資源，用以建構更周密、更成熟的理論體系，從這個層面來說，清人在荀子學術的發展上，雖然有顯著的發展，但仍有一定的侷限存在。

第一節　肯定荀學源出於孔門

　　唐代韓愈評論孟子與荀子在儒家思想傳承的情形時，認為孟子是「醇乎醇者」，而荀子則是「大醇而小疵」，[註1] 對於荀學雖有微詞，但終究仍是將荀子納入儒家學術體系中；但當韓愈在建構其心目中的儒家「道統」時，卻

〔註 1〕　韓愈：〈雜著・讀荀〉，《韓昌黎文集》（臺北：華正書局，1982 年），卷 1，頁 121。

將荀子摒除在外，完全否定了荀學在儒家的地位。〔註2〕到了重視道統之傳及以孟學繼承者自居的宋明理學家，對於荀子的貶抑加劇，更加明確地否定了荀學傳承孔門的關係。這樣的見解，延續至清初程朱學派的理學家，仍然固守孟子為正統的思考模式，批判荀子不遺餘力，如陸世儀（1611～1672）言：

> 荀況視揚雄較有本領，但駁雜耳。〔註3〕

在此陸氏評荀子「駁雜」，顯然仍是繼承了理學傳統而論的，因此，自然也視荀子為異端：

> 問荀子或以為儒，或以為異端，何如？曰：荀子純粹不及孟子，力量不及楊、墨，徒以性惡禮偽之言取譏於後世，雖其書略有可取之語，不足道也。〔註4〕

李光地（1642～1718）亦曰：

> 自漢以來，荀、揚都與孟子並稱，為韓文公斷為擇焉不精，語焉不詳。至司馬溫公、邵康節又推尊揚雄，幾在孟子之上，後來一被程子點落，而人翕然信之者，實見得到也。……荀卿當日聲勢大于孟子，孟子漸尊崇，荀卿日就消歇，至今孟子為吾教宗祖，而擯荀卿如路人別派以此。〔註5〕

陸世儀認為就儒家學術而言，荀子之學「純粹不及孟子」，因此只能被歸於所謂的「異學類」，是「不足道」的；李光地則直以孟子為宗，荀子是「路人別派」。同樣的觀點，在熊賜履所作的《學統》中亦可發現，熊氏將孔、孟、二程、朱子等人歸為「正統」，而荀子則被歸於「雜統」，用以表明荀子的「駁雜」，並徵引了宋明理學家們對荀子的批評，最後並附按語，云：

> 荀卿當戰國淆亂之時，獨能稱述仲尼，以排斥百氏，意誠善矣。然見道不明，師心自是，故其為書，皆雜引物類，踳駁蔓衍，務馳騁

〔註2〕　韓愈：〈雜著·原道〉：「吾所謂道也，非向所謂老與佛之道也。堯以是傳之舜，舜以是傳之禹，禹以是傳之湯，湯以是傳之文、武、周公，文、武、周公傳之孔子，孔子傳之孟軻。軻之死，不得其傳焉。荀與揚也，擇焉而不精，語焉而不詳。」參見氏著：《韓昌黎文集》，卷1，頁10。

〔註3〕　陸世儀：〈諸儒類〉，《思辨錄輯要·後集》（臺北：廣文書局，1977年），卷7，頁190。

〔註4〕　陸世儀：〈異學類〉，《思辨錄輯要·後集》，卷10，頁257。按：值得注意的是此處陸世儀將荀子納於「異學類」討論之。

〔註5〕　李光地：〈諸子〉，《榕村全集·榕村語錄》（臺北：文友出版社，1972年），卷20，頁3058～3059。

於文詞而不能一軌於義理之域，方之田駢、鄒衍之徒，殆未見其能遠過也。〔註6〕

無論是陸世儀或熊賜履，對於荀學與儒家的關係上，同樣都體現了否定的傾向，熊氏甚至視荀子與田駢、鄒衍之徒相類，並且視孟子爲儒學正傳，在在顯示了當時理學家對於荀子的態度。然而，隨著清代學術走向及發展的轉變，理學思想逐漸式微，取而代之的考據之學，在以廣博地汲取古籍做爲論證基礎的學風引導下，使得許多學者重新審視被批判已久的荀學，故而出現了有別於清初理學家們的評價。

首先，對於過去長久以來孟子獨尊於儒學的現象有了修正，將荀子納入儒家之中，並肯定司馬遷（前 145～約前 86）在《史記》中將孟、荀並論的作法，如費密（1623～1699）言：

> 昔者孟軻好辯，孔道以明；荀卿守正，大論是閎，是二儒者吐辭爲經，舉足爲法，絕類離倫，優入聖域。〔註7〕

謝墉言：

> 荀子生孟子之後，最爲戰國老師。太史公作傳，論次諸子，獨以孟子、荀卿相提並論，……愚竊嘗讀其全書，而知荀子之學之醇正，文之博達，自四子而下，洵足冠冕群儒，非一切名、法諸家所可同類共觀也。〔註8〕

錢大昕（1728～1804）言：

> 蓋自仲尼歿，儒家以孟、荀爲最醇，太史公敘列諸子，獨以孟、荀標目，韓退之於荀氏雖有「大醇小疵」之譏，然其云「吐辭爲經」、「優入聖域」，則與孟氏並稱，無異詞也。〔註9〕

郝懿行言：

> 近讀《孫卿書》而樂之，其學醇乎醇，其文如《孟子》，明白宣暢，微爲綿富，益令人入而不能出。頗怪韓退之謂爲「大醇小疵」，蒙意

〔註6〕　熊賜履：〈雜統〉，《學統》（臺北：廣文書局，1975 年），卷 43，頁 821。

〔註7〕　費密：〈道脈譜論〉，《弘道書》（收於《續修四庫全書》，《續修四庫全書》編纂委員會編，上海：上海古籍出版社，2002 年，第 946 冊，集部別集類），卷上，頁 16。

〔註8〕　謝墉：〈荀子箋釋序〉，參見王先謙：《荀子集解・考證上》（北京：中華書局，1992 年二刷），頁 12～13。

〔註9〕　錢大昕：《荀子箋釋》跋〉，參見王先謙：《荀子集解・考證上》，頁 15。

未喻，願示其詳。……孟遵孔氏之訓，不道桓、文之事，荀矯孟氏
之論，欲救時勢之急。……孟、荀之意，其歸一耳。〔註10〕

《四庫全書總目》亦評：

況之著書，主於明周、孔之教，崇禮而勸學。……平心而論，卿之
學源出孔門，在諸子之中最爲近正，是其所長；主持太甚，詞義或
至於過當，是其所短。韓愈「大醇小疵」之說，要爲定論，餘皆好
惡之詞也。〔註11〕

凌廷堪（1757～1809）言：

守聖人之道者，孟、荀二子而已。……荀卿之書也，所述者皆禮之
精義。故戴氏取之以作記，鄭氏據之以釋經。遺編具在，不可誣也。
夫孟氏言仁，必申之以義；荀氏言仁，必推本於禮。……然則荀氏
之學，其不戾於聖人可知也。後人尊孟而抑荀，無乃自放於禮法之
外乎！〔註12〕

黃式三（1789～1862）言：

荀子況于孔子之經，無所不學。……自孔子後，孟子軻、荀子況書
皆能申明之以學顯于世。孟子軻書醇乎醇者也，荀子況有小疵而不
失其大醇。〔註13〕

丁丙（1832～1899）言：

其書大旨在勸學，而其學主於修禮，徒以恐人恃質而廢學，故激爲
性惡之說，不免受後世詬屬。然宗法聖人，誦說王道，終以昌黎「大
醇小疵」爲定評。〔註14〕

從這些引文中，不難發現幾個共同觀點：首先，對於荀學在學派的歸屬問題
上，一致肯定其源出於孔門，而「孟、荀並稱」則是共通認可的原則，相較
於理學家李光地等人對荀子的抨擊，其差異是相當明顯的。其次，就荀學的

〔註10〕郝懿行：〈與王引之伯申侍郎論孫卿書〉，參見王先謙：《荀子集解‧考證上》，
頁15。

〔註11〕永瑢等撰：《四庫全書總目‧子部儒家類》，參見王先謙：《荀子集解‧考證上》，
頁9～10。

〔註12〕凌廷堪：〈荀卿頌并序〉，《校禮堂文集》（北京：中華書局，1988年），卷10，
頁76～77。

〔註13〕黃式三：〈列國〉，《周季編略》（臺北：國防研究院、中華大典編印會合印，
1967年），卷9，頁197。

〔註14〕丁丙：《善本書藏志》（臺北：廣文書局，1988年再版），卷15，頁687。

評價而言，除了延續前文曾論及汪中所考證的傳經之功外，〔註 15〕包括《四庫全書》、丁丙、黃式三、凌廷堪等人更從「崇禮勸學」的角度來稱道荀學的價值，明顯可看出與清代禮學思想風潮興起的關聯性；同時，也顯示出當時學者一方面從經學史研究的層面來肯定荀子之餘，另一方面也試圖就荀子思想本身來推崇荀子，這是極具意義的。再者，值得注意的是，不少學者認同唐代韓愈對荀子「大醇小疵」的評價，這意味著雖然同意將荀子納入儒家討論範圍，體現出與宋明理學家思考路線的區別，但在主觀意識上，似乎仍以孟學爲儒家核心價值做爲參照，因此，對於《荀子》書中明顯異於孟子的部分，鮮能進一步探究，僅止於評爲「小疵」而已。

第二節　論荀觀點的重新闡釋

　　在肯定荀學源出於孔門的基礎上，清人在評價荀子思想上有別於宋明時期簡單的是非褒貶，能夠聯繫荀子的時代條件，考慮其學說的實際效用，以及其對於儒家思想傳承等各方面作理論分析，對於過去飽受抨擊的議題提出不同的見解，呈現評論荀學價值的轉向。

一、孟、荀人性論的調和

　　荀子的心性論是其學說中最受抨擊的部分，因此，清人就此所提出的議論亦是最爲豐富的。對於荀子所論：「人之性惡，其善者僞也。」明顯與孟子性善的主張相對立的情形，多數學者採取了調和的態度，在策略上，或從文字訓釋入手；或主張回歸孔子「性相近」之說爲衡量標準，指出孟、荀二家說法均各執一偏；或以其性惡主張的實際效用上來調和二者的不同。此外，亦有學者藉由宋明理學中的「氣質之性」來說明荀子的合理性；甚或明確地表示論性「不從孟而從荀」者，由此可看出對荀子心性論認同上的轉變。

〔註15〕清人延續汪中所論而稱道荀子傳經之功者頗多，如江標編校：《沅湘通藝錄》中收許丙炎：〈荀卿毛公兼傳穀梁春秋證〉，以及曹典球、陳鼎、張緝光、王景峨等人各所著：〈漢志儒家載孫卿子三十三篇賦〉，極力稱頌荀子羽翼六經之功，獨爲群經大師，其中曹典球更認爲荀子亦是「史學之正脈」。參見江標編校：〈經〉、〈詞章〉，《沅湘通藝錄》（上海：上海商務印書館，1935 年），卷1，頁 27；卷 7，頁 290～297。皮錫瑞亦言：「荀卿傳經之功甚鉅。」參見氏著：《經學歷史》（臺北：藝文印書館，1987 年二版），頁 44。

　　從文字訓釋上調和孟、荀心性論差異者，主張將「偽」字訓解成「人爲」之意，如郝懿行指出：

> 至於性惡、性善，非有異趣。性雖善，不能廢教；性即惡，必假人爲。「爲」與「偽」古字通，其云「人之性惡，其善者偽也」，「偽」即「爲」耳。〔註16〕

《四庫全書總目》亦言：

> 至其以性爲惡，以善爲偽，誠未免於理未融。……楊倞亦注曰：「偽，爲也。凡非天性而人作爲者，皆謂之偽。故偽字人旁加爲，亦會意字也。」其說亦合卿本意。後人昧於訓詁，誤以爲「眞偽」之偽，遂譁然掊擊，謂卿蔑視禮義，如老、莊之所言。是非惟未睹其全書，即〈性惡〉一篇，自篇首二句以外，亦未竟讀矣。〔註17〕

錢大昕亦言：

> 古書「偽」與「爲」通，荀子所云「人之性惡，其善者偽也」，此「偽」字即「作爲」之爲，非「詐偽」之偽。故又申其義云「不可學、不可事而在人者謂之性；可學而能、可事而成之在人者謂之偽。」〈堯典〉「平秩南訛」，《史記》作「南爲」，《漢書・王莽傳》作「南偽」，此「偽」即「爲」之證也。〔註18〕

章學誠（1738～1801）言：

> 荀子著〈性惡〉，以謂聖人爲之「化性而起偽」。「偽」於六書，人爲之正名也。荀卿之意，蓋言天質不可恃，而學問必藉於人爲，非謂虛誣欺罔之偽也。而世之罪荀卿者，以謂誣聖爲欺詐，是不察古人之所謂，而遽斷其是非也。〔註19〕

將「偽」字訓釋爲「作爲」、「人爲」，並非自清人才有的理解，事實上唐代楊倞注解《荀子》時即已指出；至清代訓詁學家又引據許多古籍作進一步論證，並且以此將荀子心性論理解成教人勉力作爲以成就善性，如此一來，在清儒

〔註16〕郝懿行：〈與王引之伯申侍郎論孫卿書〉，參見王先謙：《荀子集解・考證上》，頁16。

〔註17〕永瑢等撰：《四庫全書總目・子部儒家類》，參見王先謙：《荀子集解・考證上》，頁9～10。

〔註18〕錢大昕：《荀子箋釋》跋），參見王先謙：《荀子集解・考證上》，頁15。

〔註19〕章學誠著，葉瑛校注：〈說林〉，《文史通義校注》（北京：中華書局，2000年三刷），卷4，〈內篇四〉，頁354。

的詮釋下，荀子的主張與孟子所言的「性善」便不是截然相對立的主張，依此，郝懿行言「性惡、性善，非有異趣」，就是從這樣的角度來解讀的。誠然，在道德實踐上，孟、荀二者的目標頗為一致，但在實踐的進路上卻有顯著的差異：孟子強調的是主體的內省修養以發展完善的自我；而荀子重視的則是主體在客觀認知思辨功能的配合，必須透過與外在現實生活相互作用而完成。整體而言，再次拈出「偽」、「為」二字古相通，確實有助於理解荀子的心性論，但若依照清儒僅以勸人為善來解釋荀子的心性論，顯然欠缺通盤考量其主張的意義，在動機上似乎只是將「性惡」的議題引導向同於孟子性善論的方向，以此調和二者的矛盾，在探究其思想的深度上是十分有限的。

　　對於孟、荀在心性論主張的不同，清人亦有主張以《論語・陽貨》中孔子的「性相近也，習相遠也」〔註20〕之說為折衷，表示孟、荀二人皆符合孔子之言，只是各有所偏頗罷了。如謝墉曰：

> 嘗即言性者論之：孟子言性善，蓋勉人以為善而為此言；荀子言性惡，蓋疾人之為惡而為此言。要之，繩以孔子相近之說，則皆為偏至之論：謂性惡，則無上智也；謂性善，則無下愚也。……然孟子偏於善，則據其上游；荀子偏於惡，則趨乎下風，由憤時疾俗之過甚，不覺其言之也偏。然尚論古人，當以孔子為權衡，過與不及，師、商均不失為大賢也。〔註21〕

郝懿行亦曰：

> 孟、荀之恉，本無不合，惟其持論，各執一偏。準以聖言，「性相近」即兼善惡而言，「習相遠」乃從學染而分。後儒不知此義，妄相毀詆。
>
> 〔註22〕

淩廷堪言：

> 孟曰性善，荀曰性惡。折衷至聖，其理非鑿。善固上智，惡亦下愚。各成一是，均屬大儒。〔註23〕

在此，清人揭示孔子的「性相近」來解讀孟、荀在心性論主張上的不同，說

〔註20〕　朱熹：《論語集注・陽貨第十七》，《四書章句集注》（北京：中華書局，2003年七刷），卷9，頁175。

〔註21〕　謝墉：〈荀子箋釋序〉，參見王先謙：《荀子集解・考證上》，頁13～14。

〔註22〕　郝懿行：〈與王引之伯申侍郎論孫卿書〉，參見王先謙：《荀子集解・考證上》，頁16。

〔註23〕　淩廷堪：〈荀卿頌并序〉，《校禮堂文集》，卷10，頁77。

明孟子的性善乃是偏於「上游」、「上智」，荀子則趨於「下風」、「下愚」，以此來調和二者之說均符合孔子之意，達到二者在論述心性論上的平衡，頗具心思；但卻也如同上述所論的情形一樣，欠缺通盤考察荀子的思考脈絡，輕率地以為荀子是因厭惡「人之為惡」故有性惡的主張，與其原意相差甚遠；再者，孟子的性善說恐怕亦非是指所謂的「上智」而言的，因此，這種調和的說法不僅無助於對荀子心性論的理解，且亦難以釐清孟、荀真正的差異所在。同樣以孔子性近習遠之說為宗，張惠言（1761～1802）對孟、荀人性論的分析，則略進一步：

> 孔子之言性，曰：「性相近習相遠」；「上知與下愚不移」。所謂一言而本末具者也。孟子之言「性善」，所謂操其本也。荀子之言「性惡」，所謂操其末也。其言殊，其所以救世之意一也。孟子曰：「口之于味，目之于色，鼻之于臭，耳之于聲，四肢之于安佚，是性也。」不亦與荀子言「人之性，飢而欲飽，寒而欲暖，勞而欲休」者同乎哉？荀子曰：「無性則偽之無所加，無偽則性不能自美。」……不亦與孟子言「民之秉彝，故好是懿德」者同乎哉？……雖然，由孟子之說，則人得自用其為善之才，而道甚邇，事甚易。由荀子之說，則道者，聖人所以撟揉天下之具，而人將厭苦而去之。故荀子之意與告子異，而其禍仁義與告子同；則操其末者之弊，必至於此也。雖然，孔子言仁而孟子益之以義，荀子則約仁義而歸之禮。夫義者，人之裁制也；禮者，仁義之檢繩也。孟子之教，反身也切；荀子之教，檢身也詳。韓子曰：求觀孔子之道，必自孟子始。後之學者，欲求其途于孟子，自荀子始焉可也。〔註24〕

張惠言亦認同孟、荀二人各據孔子論性之一偏，並無新意；但與謝墉等人不同的是，張氏明確地表明孟子性善是「操其本」，優於荀子的「操其末」，且「操其末」將產生「禍仁義」之弊端，如此則是對孟、荀二人有了高低不同的評價，而不是視二者為同一地位了。然而，雖然張惠言對荀子的評價低於孟子，但能進一步論述「孔子言仁而孟子益之以義，荀子則約仁義而歸之禮」，正如同淩廷堪所言「孟氏言仁，必申之以義；荀氏言仁，必推本於禮」，反應出當時學者重視荀學崇「禮」的重要關鍵；同時，張氏又言「欲求其途于孟子，自荀子始焉，可也」，亦即將孔、孟、荀視為代表著儒學發展的不同階段；

〔註24〕張惠言：〈讀荀子〉，《茗柯文・初編》（上海：上海古籍出版社，1984年），頁24。

換言之，他認爲孔、孟、荀在儒家思想上有一定的一致性，孟、荀都是延續了孔子「仁」的思想，〔註25〕而且荀子則是承繼了孟子之學而發展的。這種將荀子視爲尋繹孟子的途徑固然不盡正確，但從儒學發展的角度及實用上來調和孟、荀，亦有其意義存在。

　　對於荀子心性論的理解，偏重其學說中重禮的實際效用而予以肯定的學者頗爲普遍，除上述張惠言外，還有學者更聯繫了荀子的時代條件加以論說，如：吳德旋（1767～1840）言：

　　　孟子曰：「人之性善。」荀子曰：「人之性惡。」曰人之性善者，從
　　　其上者而言之也；曰人之性惡者，從其下者而言之也。其所從言之
　　　雖異，其所以救世之心一也。……周之末異端並興，刑名法術縱橫
　　　家言盈天下，荀子明王道，述孔氏與孟子同，而後之儒者擅以其性
　　　惡之一言擯之，使不得爲聖人之徒，亦不諒其心矣。〔註26〕

王先謙言：

　　　余謂性惡之說，非荀子本意也。其言曰：「直木不待櫽栝而直者，其
　　　性直也；枸木必待櫽栝、烝、矯然後直者，以其性不直也。今人性
　　　惡，必待聖王之治，禮義之化，然後皆出於治，合於善也。」夫使
　　　荀子而不知人性有善惡，則不知木性有枸直矣。然而其言如此，豈
　　　眞不知性邪？余因以悲荀子遭世大亂，民胥泯棼，感激而出此也。
　　　荀子論學論治，皆以禮爲宗，反復推詳，務明其指趣，爲千古修道
　　　立教所莫能外。〔註27〕

吳汝綸（1840～1903）言：

　　　孟、荀之言皆貴學，不恃性。孟子曰：「人皆可以爲堯舜。」荀子亦
　　　曰：「涂之人可爲禹。」其以善爲僞，而自釋以可學而能，可事而成，
　　　又即孟子孳孳爲善之指，此其所以同也。昔孔子罕言命、仁，以《詩》、
　　　《書》執禮爲教，……孟子晚出私淑而得其宗，然於禮樂之意，鮮
　　　所論列；而荀卿則以爲人不能生而爲聖人，必由勉強積漸而至。勉

〔註25〕羅檢秋指出：張惠言這段敘述中，視孔、孟、荀爲儒學不同的發展階段，其學
　　　　說蘊含了內在的同一性，因而作爲儒家後學的荀子容攝了孔孟的精華。參見氏
　　　　著：《近代諸子學與文化思潮》（北京：中國社會科學出版社，1997年），頁46。
〔註26〕吳德旋：〈雜著・讀荀子〉，《初月樓文鈔》，收於《叢書集成續編》（臺北：新
　　　　文豐出版公司，1989年），第158冊，卷1，頁383。
〔註27〕王先謙：《荀子集解・序》，頁1。

> 強積漸必以禮爲之經緯蹊徑，故其爲學達乎禮樂之原。……明自然
> 流極放恣者，比而謂養欲給求，知通統類，又未嘗以禮爲桎梏也，
> 非聞於孔子之文章者歟？〔註28〕

吳德旋認爲荀子與孔、孟並無不同，其目的都是爲了「救世」，而荀子之所以
提出「性惡」之說，乃是基於周代末年諸多異端橫流所致，後世若因此而擯
除荀子於聖門之外，是不妥當的；王先謙爲荀子的心性論辯護，認爲性惡之
說並非其本意，而之所以提出，乃是基於當時紛亂的社會而言，主要的目的
是在建構以禮爲宗旨的學術與治術。王氏的說法迴避了性惡與孟子的性善在
文字上的矛盾，強調荀子論禮重學的部分以凸顯其實際價值；同樣的觀點在
吳汝綸的論述中亦可看到，但吳氏在評價荀子禮學思想上則較有闡發，如所
謂「養欲給求」、「知通統類」等，頗能掌握荀子思想之綱領，雖沒有進一步
論述，但已是超越前人之見了。對於王先謙、吳汝綸而言，荀子勸學崇禮思
想的重要性顯然比心性論要來得重要，這是藉由社會實際功效的角度來緩和
荀子性惡與孟子性善的衝突。

　　清人爲荀子心性論辯護，除了採取調和的態度之外，亦有學者借理學中
的「氣質之性」來說明荀子的合理性，如盧文弨言：

> 世之譏荀子者，徒以其言性惡耳，然其本意，則欲人之矯不善而之乎
> 善，其教在禮，其功在學，性微而難知，唯孟子能即其端以溯其本原，
> 此與性教道合一之義，無少異矣，然而亦言忍性，則固氣質之性
> 也。……荀子不尊信子思、孟子之說，而但習聞夫世俗之言，遂不能
> 爲探本窮原之論，然其少異於眾人者，眾人以氣質爲性，而欲遂之；
> 荀子則以氣質爲性，而欲矯之耳。且即以氣質言，亦不可專謂之惡。
> 善人忠信，固質之美者，聖人亦謂其不可不學，學禮不徒爲矯僞之具
> 明矣。荀子知夫青與藍、冰與水之相因也，而不悟夫性與學之相成也，
> 抑何其明於此而暗於彼哉？然其中多格言至論，不可廢也。〔註29〕

王元文（1732～1788）言：

> 蓋孟子之言性善，即《尚書》所謂「道心」也；荀子之言性惡，即《尚

〔註28〕 吳闓生編，吳汝綸著：〈讀荀子一〉，《桐城吳先生詩文集》（臺北：文海出版
　　　　社，1972年），文集1，頁233～234。
〔註29〕 盧文弨：〈書荀子後〉，《抱經堂文集》（上海：上海商務印書館，1937年），卷
　　　　10，頁141。

書》所謂「人心」也。……必有孟子之說，始知道心不可不爲之主；必有荀子之說，始知人心不可不爲之制。……氣質之說，出于宋儒，程子云：「論性不論氣，不備；論氣不論性，不明。」夫孔子不曾言相近言不移乎？彼荀子與揚子、韓子之言，大抵指其出于氣者，特未標其名耳。然而輕重之間，不無倒置，如孟子之說，則據其先者自可見其後；如荀子之說，則據其後者不免忘其先也。〔註30〕

黃式三言：

孟子軻據人之氣質之正者以導君子而言性善，勸人以學擴充之；荀子況據人之氣質有不正者以懲小人而言性惡，勸人以學變化之，荀子況之論不能無所偏，……其示人變化氣質旨甚深矣。〔註31〕

錢大昕言：

愚謂孟言性善，欲人之盡性而樂於善；荀言性惡，欲人之化性而勉於善，立言雖殊，其教人以善則一也。宋儒言性，雖主孟氏，然必分義理與氣質而二之，則已兼取孟、荀二義，至其教人以變化氣質爲先，實暗用荀子「化性」之說。〔註32〕

吳汝綸言：

世言孟子論性本有未備，故宋儒輔以氣質之說，實已兼用荀子，……
荀子則氣質不如孟子，由困勉而得，遂專以化性教人。〔註33〕

宋儒論人性有所謂的「氣質之性」，「氣質之性」是由純善的「理」與善惡兼有的「氣」相雜而成，由於氣稟的剛柔、強弱、昏明等差異，產生了人們行爲的善惡之別，換言之，人之惡根源於氣稟，而非本性，因此，只要「變化氣質」，便可上達至善的天理，而後天的學習作用，便是「變化氣質」的重要關鍵。盧文弨等人認爲荀子所論的心性實即「氣質之性」，依此，則荀子致力倡導爲學崇禮，正是就「氣質之性」中不正者而提出的變化之道，基本上仍是要回復人性本始之善，那麼，其所理解的孟、荀二人心性論之差異，便僅在於所論述的側面不同罷了。由於宋儒對荀子的性惡之說有嚴峻的批評及貶

〔註30〕王元文：〈讀荀子〉，《北溪文集》，收於沈粹芬等輯：《清文匯・乙集》（北京：北京出版社，1995年），卷48，頁2094。
〔註31〕黃式三：〈列國〉，《周季編略》，卷9，頁197。
〔註32〕錢大昕：《《荀子箋釋》跋》，參見王先謙：《荀子集解・考證上》，頁15。
〔註33〕吳闓生編，吳汝綸著：〈讀荀子一〉，《桐城吳先生詩文集》，文集1，頁232～233。

抑，而清儒在此卻將之與宋人的「氣質之性」、「變化氣質」等聯繫起來，似乎有意藉此化解宋人對荀子性惡的批評，進而肯定其學說的價值。然而，這樣的詮釋與荀子的原意並不相符，雖然荀子以大量的文字敘說心性情欲無所節制之「惡」，但另一方面荀子同時亦透露出人性中潛存著能使人們各種欲望、情感妥貼安置而不衝突、合乎道德秩序的內在機制；而為學崇禮的目的並非如上引文中清人所言是為了變化善惡相雜的「氣質之性」以回復「天命之性」，而是要以此經驗認知來協助人們尋繹出此內在機制的遵循與完成。因此，盧文弨、錢大昕等人將理學與荀子結合起來，藉此消弭宋人對荀子的抨擊並證明荀子的合理性，只能展現出評價荀子價值的轉向，但在荀子心性學說的探究上，不僅不盡切合荀子之意，且仍然是以孟學思維模式為立足點，顯然是不夠嚴謹的。另外，對於宋、明學者嚴厲的批評荀子的「性惡」之說，朱琦（1803～1861）則明確地表明調和的態度，他說：

> 言性固以孟子為斷，而宋之儒者，亦不泥於一說也，其卒歸於明其道而已。朱子於程、張數說蓋嘗取之，奚病於荀子？其曰：大本已失者，謂其專以惡言性，則不可耳。古書僞者眾矣，荀子要為近道，大抵讀周末諸子之書皆當區別觀之，不可以一端之蔽而棄之也。〔註34〕

在此，朱琦固然認為論性宜以孟子性善為斷，但同時也表示《荀子》一書仍有諸多可觀之處，不應以「性惡」而全盤否定荀子思想。這樣的態度，顯然對於異於孟學的思想採取了調和，甚至認為可進一步採納其主張。相較於盧文弨、錢大昕等人以「氣質之性」來合理化荀子的心性思想，反而更具正面意義。

有別於前述以調和的態度來評價荀子的心性論，鄭獻甫（1801～1872）、俞樾則推崇荀子性惡之說。鄭獻甫認為：

> 孟子言人之性善，其以物較之乎？荀子言人之性惡，亦以物較之乎？荀子之言，即孟子之言也。……然愚竊信荀子而疑孟子，故不可不論：夫世所以貴人之性而賤物之性者，謂其無君臣父子之倫也，謂其無上下尊卑之別也，謂其無禮義廉恥之心也。循孟之說，人之異於禽獸者幾希；循荀之說，人之甚於禽獸者數倍。……然試問禽獸誠不知父子，然有行弒者乎？禽獸誠不知夫婦，然有行強者乎？禽

〔註34〕 朱琦：〈荀子書後〉，《怡志堂文初編》（收於《續修四庫全書》，第 1530 冊，集部別集類），卷 2，頁 218～219。

> 獸誠不知禮義，然有行劫者乎？物則無有而人則皆有，由斯以談孰
> 善孰惡，庸待辨乎哉？……孟子之論人也，恐近禽獸，今而第近禽
> 獸則猶之可矣，可悲夫！〔註35〕

鄭氏認為，無論孟子或荀子論人性，都是從人之性與物之性的差異比較上而論的，因此，在觀察的角度上二者並無不同；然而，如果從社會現實面中考察人性與物性的實際作為，則人性反不如物性，在此情形下，荀子之論似乎較貼近於事實。鄭獻甫的論述顯然欠缺由理論的根源出處來理解，僅就禮義的施行成效來論究孟、荀的人性論，勢必難有深刻的理論分析。相較於鄭獻甫的空泛敘述，俞樾推尊荀子的說法則較具理論基礎，他說：

> 孟子曰人之性善，荀子曰人之性惡。夫性之善惡，孔子所不言，則
> 二子之說，未有以決真是非也。然而吾之論性不從孟而從荀。……
> 堯舜可以學而至也，此非直孟子言之，雖荀子亦言之，故曰：「涂之
> 人可以為禹。」然而荀子取必於學者也，孟子取必於性者也；從孟
> 子之說，將使天下恃性而廢學，而釋氏之教得行其間矣。《書》曰：
> 「節性惟日其邁。」《記》曰：「率性之為道。」孟子之說，其率性
> 者歟？荀子之說，其節性者歟？夫有君師之責者，使人知率性，不
> 如使人知節性也。〔註36〕

又：

> 性也者，人與物所同也；才也者，人與物所異也。吾之論性不從孟
> 而從荀。然性既惡矣，人且曰：「吾禽獸耳，何善之能為？」故吾屈
> 性而申才，使人知性之不足恃然，故不學者懼矣；使人知性不足恃
> 而才足恃然，故學者勸矣。〔註37〕

在此，俞樾雖然仍以孔子之說來調和孟、荀的不同，說明二者並無所謂是非的問題；且孟、荀二人都認為人人皆可以成聖，惟途徑有所差異而已；但站在後天學習及禮教的約束及教化的立場上而言，俞樾認為荀子的表述似乎更能貼近情理，因此清楚地表示自己所遵循的是荀子而非孟子，以此強調後天

〔註35〕鄭獻甫：〈人性物性論〉，《補學軒文集》（臺北：文海出版社，1983年），卷1，頁717～720。

〔註36〕俞樾：〈性說·上〉，《賓萌集·說篇二》，請參氏著：《春在堂全書》，（臺北：中國文獻出版社，1968年），第3冊，頁2152。

〔註37〕俞樾：〈性說·下〉，《賓萌集·說篇二》，參見氏著：《春在堂全書》，第3冊，頁2153。

才學培養的重要性。俞樾的這番論述，事實上只是融合了前述的調和意見為前提，並沒有太大的創見，但能以此理論基礎而表達自己尊荀抑孟的立場，在清人評價荀子價值的轉向中，可說是相當鮮明的。

從上述清人對荀子心性論的評述來看，確實與宋明時期有明顯的不同，但與此同時，亦有堅守孟子立場，延續宋人思路而批評荀子心性論者，如王曇（1672～1679）言：

> 夫惡非性之過也，不明其故，天下從此壞矣。……其不屏淫聲揮艷色者，則情之所溺，而性所不注也。……情有溺，氣有戾，皆違性以為用，聖人緣飾，匪以治性而以治情也。……天下將亂，其言妖哇，去善從惡，訓其殘賊，六國不數年，其卒為秦并，持之有故，言之成理，足以欺惑愚眾者，其荀卿之自道也。〔註38〕

汪縉（1725～1792）言：

> 荀、揚能以仁義禮智易其耳目口鼻，獨惜其以爭奪殘賊為性，以倥侗顓蒙為性，是內耳目口鼻也，是外仁義禮智也，以外易內，夫豈其質？其去孟子亦遠矣。……孟子所謂性善，善其仁義禮智也；後之所謂性善，善其知覺運動也。孟子直致其知，直致其仁義禮智也；後之直致其知，直致其知覺運動也。將得為聖學乎？將不得為聖學乎？且聖學者，通乎上下者也，荀、揚以其耳目口鼻之欲為性，以耳目口鼻之精為知，名之曰惡者，誠見夫惡之根在是焉，積學以奪其性，則錮蔽解矣，神明出矣，然其說通乎下不通乎上。〔註39〕

余廷燦（1735～1798）言：

> 荀氏性惡之說，吾無以定之，萬一其然，亦指示斯人返於惡之故道也，非荀氏所敢言、所忍言也。昌黎韓子欲削荀氏之不合者，附於聖人之籍，若〈性惡〉篇例以孔子不言之教，劇燒之可也。〔註40〕

張履（1792～1851）言：

> 性果無惡乎？曰：物有氣質即性，人之性則從其心之本體而名之，氣

〔註38〕 王曇：〈子順辯性〉，收於沈粹芬等輯：《清文匯・乙集》，卷54，頁2174～2175。

〔註39〕 汪縉：〈準孟・八〉，引自徐世昌等編纂：《清儒學案・南畇學案》（臺北：燕京文化事業股份有限公司，1976年），第2冊，卷42，頁752～753。

〔註40〕 余廷燦：〈書荀子後〉，《存吾文稿》（收於《續修四庫全書》，第1456冊，集部別集類），頁45。

　　質之末非性也；物有善惡皆性，人之性則從其善而名之，而惡非性也，
　　此人性之所以貴於物。荀子曰：「性惡」，則人無人性也。〔註41〕

陳澧（1809～1822）言：

　　荀、楊、韓各自立說，以異於孟子，而荀子之說最不可通。其言曰：
　　「人之欲為善者，為性惡也。」黃百家駁之云：「如果性惡，安有欲
　　為善之心乎？」荀子又云：「塗之人可以為禹。塗之人者，皆內可以
　　知父子之義，外可以知君臣之正，其可以知之質，可以能之具，在
　　塗之人，其可以為禹明矣。」戴東原云：「此於性善之說，不惟不相
　　悖，而且若相發明。」澧謂塗之人可以為禹，即孟子所謂人皆可以
　　為堯、舜，但改堯、舜為禹耳，如此則何必自立一說乎？〔註42〕

王棻（1828～1899）言：

　　蓋荀卿之學，以禮為宗，禮以防性，而其原實出於性，荀子欲人重
　　禮，而以性為惡，可謂蔽於禮而不知性矣。……世有任性妄為而不
　　知向學者，又荀子之罪人矣。〔註43〕

以上這幾家說法，其中王棻、張履大抵是依據宋代理學思想中「天理之性」
為人性、「性善情惡」等理論基礎對荀子進行批判，不僅未能脫離宋人的觀
點，而且對於荀子之意亦沒有深入的理解，因此，這樣的批評在清代議荀的
爭論中實難以撼動多數對荀子正面評價的意見；再看陳澧及余廷燦、王棻對
荀子的批評，仍然只停留在擷取荀子論述中的隻字片語作評論，而余氏甚至
認為〈性惡〉篇宜「剷燒之」，其批評似乎更甚於宋、明儒者；至於汪縉的
評述，則認為唯有孟子「直致其知」、「直致其仁義禮智」才是「通乎上下」
的「聖學」，而荀子則以「耳目口鼻之欲」為性，即使強調「積學」的方式
來「奪其性」，但已是淪於以「知覺運動」之善為性善，依此，認為荀子的
主張是「通乎下不通乎上」、「內耳目口鼻」而「外仁義禮智」，顯然是不及
於孟子的。汪氏此說仍不脫傳統之論，亦即將孟、荀的差異視為是上、下或
內、外的問題，那麼將仍舊是陷於理學「天理之性」與「氣質之性」的思維
中，因此，即使能夠贊同荀子重學的主張，但對其心性論的部分，其態度勢

〔註41〕張履：〈性說・上〉，收於沈粹芬等輯：《清文匯・乙集》，卷64，頁2304。
〔註42〕陳澧：〈孟子〉，《東塾讀書記》（臺北：臺灣商務印書館，1974），卷3，頁28。
〔註43〕王棻：〈讀荀子〉，《柔橋文鈔》（上海：國光書局，1914年，中央研究院歷史
　　　　語言研究所傅斯年圖書館藏），卷10，頁1a～1b。

必是有所保留的。

二、非思孟學派的說解

　　荀子飽受宋、明學者抨擊的原因，除了前述的心性論之外，另一個相關的因素是在於〈非十二子〉中對於子思（約前 483～約前 402）、孟子、子張（約前 503～？）、子夏（約前 507～？）、子游（約前 506～？）的批評，其言曰：

> 略法先王而不知其統，然而猶材劇志大，聞見雜博。案往舊造說，謂之五行，甚僻違而無類，幽隱而無說，閉約而無解。案飾其辭而祇敬之曰：此真先君子之言也。子思唱之，孟軻和之，世俗之溝瞀儒，嚾嚾然不知其所非也，遂受而傳之，以爲仲尼、子游爲茲厚於後世，是則子思、孟軻之罪也。〔註44〕

又言：

> 弟佗其冠，神襢其辭，禹行而舜趨，是子張氏之賤儒也。正其衣冠，齊其顏色，嗛然而終日不言，是子夏氏之賤儒也。偷儒憚事，無廉恥而耆飲食，必曰君子固不用力，是子游氏之賤儒也。〔註45〕

這兩則批評的引文，第一則所指責的對象是被納入所「非」的十二子之列的子思和孟子，主要的罪行在於「略法先王而不知其統」、「案往舊造說」了「五行」，以此混淆當世學者，蒙蔽了「先君子」的真言；至於第二則引文，所批評的對象都是孔門弟子，其內容集中於描述這些儒者行爲的醜態，以此對比來凸顯出真正士君子的容貌，所涉及學術思想的部份較少。由於孟子一向被後世學者推尊爲孔子思想的重要繼承者，在此卻受到荀子激烈苛刻的攻擊，因而受到的關注亦較多。清人對此所採取的態度，大致可分爲三種，一是以爲這段嚴厲的批評是出自於韓非（？～前 233）、李斯（？～前 208）妄加竄入，而非荀子之意，徹底排除荀子詆毀孟子的可能性；二是反駁了前述的臆測，認爲這段文字確實出自於荀子，並且從學術主張不同的角度出發，將之視爲門派之爭的結果；三是以爲荀子所批評的是思、孟的後學者之弊，並非針對思、孟本身或其學說而發，至於荀子所抨擊的子張、子夏、子游等言論，

〔註44〕王先謙：《荀子集解·非十二子》，卷 3，頁 94～95。按：原作「猶然而材劇志大」、「世俗之溝猶瞀儒」，今依清人說校改。

〔註45〕王先謙：《荀子集解·非十二子》，卷 3，頁 104～105。

亦是就其後學末流所論，以此迴護了荀子因而所遭受的撻伐。

　　上述這三種迴護荀子的方式，採取第一種，即以爲荀子所批評的名單中並沒有子思、孟子者，如盧文弨認爲：

> 《韓詩外傳》止十子，無子思、孟子，此乃并非之，疑出韓非、李斯所坿益。〔註46〕

吳汝綸言：

> 至其〈非十二子〉，或據《韓詩外傳》，無子思、孟子，此又非荀氏之舊，且其言不足爲荀卿病也。〔註47〕

姚諶（1835～1864）言：

> 又以〈非十二子〉議之，此誠荀卿之偏，然孔子門人游、夏之徒，已有各持一端相非議者，要不失爲賢人，不足爲荀卿病。且據《韓詩外傳》所引，無子思、孟子二人，則此或出後人附益，而非其本眞也。〔註48〕

盧文弨等人將〈非十二子〉中批評子思、孟子的言論歸咎於韓非、李斯，如此一來，不僅免除了荀子批孟所受的非議，同時也迴避了〈非十二子〉中這段抨擊文字的詮解。此一見解並非清人所創，這是沿用了宋代的王應麟（1223～1296）據《韓詩外傳》的引錄加以對照比較所提出的觀點，王氏言：

> 荀卿〈非十二子〉，《韓詩外傳》引之，止云十子，而無子思、孟子。愚謂荀卿非子思、孟子，蓋其門人如韓非、李斯之流託其師以毀聖賢，當以《韓詩》爲正。〔註49〕

王氏此段論述，既沒有論證何以判斷《韓詩外傳》所引述的就是《荀子》之文，更沒有證據說明這段攻擊思、孟的文字是出自韓非、李斯之手；換言之，王應麟對此的臆測成分居多，諸多疑點仍待進一步追究及考證。清人梁玉繩（1744～1819）對此便曾提出質疑，言：

> 《困學紀聞》云：荀子〈非十二子〉，《韓詩外傳》引之，……當以《韓詩》爲證。厚齋（按：即王應麟）此言似誤。《韓詩》未嘗明引

〔註46〕　王先謙：《荀子集解‧非十二子》標題下所引，卷3，頁89。
〔註47〕　吳闓生編，吳汝綸著：〈讀荀子一〉，《桐城吳先生詩文集》，文集1，頁234～235。
〔註48〕　姚諶：〈擬上荀卿子從祀議〉，收於沈粹芬等輯：《清文匯‧丁集》，卷11，頁2977。
〔註49〕　參見王先謙：《荀子集解‧考證上》，頁8。

> 荀書，安知非別引傳記？故所舉十子有范睢、田文，莊周而無它囂、
> 陳仲、史鰌；且荀之非孟顯著於〈性惡〉篇，獨與孟敵。又《法言‧
> 君子》篇：「荀卿非數家之書，至于子思、孟軻，詭哉！」是揚雄所
> 見荀書有思、孟，與今本仝。〔註50〕

梁氏從《韓詩外傳》中所引錄的文字、人名，以及漢代揚雄（前53～18）《法言》內容、《荀子》其他篇章等各方面為證，推論《荀子》書中應本有非思、孟之文，並不是後人竄加；現代學者亦有相關討論，大都指出《困學紀聞》所言有誤；〔註51〕然而，治學講究嚴謹，重視實證的清代學者，包括如精於校勘、考據的盧文弨，竟沒有詳加考究王應麟這段欠缺證據的臆測之詞，反而輕率地加以引用，若不是治學上的疏失，就是對於荀子批評思、孟問題以迴避的方式應對的結果。因此，盧文弨等人沿用王應麟的說法來解釋〈非十二子〉中批評思、孟的策略，顯然難以成為清人對此問題的共識，且亦有許多反駁的學者，如朱一新（1846～1894）認為荀子〈性惡〉及〈非十二子〉兩篇「與聖門異趣」，言：

> 此二篇後人多方解釋，雖愛荀子，實失其眞。古人著書各有眞面目，
> 不必盡出於同。乃於其義之難通者，輒以為後人羼入，武斷可笑。
> 又或以傳經尊荀子，夫荀子之足重，豈徒以傳經乎？書經秦火，漢
> 儒掇拾於煨燼之餘，使聖人之道復明於後世，故為難能可貴。荀子
> 在秦火之前，既宗儒術，豈有不傳經之理？七十子後學者，何一不
> 傳經？……荀子能言禮樂之精意，其他言亦多近正，固孟子後一人，

〔註50〕 梁玉繩：《瞥記》（臺北：文海出版社，1983年），卷5，頁233～234。

〔註51〕 對於〈非十二子〉中子思、孟子是否為附益的問題，現代學者曾有詳細討論，請參（1）黃淑灌：〈荀子非十二子詮論〉，《國文研究所集刊》，第11期（1967年），頁1～57。（2）饒彬：〈荀子評子思孟子考辯〉，《臺灣師範大學國文學報》，第3期（1974年6月），頁151～155。（3）韋政通：《荀子與古代哲學》（臺北：臺灣商務印書館，1992年），〈第七章 荀子「非十二子」疏解〉，頁244～297。（4）張西堂：《荀子眞偽考》（臺北：明文書局，1994年），頁89～95。（5）龍宇純：《荀子論集》（臺北：臺灣學生書局，1987年），頁38～41。（6）鄭良樹：〈《荀子‧非十二子》「子思、孟軻」條非附益辨〉，《故宮學術季刊》，第14卷第3期（1997年2月1日至1997年4月30日），頁65～74。（7）鮑國順：〈荀卿非孟述評〉，參見氏著：《儒學研究論集》（高雄：高雄復文圖書出版社，2002年），頁135～161。這些學者均認為王應麟《困學紀聞》中的說法不可信，亦即〈非十二子〉中，原本就有「子思、孟子」，並不是韓非、李斯所附益的。

　　而偏駁自不能免，「大醇小疵」是其定評。近人輒欲軒諸孟子之上，

　　謬矣。〔註52〕

朱氏的這段話雖然仍是站在「大醇小疵」的觀點上來評價荀子，並無新意，
但對於當時所興起的尊荀學風則不以爲然，指出學者「雖愛荀子，實失其眞」，
對於那些不明其義而妄斷爲後人所加者是「武斷可笑」，在某種程度上，確實
頗能點出其缺失。

　　第二種方式是認爲荀子的批評是出自於學術主張相左的結果，如《四庫
全書總目提要》言：

　　王應麟《困學紀聞》據《韓詩外傳》所引，卿但非十子，而無子思、

　　孟子，以今本爲其徒李斯等所增，不知子思、孟子後來論定爲聖賢耳。

　　其在當時，固亦卿之曹偶，是猶朱、陸之相非，不足訝也。〔註53〕

這段話一方面否定了《困學紀聞》的說法，一方面也指出了荀子確實因主張
的不同而抨擊子思、孟子，正如同「朱、陸之相非」一樣，無可厚非。因此，
若因而對荀子加以撻伐，顯然是沒有必要的。這是《四庫提要》就當時孟、
荀不分伯仲的地位來解釋荀子批評孟子之因，看似較爲合理，然卻只停留在
學術思想外圍作解釋。再看王元文言：

　　夫人讀古人書，當平心以論其非，固不能爲之諱，而以一語之疵，

　　沒其本衷，則亦過矣。……觀其稱十二子，而子思、孟子與墨翟諸

　　人同非之，是其抑揚誠爲任情。而性惡一言，亦由立異之思，好勝

　　之氣，故爲相抵之詞，夫其意所歸，何嘗有戾也。噫！荀子不能平

　　其心而詆孟子，而宋儒亦不能平其心而詆荀子，自宋儒以後，左朱

　　右陸，門戶紛紛，又何可勝道哉！〔註54〕

王氏同樣將荀子批評孟子一事視爲因思想主張的不同而產生的意氣之爭，亦
如同宋人詆毀荀子、以及朱、陸之爭相同。事實上，這樣的說法主要目的仍
是在緩和荀子因此所遭到的非議，至於進一步追究荀子所批評的內容及其意
涵，並非其關注的焦點。

　　第三種態度則將荀子所批評的對象轉移爲思、孟之「後學」，間接否認了

〔註52〕朱一新：《無邪堂答問》（臺北：世界書局，1963 年），卷 4，頁 38～39。
〔註53〕永瑢等撰：《四庫全書總目・子部儒家類》，參見王先謙：《荀子集解・考證上》，
　　　　頁 9。
〔註54〕王元文：〈荀子論〉，《北溪文集》，收於沈粹芬等輯：《清文匯・乙集》，卷 48，
　　　　頁 2094。

荀子對思、孟的攻擊，如李慈銘（1829～1894）認為：

> 荀子生衰周，力尊仲尼，與孟子之識學無稍差，而其〈非十二子〉
> 篇乃兼及子思、孟子，遂大為宋、明儒者口實。後之善荀子者，謂
> 其門人竄入之言，非荀子意，以是為荀子辨。予謂孟子之學，一傳
> 以後無聞者，即弟子中惟樂正子稍能自見，餘亦無有單詞片語闡發
> 先王之學者，荀子殆因其徒之不善而歸咎其師。其云略法先王而不
> 知其統，猶然而材劇志大，聞見雜博云云者，萬章、公孫丑之徒皆
> 不免此。荀子固確有所見，而以為是子思、孟軻之罪，其於十子皆
> 曰是某某，而此獨曰某某之罪，則詞固有所輕重矣。其下云子張氏、
> 子夏氏、子游氏之賤儒，皆非無所指而言者也。戰國士習多僻，諸
> 賢之門人守道不篤，流為偏儒，固必然之理，無足怪者。〔註55〕

吳汝綸亦言：

> 夫學者之傳源遠則末益分，故孔子之後儒分為八，當孫卿之世，吾
> 意子思、孟子之儒必有索性道之解不得，遂流為微妙不測之論者，
> 故以僻違閉約非之，又其時鄒衍之徒皆自託儒家，故《史記》以附
> 孟子、卿與共處稷下，所謂聞見博雜，案往舊造說五行者，謂是類
> 也。〔註56〕

江瑔（？～？）言：

> 荀子之於思、孟、游、夏為同道之儒。……荀子所非者，為學思、
> 孟、游、夏之人。……荀子所非者，子張氏、子夏氏、子游氏耳，
> 非子張、子游、子夏也。所謂子者，指其一人之身；所謂氏者，指
> 其一家之學，未可混而一之也。……然荀子〈非十二子〉篇於詆斥
> 十子之後，繼以子思、孟子，皆直稱其名，而不呼曰子思氏、孟軻
> 氏，則又何說之辭？曰：是亦非思、孟也。……細味其言，亦皆指
> 世俗之學思、孟者言之。即與《韓非子・顯學》篇所謂子思之儒、
> 孟氏之儒同。……荀子痛末學之弊，而追溯其倡之者之罪，正所以
> 匡正古人之過失，以激發世俗之深省，其為意甚深遠。……竊謂荀
> 子之意，祇非十子，而於思、孟，廑偶然及之，與下文復及於子張

〔註55〕李慈銘：《越縵堂讀書記》（上海：上海書店，2000 年），子部儒家類〈荀子楊
　　　　倞註〉條，頁 615～616。
〔註56〕吳闓生編，吳汝綸著：〈讀荀子一〉，《桐城吳先生詩文集》，文集 1，頁 235。

氏、子游氏、子夏氏之意同。〔註57〕

郝懿行亦言：

> 此三儒者（案：即子游、子夏、子張），徒似子游、子夏、子張之貌
> 而不似其真，正前篇所謂陋儒、腐儒者，故統謂之賤儒。言在三子
> 之門為可賤，非賤三子也。〔註58〕

上面這幾段引文，均強調荀子對思、孟乃至子游等人的批判，是針對其後學末流而言，換言之，將思、孟等人本身與後學者之間作了區隔，迴避了荀子有詆斥這些傳統以來被視為孔門聖學繼承者的責任，這樣的看法基本上是同意〈非十二子〉篇的這段文字確實為荀子之意，立場與第一種見解也就是全面排除荀子有非難思、孟的情形完全相反，但實際的目的卻相當一致：即消極地劃清了荀子與詆毀思、孟的關係。再者，以「儒分為八」、「痛末學之弊」做為荀子非議思、孟學派的理由，只能觸及外緣背景的解釋，實有浮泛之嫌。由此，亦不難看出清人對荀子批評思、孟問題的迴避態度，即使荀子地位在清代已明顯提高，甚至傳統儒學中孟學獨尊地位或許亦有些動搖，但在清儒主觀意識中，「批評孟子」終究是不被容許的。在這個牢不可破的主觀意識之下，一方面無意侵犯孟子在儒學中的神聖地位，一方面又必須就〈非十二子〉中這段攻擊思、孟的文字作出回應，化解宋、明以來儒者對荀子的撻伐，因此，迴避荀子為何批評孟子以及批評內容的意義等問題，成為多數清代學者的選擇；至於第二種說法，將荀子批評思、孟視為是學術主張不同的爭端，事實上是較有說服力的辯護，但卻未能更進一步細究荀子非思、孟的思想主張，也欠缺更周延的推論其意義，甚或如王元文認為荀子只是純粹的意氣之辯，不僅無助於問題的釐清，而且恐怕亦小覷了荀子。

章學誠曾就荀子非議孟子的問題提出看法，言：

> 術同而趣異者，……荀卿非孟子之說，……宗旨不殊，而所主互異
> 者也。〔註59〕

雖然章氏對此只有短短數言，然卻能啟發荀子非孟的重要關鍵問題，亦即所謂「術同而趣異」。如前所述，在荀子的非議中，孟子最大的「罪行」有二：一是「略法先王而不知其統」；一是「案往舊造說，謂之五行」。前者涉及「法

〔註57〕江瑔：《讀子卮言》（臺北：泰順書局，1971年），卷1，頁60～69。
〔註58〕王先謙：《荀子集解》，卷3，〈非十二子〉標題下所引，頁105。
〔註59〕章學誠著，葉瑛校注：〈說林〉，《文史通義校注》，卷4，〈內篇四〉，頁347。

先王」、「法後王」的問題，將於後文中詳述；至於後者文中的「五行」，歷來學者聚訟紛紜，直至現代學者由 1973 年出土的湖南長沙馬王堆帛書及 1993 年發現的湖北荊門郭店村竹簡中，推論出思、孟的「五行」，指的是「仁、義、禮、智、聖」五種德行，﹝註 60﹞此說已獲得多數學者的認同，如此一來，則顯然荀子所批評的重點便不在於「五行」（即仁、義、禮、智、聖）本身，因爲這五種德行在《荀子》書中亦時有所見，同時也是儒家所樂道的條目；那麼，荀子所針對的應該是子思、孟子在道德根源、實踐進路的立場上而批評的。荀子在道德良知的實踐過程中重視現實經驗的認知以及變應的原則，相較於孟子強調道德良知修養與實踐的自足自立性以及由此而能與天合一的理想，﹝註 61﹞呈顯出的立場自然是不同的。然而，檢視清人對於荀子非孟的問題所採取的迴避態度，不但難以眞正釐清荀子這段批評文字的意涵，更遑論釐清孟、荀在哲學立場上的不同了。

﹝註60﹞ 在帛書〈五行篇〉出土之前，大多數學者都認爲「五行」應指「仁義禮智信」，此說可追溯至楊倞注解〈非十二子〉篇；此外，亦有少數學者認爲「五行」是「金木水火土」或「君臣父子夫婦昆弟朋友」，相關討論可參見黃俊傑：〈荀子非孟的思想史背景——論「思孟五行說」的思想內涵〉，《臺大歷史學報》，第 15 期（1990 年 12 月），頁 21～38。楊儒賓：〈德之行與德之氣——帛書《五行篇》、《德聖篇》論道德、心性與形體的關聯〉，收於鍾彩鈞主編：《中國文哲研究的回顧與展望論文集》（臺北：中央研究院中國文哲研究所，1992 年），總頁 417～448，尤其總頁 417～421。至於「五行」推論爲「仁義禮智聖」之詳細資料及論證，可參考龐樸：〈馬王堆帛書解開了思孟五行說古謎〉及〈思孟五行新考〉，二文均收於氏著：《帛書五行篇研究》（濟南：齊魯書社，1980 年），頁 1～22，頁 71～88；龐樸：〈竹帛《五行》篇與思孟五行說〉，《哲學與文化》，第 26 卷第 5 期（1999 年 5 月），頁 469～473。

﹝註61﹞ 黃俊傑從「心」、「道」的角度，對照孟、荀思想的差異，認爲荀子所謂「案往舊造說」的「往舊」應是指中國古代文化遺產中的「聯繫性宇宙觀」而言，這正是孟子所說的天人合一的型態。參見黃俊傑：〈荀子非孟的思想史背景——論「思孟五行說」的思想內涵〉，頁 21～38。楊儒賓則認爲子思、孟子以「仁義禮智聖」這五種德性取代了傳統所說的金、木、水、火、土五行，所以才引起了「案往舊造說」的譏評，參見楊儒賓：〈德之行與德之氣——帛書《五行篇》、《德聖篇》論道德、心性與形體的關聯〉，收於鍾彩鈞主編：《中國文哲研究的回顧與展望論文集》，總頁 417～448。另蔣年豐〈從思孟後學與荀子對「內聖外王」的詮釋論形氣的角色與意涵〉一文中指出荀子與思孟後學對於「形氣」的認知有極大的不同，亦可做爲佐證。參見氏著：《文本與實踐（一）——儒家思想的當代詮釋》（臺北：桂冠圖書公司，2000 年），頁 151～175。

三、法先王、後王的詮說

　　《荀子》書中有關「法後王」的主張，同樣成爲後世學者攻訐的一部分。從字面上看，孟子言「遵先王之法而過者，未之有也」、「爲政不因先王之道，可謂智乎」、「欲爲君盡君道，欲爲臣盡臣道，二者皆法堯、舜而已矣」，〔註62〕強調堯、舜等先王在施政的價值，建立後世君王的效法典範；而荀子則言「百王之道，後王是也」〔註63〕、「欲觀聖王之跡，則於其粲然者矣，後王是也」〔註64〕、「道不過三代，法不貳後王」，〔註65〕宣揚「後王」的概念，倡言「法後王」的理想。後世學者因而將法先王與法後王視爲孟子與荀子思想分野的另一個重要關鍵，抨擊荀子的法後王之說是毀棄周、孔之道，危亂天下的禍源，並將之與法家的「焚書坑儒」等惡行連結起來加以貶斥。對此，在清代學者將荀子納入孔門的考量下，對於荀子法後王的論述提出了許多詮說，主要的目的，大多在調和孟、荀的歧異，重申荀子的主張仍屬儒家的一環。

　　雖然荀子屢言「法後王」，但卻沒有直接點明究竟誰才是所謂的「後王」，因此，清人便將荀子的「後王」詮解爲周代的聖王，如此一來，其意義與孟子的「法先王」便沒有太大的差異了，如王先謙《荀子集解》在〈非相〉篇中引劉台拱、王念孫之言：

> 劉台拱曰：「後王，謂文、武也。楊注非。」……王念孫曰：「『後王』二字，本篇一見，〈不苟〉篇一見，〈儒效〉篇二見，〈王制〉篇一見，〈正名〉篇三見，〈成相〉篇一見，皆指文、武而言，楊注皆誤。」

〔註66〕

黃式三言：

> （荀子）主于法周王以駁列、莊之高談皇古。〔註67〕

吳汝綸言：

> 卿又言法後王，與其平日小五霸、師聖王之意不合。然謂「五帝之外無傳人」、「五帝之中無傳政」，則亦病騶衍之徒，遠推上古窈冥怪迂

〔註62〕朱熹：《孟子集注・離婁章句上》，《四書章句集注》，卷7，頁275，276，277。
〔註63〕王先謙：《荀子集解・不苟》，卷2，頁48。
〔註64〕王先謙：《荀子集解・非相》，卷3，頁80。
〔註65〕王先謙：《荀子集解・王制》，卷5，頁158。
〔註66〕王先謙：《荀子集解・非相》，卷3，頁80。
〔註67〕黃式三：〈列國〉，《周季編略》，卷9，頁196。

而爲是說耳，所謂後王，即三代之聖王也，豈嘗繆於聖人哉！〔註68〕

錢大昕言：

> 孟、荀生于衰周之季，閔戰國之暴，欲以王道救之，孟言先王與荀所言後王，皆謂周王，與孔子從周之義不異也。……方是時老、莊之言盛行，皆妄託于三皇，故特稱後王，以鍼砭荒唐謬悠之談，非謂三代不足法也。〔註69〕

上述引文，均將「後王」解爲周王或三代之聖王，考據學家劉台拱、王念孫更明確地指出「後王」即指周文王、武王，這樣的解釋使荀子的「後王」符合了孔子「從周」〔註70〕的概念，表明荀子在儒家思想上的繼承；再者，黃式三、吳汝綸、錢大昕等人更進一步說明荀子之所以特別稱揚「後王」，目的在於批判當時騶衍、老、莊等謬論，換言之，荀子亦篤守「辟異端」的傳統，與孟子「辟楊墨」〔註71〕的精神並無二致，依此，荀子的法後王之論在這些清儒的認知裡，不但沒有違反傳統的儒家本旨，而且仍是在延續著孔、孟之道。從王念孫、錢大昕等人對此的詮說中，不難發現他們亟欲調和孟、荀的差異，有強烈平反荀子受批評的意圖，在這個意圖之下，法後王的詮說是否能夠盡符荀子的原意，恐怕是令人質疑的。

　　相較於王氏、錢氏直指「後王」爲周代聖王的說法，俞樾的解釋似乎較爲通達，他說：

> 然則荀子生於周末，以文、武爲後王可也，若漢人則必以漢高祖爲後王，唐人則必以唐太祖、太宗爲後王，設於漢、唐之世而言三代之制，是所謂「舍己之君而事人之君」矣，豈其必以文、武爲後王乎？〔註72〕

〔註68〕 吳闓生編，吳汝綸著：〈讀荀子一〉，《桐城吳先生詩文集》，文集1，頁235～236。

〔註69〕 錢大昕：〈法後王〉，《十駕齋養新錄》（臺北：臺灣商務印書館，1978年），卷18，頁427～428。

〔註70〕 朱熹：《論語集注・八佾第三》：「子曰：『周監于二代，郁郁乎文哉！吾從周』」，《四書章句集注》，卷2，頁65。

〔註71〕 朱熹：《孟子集注・滕文公章句下》：「聖王不作，諸侯放恣，處士橫議，楊朱、墨翟之言盈天下。天下之言，不歸楊，則歸墨。楊氏爲我，是無君也；墨氏兼愛，是無父也。無父無君，是禽獸也。……楊、墨之道不息，孔子之道不著，是邪說誣民，充塞仁義也。仁義充塞，則率獸食人，人將相食。吾爲此懼，閑先聖之道，距楊、墨，放淫辭，邪說者不得作。」《四書章句集注》，卷6，頁272。

〔註72〕 俞樾：〈荀子平議〉，《諸子平議》（臺北：世界書局，1991年五版），卷12，

> 愚嘗謂孟子之書言法先王，荀子之書言法後王，二者不可偏廢。法
> 先王者，法其意；法後王者，法其法。孟子曰：「先王有不忍人之心，
> 斯有不忍人之政。」此法其意也；荀子曰：「欲觀聖王之跡，則以其
> 燦然者矣，後王是也。」此法其法也。……馬貴與著《文獻通考》
> 其自序即引荀子語以發端，然則士生今日，不能博觀當世之務，而
> 徒執往古之成說，洵如《呂氏春秋》所譏：「病變而藥不變」矣。……
> 皇朝今世之文，賀氏、饒氏相繼編纂，而今又有葛氏之書並行於世，
> 凡經國體野之規，治軍理財之道，柔遠能邇之策，化民成俗之方，
> 引而申之，觸類而長之，不可勝用，於學術治術所裨匪淺，而我國
> 家閎規茂矩，亦略具於斯。荀子所謂燦然者，不於此可見乎！〔註73〕

即使俞樾仍以為荀子的「後王」指的是周文王、武王，但將「後王」的定義
進一步解釋為應隨時代的變化而變化，毋須侷限於周代王朝的說法，則是賦
予了「後王」較深刻的意義。因此，在俞氏看來，荀子的法後王強調的是效
法「後王之法」，要求的是能夠通權達變的具體法則，實有裨益於國家社會的
發展，與孟子的「法先王」乃「法其意」二者是不同層面的主張，同時，從
俞氏引《呂氏春秋》之言譏諷「不能博觀當世之務，而徒執往古之成說」的
話來看，顯然對於荀子的後王說是較推崇的。如果依照前文有關荀子法後王
的討論來看，「後王」代表的是荀子心目中一個理想治國者的概念，這個概念
結合了歷史經驗的累積與現實情境應變得宜的理想，也就是說，「法後王」的
概念事實上即已將先王之道亦納入其中了（參見第參章）。但俞樾將「法後王」
解釋為「法後王之法」，以此與孟子「法先王」的「法先王之意」區別，反而
侷限了「法後王」的內涵，輕忽了荀子亦重視古代聖王所澱積、薈萃的智慧
及經驗。然而，即使俞氏的詮說不盡完備，但與上文其他儒者相較之下，俞
氏對於荀子思想的理解仍是較為深刻的。

四、因李斯罪荀的辯說

　　儘管清代多數的學者都將荀子視為孔門之人，是與孟子並稱的儒家大
師，試圖調和孟、荀在心性論上的歧見，迴護荀子在非思、孟的問題上所遭

頁138。
〔註73〕俞樾：〈皇朝經世文續集序〉，《春在堂雜文·四編七》，參見氏著：《春在堂全
　　　　書》，第4冊，頁2610。按：「燦然」，《荀子》原文作「粲然」。

致的非議，然而，荀子受宋明學者詬病的原因，還由於其弟子：韓非和李斯。在傳統儒者的認知裡，韓非是秦王暴政的理論建立者，而李斯則是秦王暴政的政治實踐者，二者均是法家的主要代表人物，因此，有不少學者將暴秦歸咎於李斯、韓非，而提起李斯、韓非亦不免責難荀子。宋代蘇軾（1037～1101）所評：「其父殺人報仇，其子必且行劫」〔註74〕可說是最具代表性的意見，他將李斯的行為與荀子畫上等號，無疑是把荀子摒除於聖門之外。至清代，呼應蘇軾觀點者亦不乏其人，如秦篤輝（？～？）言：

> 荀子：「後王者，天下之君也，舍後王而道上古，譬猶舍己之君而事人之君。」按況之言如此，李斯師心蔑古，誠哉！其師有以致之矣。
> 〔註75〕

方濬頤（1815～1889）言：

> 卿以堯、舜為偽，以子思、孟子為亂天下而教斯，若此果孰偽耶？果孰亂天下耶？吾甚惜夫如卿之才之學，乃畔聖侮賢，自屏於名教之外。〔註76〕

洪亮吉（1746～1809）言：

> 荀卿雖彼善于此，然言性惡，而以堯、舜為偽，且又訾毀子思、孟子，其心數已概可見。夫心術者，學術之源也，心術不正而欲其學術之正，不可得也；學術不正而欲其徒之必無背其師，不可得也。然則使荀卿而果入秦，能保李斯之必能相容乎？曰：必不能，非僅必不能而已也，亦必以所以待韓非者待其師，不至于死而不止。……吾故曰：心術不正，則學術不正；學術不正，則師弟亦不能相保，勢使然也。〔註77〕

〔註74〕 蘇軾：〈荀卿論〉：「昔者常怪李斯事荀卿，既而焚滅其書，大變古先聖王之法，於其師之道，不啻若寇仇。及今觀荀卿之書，然後知李斯之所以事秦者皆出荀卿，而不足怪也。荀卿者，喜為異說而不讓，敢為高論而不顧者也。其言愚人之所驚，小人之所喜也。……意其為人必也剛愎不遜，而自許太過。彼李斯者，又特甚耳。……彼見其師歷詆天下之賢人，自是其愚，以為古先聖王皆無足法者，不知荀卿特以快一時之論，而荀卿亦不知其禍之至於此也。其父殺人報仇，其子必且行劫。」參見《蘇軾全集‧文集》（上海：上海古籍出版社，2000年），卷4，頁713～714。

〔註75〕 秦篤輝：〈文藝篇‧上〉，《平書》（臺北：新文豐出版公司，1984年），卷7，頁152。

〔註76〕 方濬頤：〈讀荀子〉，《二知軒文鈔》，參見氏著：《二知軒文存》（臺北：文海出版社，1970年），卷13，頁804。

〔註77〕 洪亮吉：〈春秋時仲尼弟子皆忠于魯國并善守師法論〉，《更生齋集》（臺北：

上述引文均將李斯的過錯歸因於荀子的教導，而荀子也因此背上了「畔聖侮賢」的罪名。其中洪亮吉除批評荀子的學術外，甚至因此而質疑其人品，並推測李斯在其教導之下，亦有弒師的可能性。對於這樣的訾議，許多擁護荀子學術者都提出了反駁，如謝墉言：

> 觀於〈議兵〉篇對李斯之問，其言仁、義與孔、孟同符，而責李斯以不探其本而索其末，切中暴秦之弊。乃蘇氏譏之，至以為「其父殺人，其子必且行劫」，然則陳相之從許行，亦陳良之咎歟？此所謂「欲加之罪」也。荀子在戰國時，不為游說之習，鄙蘇、張之縱橫，故《國策》僅載諫春申事，大旨勸其擇賢而立長，若早見及於李園棘門之禍，而為「屬人憐王」之詞，則先幾之哲固異於朱英策士之所為。故不見用於春申，而以蘭陵令終，則其人品之高，豈在孟子之下？〔註78〕

章棳（？～？）言：

> 韓非、李斯皆荀子之徒，而其末流也為法家。劉向曰：「法出於理官，及刻者為之，專任刑法而致於殘害。」要之，不善學禮之所致也，烏足以歸罪荀卿。〔註79〕

馬其昶（1855～1930）言：

> 余謂非（案：韓非）述卿言，蓋失其恉趣。卿之言曰：「君子度己以繩，故卒為天下法。」則接人用枻，故能寬容，因求以成天下之大事，與非之幾親近渥周澤者不類。要之，非與李斯皆學於卿，皆背棄師說。〔註80〕

謝墉以〈議兵〉篇荀子由仁義為根本的主張責備李斯之言，駁斥蘇軾因李斯之過而詬病荀子的作法，反批蘇軾之言乃是「欲加之罪」；同時，亦論證荀子人品並不亞於孟子，極力為荀子辯護。至於章棳及馬其昶，則認為韓非、李斯是「背棄師說」，並不能歸咎於荀子的教導，換言之，李斯助秦為暴的罪行，無須由荀子來負責。當然，對於謝墉等人的辯說，亦有持反對意見者，如史

臺灣中華書局，1970 年），甲集卷 2，頁 11a～12a。

〔註78〕謝墉：〈荀子箋釋序〉，參見王先謙：《荀子集解·考證上》，頁 13。

〔註79〕章棳：〈校荀子跋〉，《一山文存》（臺北：文海出版社，1973 年），卷 6，頁 300。

〔註80〕馬其昶：〈讀韓非子〉，《抱潤軒文集·卷二》（收於《續修四庫全書》，第 1575 冊，集部別集類），卷 2，頁 684。

念祖（1843～1910）言：

> 乾隆中，嘉善謝氏序刻《荀子》，以陳相、許行爲言，詆東坡「其父
> 報仇，其子行劫」之説，不知相之於良，反之也；斯之於荀，因之
> 也。……苟因之，則矢人之徒因而敷毒而造礮，函人之徒因而爲瘍
> 醫，其功罪能忘所自乎！……今荀子動言前王不足法，甚且謂略法
> 先王而足亂世術，彼後王者，天下之君也，舍後王而道上古，辟之
> 舍己之君而事人之君，然則秦之稱皇帝、改諡法、分郡縣、任法律，
> 以至焚書坑儒，非斯過，信其師先有藐古之心，而後敢視先法遺型
> 爲芻狗，而自詡爲開一王之創局哉！〔註81〕

對於蘇軾所言「其父殺人報仇，其子且必行劫」的意見，史念祖顯然是十分
支持的，因此反對謝墉以儒者陳良之徒陳相棄師以從許行之事爲荀子辯護的
説法，以爲陳相是違背了其師陳良的教誨，而李斯則是因襲荀子的主張，二
者不能相提並論，是故，李斯之過，荀子自然必須全部承擔。事實上，就這
些因李斯而批評荀子、或者爲荀子辯説的內容來看，不難發現幾乎未能細究
李斯、韓非二人與荀子在思想上的差異，即使謝墉略提及〈議兵〉篇中荀子
責備李斯不能以仁義爲本，但是全盤解釋二者不同乃至擴大爲釐清荀子與法
家關係的論述，卻是付之闕如，因此，這些辯護的成效便十分有限。對於史
念祖批評荀子有「藐古之心」，更凸顯出對荀子思想的誤解，僅擷取《荀子》
書中隻字片語便妄加論斷，實無助於思想上的理解。

　　另一種爲荀子辯護的方式，則是爲李斯脱罪，以免除荀子授業李斯的責
任追究，如姚鼐（1731～1815）言：

> 蘇子瞻謂李斯以荀卿之學亂天下，是不然。秦之亂天下之法，無待
> 于李斯，斯亦未嘗以其學事秦。……始皇之時，一用商鞅成法而
> 已。……斯非行其學也，趨時而已。……荀卿述先王而頌言儒效，
> 雖間有得失，而大體得治世之要，而蘇氏以李斯之害天下罪及于卿，
> 不亦遠乎。行其學而害秦者，商鞅也；舍其學而害秦者，李斯也。
>
> 〔註82〕

祁駿佳（？～？）言：

〔註81〕史念祖：〈讀荀子〉，《俞俞齋文稿》（臺北：文海出版社，1983 年），頁 221～223。
〔註82〕姚鼐：〈李斯論〉，《惜抱軒全集・文一》（臺北：臺灣中華書局，1966 年），頁
　　　4b～5b。

世傳焚書起於李斯，而因歸咎在荀卿，不知韓非已先有是說矣。……
予又考焚書之禍，又非特種於韓非之說也，……夫鞅（按：商鞅）
之說，豈非燔詩書棄禮樂之祖哉！然則斯祖非，而非又祖鞅，其所
由來漸矣。〔註83〕

姚鼐與祁駿佳均認爲危亂天下的肇始者並不是李斯或韓非，而是與其同屬於法
家的商鞅（約前390～前338），如此便間接迴避了蘇軾等人追究荀子的問題。
這種爲荀子辯護的策略，同樣無助於荀子思想的闡發。事實上，無論李斯、韓
非是否眞的是導致暴秦的推手，在傳統儒者的眼中，他們的學術主張向來被視
爲是盛世君王「不足取」的法家，是不爭的事實，那麼，姚、祁二人這番迂迴
的論辯，是無法解決荀子與法家於思想根本上存在的巨大差異的問題。

　　清人對於荀子的弟子李斯相秦，廢置先王典章等問題的討論中，俞樾的
見解是最值得注意的，其言曰：

李斯相秦，用荀卿之說，廢先王之制而壹用秦法。後之論者因以爲李
斯罪而并罪荀卿子，烏乎！此不知變者之說也。夫周秦之際，天固將
大有變易以開萬氏之治，當其時，學士大夫皆見及之，豈獨荀卿與其
徒一、二人之斯言哉！吾讀呂不韋之書有曰：……治國無法則亂，守
法而弗變則悖……因時變法者，賢主也，呂氏之書所采皆當時士大夫
之說，然則因時變法固當日之通論矣，秦雖不用李斯，而呂氏之徒固
在也，以其說施於天下則亦李斯也，豈必荀卿子哉！〔註84〕

《呂氏春秋・察今》篇曰：「上胡不法先王之治，非不賢也，爲其不
可得而法。」又曰：「世易時移，變法宜矣。譬之若良醫，病萬變，
藥亦萬變，病變而藥不變，鄉之壽民，今爲殤子矣。」蓋當時之論，
固多如此，其後李斯相秦，廢先王之法，一用秦制，後人遂以爲荀
卿罪，不知此固時爲之也。後人不達此義，於數千年後，欲胥先王
之道而復之，而卒不可復，吾恐其適爲秦人笑矣。〔註85〕

俞樾延續了詮解荀子「法後王」中達權知變的看法，一方面肯定其主張的合
理性，另一方面引述《呂氏春秋》之言以證明這種變通的思想是因應時勢的

〔註83〕祁駿佳：《遯翁隨筆》（臺北：新文豐出版公司，1984年），卷上，頁6～7。
〔註84〕俞樾：〈秦始皇帝論・中〉，《賓萌集・論篇一》，參見氏著：《春在堂全書》，
　　　　第3冊，頁2142。
〔註85〕俞樾：〈荀子平議〉，《諸子平議》，卷12，頁138。

潮流，也就是說，「因時變法」的理論並無不妥，和執行者的施行方式與結果並沒有直接的聯繫，因此，不能因秦始皇的暴政及李斯的作法而詬病於荀子。俞氏的論述不僅肯定了荀子思想，同時又將其思想與李斯、暴秦作了一定的區隔，在清人眾多擁護荀子，因李斯而罪荀的辯護中，可說是對荀子思想的理解較爲深入的。

第三節　清人評論荀學的意義與侷限

　　清代考據學興起後，雖然多數的清人並沒有徹底改變理學家駁斥諸子百家的傳統觀念而提倡子學，但由於「以子證經」的需求，子書成爲清人治學的重要學術資源，在肯定學術多元及互補作用下，荀學基本上擺脫了理學時代的「異端」批評，《荀子》書獲得了完備的整理，並且得到了重新被檢視、評價的契機。更進一步來看，清人在尊經及六經傳承的譜系研究中，稱道荀子在經學傳授的貢獻，因此，荀子不僅擺脫了「異端」之名，重回儒家殿堂，更一躍成爲儒家的經學大師；而荀子的禮學思想則在清代崇禮思潮蔚起的帶動下，獲得前所未有的推崇，這是清代荀子地位嬗變的重要特徵，並且具體表現在清人對荀學的評價中。嚴可均（1762～1843）作〈荀子當從祀議〉，〔註86〕以及姚諶（1835～1864）作〈擬上荀卿子從祀議〉，〔註87〕均要求恢復荀子從祀孔廟的地位，則是將對荀子的推崇化爲更實際的表態；凌廷堪對於荀子罷祀亦深表不以爲然，言：

> 竊惟《太史公書》以孟子、荀子同傳，未嘗有所軒輊於其間，而孟、荀之稱，由漢迄唐無異辭。若夫罷荀卿從祀，祧七十子而以孔、孟並舉，此蓋出後儒之意，於古未之前聞也。今孟子得鳳石及閻氏、周氏實事求是，蒐討靡遺，而《荀卿子》三十二篇，自二三好古君子爲之校正審定外，無過問者，甚且遭陋者妄加刪改，幾失其眞，斯亦儒林之深恥也。〔註88〕

〔註86〕嚴可均：〈荀子當從祀議〉，《鐵橋漫稿》（臺北：世界書局，1964年），卷3，頁 1a～4a。文中引述謝墉、錢大昕所撰〈荀子箋釋序〉及〈跋〉，並強調荀子的傳經之功，言：「荀子當從祀，實萬世之公議也。」

〔註87〕姚諶：〈擬上荀卿子從祀議〉，收於沈粹芬等輯《清文匯・丁集》，卷 11，頁 2977。文中言：「我朝受命，闡揚正學，於前世說經諸儒，多賜褒錄，列於祀典，獨荀卿傳道之功，未蒙表章，不稱尊經重儒之意。臣愚以爲宜下禮官集議，以荀卿從祀孔子廟廷，位次七十子下，放其書天下，與孟子並列於學官。」

〔註88〕凌廷堪：〈孟子時事考徵序〉，《校禮堂文集》，卷 26，頁 243～244。

凌氏對於荀子長期以來不受重視深感不平，指責將孟子視爲孔子的唯一繼承者，只是後儒一己之私意，因此，其要求「孟、荀並列」的態度與嚴可均、姚鼐是相當一致的。除了要求恢復荀子從祀孔廟之外，俞樾更提出了將《荀子》書升格爲經的主張，在有關改革科舉考試的建議中，他認爲：

> 第一場試《論語》義二道，《孟子》、《荀子》義各一道。或謂《荀子·性惡》篇與《孟子》相背，不可並列爲經。然孔子論性且曰：「性相近也。」初無善惡之說，孟子言性善，荀子言性惡，各有所見，實則殊途同歸。……孔子曰：「生而知之者，上也；學而知之者，次也；困而學之，又其次也。天下之人，中下居多。」然則荀子抑性而申學，正所以爲教矣。……太史公以孟、荀合傳，實爲卓見。考《孟子》一書，本亦在諸子之中，後升爲經，今若《荀子》爲經，與《孟子》配次《論語》之後並立學官，鄉、會試首場即用此一聖二賢之書出題，取士允爲千古定論。〔註89〕

俞氏認爲荀子論學能夠切中孔子之旨，而雖言性惡，然實與孟子「殊途同歸」……等，基於這些理由，因此《荀子》具有足夠的條件升格爲經，並且應和《孟子》並列於學官，與《論語》三書形成科舉考試的「一聖二賢之書」。俞氏的主張，一方面可看出對《荀子》書的高度肯定，另一方面也意味著對於長期獨占科舉考試內容的《四書》提出挑戰。〔註90〕這個挑戰所呈顯的，是將荀子納入儒學系統之內，進而就儒學內部資源重新評估與調整的企圖。於是，對於荀學中的性惡、非思孟、法後王、弟子李斯等長期受到批評的議題，清人試圖提出不同的解釋，並反駁了理學時代的各種貶抑，其間雖有高下出入，但大致上都是站在維護荀學的立場爲荀子進行辯說。那麼，是否就能以此論定荀子在儒家地位已經完全與孟子齊驅？亦即透過清人對荀子的評述，就能取代了宋、明長久以來以孟子爲主體價值的觀念，遞換爲「孟荀並稱」的思維？事實上並不盡然。從清人爲荀子辯說的內容而言，不難發現仍存在著某些侷限。

　　首先，尊經的觀念主宰了學術思想。諸子書在清代之所以受到重視，諸

〔註89〕俞樾：〈取士議〉，《賓萌集·議篇四》，參見氏著：《春在堂全書》，第 3 冊，頁 2183～2184。

〔註90〕魏永生：〈俞樾「尊荀」析論〉中亦曾言：「科舉考試是封建社會知識分子求取功名的最重要手段。俞樾的『一聖二賢』主張如能實現，那麼，朱注《四書》長期壟斷科舉考試內容的局面將會打破，這無疑會在社會上產生不可估量的影響。」刊於《東方論壇》，第 4 期（1988 年 4 月），頁 47～50。

子學之所以能夠擺脫「異端」之名，最初並不是在於其學術思想，而是出於「以子證經」的需要，也就是說，經學仍是學術的主體，具有不可動搖的地位。如秦篤輝表示：

> 異端，不可法也。異端之言，亦閒有可取也，由諸子而擇之審，皆六經鼓吹矣。〔註91〕

章學誠言：

> 諸子之爲書，其持之有故而言之成理者，必有得於道體之一端，而後乃能恣肆其說，以成一家之言也。所謂一端者，無非六藝之所該，故推之而皆得其所本；非謂諸子果能服六藝之教，而出辭必衷於是也。〔註92〕

張之洞（1837～1909）言：

> 子有益於經者三：一證佐事實；一證補諸經譌文、佚文；一兼通古訓、古音韻。〔註93〕

由上述引文，明顯可看出，清代學者雖然一改宋、明時代貶斥諸子的蠻橫態度，但其改變的理由，卻是建立在「六經鼓吹」、「道體之一端」、「益於經」的基礎上，當然，《荀子》書亦不例外；而荀子能夠受到清儒推崇而回歸儒家之列，最初亦在於「有功於諸經」（汪中語）上。

其次，孟子仍是清儒意識型態中的學術主導者。從清人論荀觀點的重新闡釋中，這種根深蒂固的意識型態尤其明顯，如對於孟、荀人性論歧異的調和，爲荀子的非思、孟主張提出辯說以緩和荀子因此所遭受的訾議，強調荀子法後王的主張無異於孟子的法先王……等等，這些闡釋中除有少數略能觸及荀學思想外，大多數的論述只停留在思想的外緣作解釋，甚至有些解釋恐有扭曲荀子之意以同於孟子之嫌，誠如上節所引朱一新所說：「雖愛荀子，實失其眞。」同時，檢視這些論述，亦可發現大都是爲了反駁宋、明時代批評荀子而發，眞正能夠有系統的分析荀子學術思想者，反而付之闕如。

是故，即使荀學在清代擺脫了「異端」之名，進入儒家學術圈內，清人亦試圖重估荀學價值，展現重建儒家學統的傾向，但是在尊經、尊孟意識的

〔註91〕秦篤輝：〈人事篇・上〉，《平書》，卷1，頁10。

〔註92〕章學誠著，葉瑛校注：〈詩教上〉，《文史通義校注》，卷1，〈內篇一〉，頁60。

〔註93〕張之洞：〈讀諸子〉，《輶軒語・語學第二》，收於《叢書集成續編》，第62冊，頁515。

侷限下，對於荀子思想體系的理解上無疑是一種無形的阻礙。因此，若僅以
《荀子》書的整理，以及清人論荀觀點的重新闡釋這兩個層面上來判定清代
荀學的面貌，顯然是過於輕率且不足的。

第三篇　清儒思想中潛藏的荀學理路

第六章　肯定情欲的心性觀

　　有別於過去學者對於清代學術往往只集中於考據學的相關研究，近年來許多研究者已逐漸擴大研究視野，不僅抉發清代學術中的義理思想，並且能跳脫傳統理學、心學主流觀點的框架，進而肯定清代義理思想的存在價值。〔註1〕在當今諸多論述清代義理學思想的著作中，不難發現清儒對人欲人情的肯定往往是論者再三關注的重點，誠然，清儒這樣的主張自有其社會背景因素，甚或出於挑戰宋、明之學中天理、人欲截然對立狀態所造成的流弊，但更值得注意的是，清儒抨擊宋、明理學，提出「遂欲達情」的主張並不能單純地以個人情緒性「反理學」的學術氛圍一語概括，因爲這些批評或主張的背後，有著與宋、明心性之學不同的論據與思路，所牽涉的是對於「理」、「氣」、「道」、「器」、「欲」、

〔註1〕　如（1）張麗珠認爲清儒憑藉考據基礎建構了通情遂欲、重智主義的經驗領域義理學，具有銜接傳統與現代的轉換價值之功，更是儒學發展得以完成早期現代化的內在依據。參見氏著：《清代義理學新貌》（臺北：里仁書局，1999年）及《清代新義理學》（臺北：里仁書局，2003年）；（2）張壽安指出「以禮代理」是清代中葉的一股新思潮，亦爲儒學在清代的新面貌，有相當完備的體系及創意典範，與宋明理學相對峙，甚至欲取而代之。參見氏著：《以禮代理——凌廷堪與清中葉儒學思想之轉變》（石家莊：河北教育出版社，2001年）；（3）周積明撰〈《四庫全書總目》與乾嘉「新義理學」〉一文則認爲：「在中國前現代社會中已經潛伏著趨向近代的思想因素，『啓導了十九世紀的一線曙光』，而這一點恰是『乾嘉新義理學』的價值所在。」（4）林啓屏先生〈乾嘉義理學的一個思考側面——論「具體實踐」的重要性〉一文則指出清儒重視「具體實踐」不能只視爲一種常識性的儒學主張，而是經由恢復其「實踐」的存有意義，提升其「實學」的生命主體內涵，因此，清儒的義理學是極具深刻意義的。周、林氏二文均參見林慶彰、張壽安主編：《乾嘉學者的義理學》（臺北：中央研究院中國文哲研究所，2003年），總頁1～39；41～102。

「情」等思想的本質差異，此一本質的差異從明末清初的顧炎武（1613～1682）至乾嘉學者戴震（1723～1777）、焦循、阮元（1764～1849）的義理思想中呈現出來，在論述上容或有粗疏、縝密之別，但其基本立場卻相當一致：即「以氣爲本」的主張。此一思想性格不僅決定了清儒在情、欲等立場與宋、明儒者相左，同時也可明確地看出對於性善的思考進路的不同。

第一節　心性觀的理論基礎

一、以氣爲本的義理觀

所謂「以氣爲本」的思想，乃就傳統學術中將理學劃分爲「以理爲本」的程朱學派及「以心爲本」的陸王學派兩大思潮外所增加的另一系譜，代表人物可追溯到張載（1020～1077）、羅欽順（1465～1547）、王廷相（1474～1544），並延續至顧炎武、王夫之（1619～1692）、顏元（1635～1704）、戴震、焦循等人，並且以此系譜與程朱、陸王共三大思潮來涵括自宋至清的義理思想。〔註2〕

〔註2〕　相關論述頗多：（1）較早如張岱年說：「自宋至清的哲學思想，可以說有三個主要潮流。第一是唯理的潮流，始於程頤，大成于朱熹。……第二是主觀唯心論的潮流，導源於程顥，成立于陸九淵，大成于王守仁。……第三是唯氣的潮流亦即唯物的潮流，始於張載，張子卒後其學不傳，直到明代的王廷相和清初的王夫之才加以發揚，顏元、戴震的思想也是同一方向的發展。……可以說北宋是三派同時發生的時代，南宋、元及明初是唯理派大盛的時期；明中葉至明末是主觀唯心派大盛的時期；清代則是唯物派較盛的時期。」參見氏著：《中國哲學大綱·序論》（北京：中國社會科學出版社，1994年三刷），頁26～27。（2）劉又銘先生：《理在氣中——羅欽順、王廷相、顧炎武、戴震氣本論研究》（臺北：五南圖書出版公司，2000年，以下書名簡稱《理在氣中》）。（3）張立文：〈從宋明新儒學到現代新儒學〉一文亦將「氣學」納入理學的範疇中加以討論，《上海社會科學院學術季刊》1994年第1期，頁113～122。（4）袁爾鉅：〈理學和心學考辨——兼論確認「氣學」〉，《甘肅社會科學》，總期第49期（1988年5月），頁27～31。（5）日本漢學界對此領域研究甚彩，如赤塚忠、金谷治、福永光司、山井湧原著，張昭譯：《中國思想史》（臺北：儒林圖書公司，1981年），頁209～306；以及加藤長賢監修，蔡懋堂譯：《中國思想史》（臺北：臺灣學生書局，1978年），頁174～177，均略提及相關主張。後有小野澤精一、福光永司、山井湧合編，李慶譯：《氣的思想——中國自然觀和人的觀念的發展》（上海：上海人民出版社，1992年）則是以「氣」爲主軸所展開的研究。必須說明的是，這些論著所提及「以氣爲本」的相關論述時，有的稱之爲「唯氣的潮流」或「氣本論」、「氣學」、「氣的哲學」，基本上其指稱的內容與精神雖略有不同，但大體均肯定「氣」爲其思想根源。

　　至於「以氣爲本」的基本主張，指的是以「氣」作爲萬物生成變化的基礎，不依賴於任何其他東西而存在，是一切屬性的本原或本體。〔註3〕更進一步來說，對於「以氣爲本」的思想家而言，「氣」是比「理」、「心」、「道」更爲優先的概念，而爲了區隔許多在「以氣爲本」主張中仍結合了理本（如：王夫之）或心本（如：黃宗羲）觀點的理論型態，有學者將這種以「氣」爲本原主張的型態稱之爲「自然氣本論」，〔註4〕這些「自然氣本論」者對於朱子在理氣論中表現出「理先氣後」的主張，自然是不能同意的，因此，其經常使用的論證理路，是以駁斥朱子「理先氣後」、「理氣二分」爲前提而展開其論述，透過章句訓詁的方式來闡發其義理思想，在清初以顧炎武爲代表，至乾嘉時期則以戴震、焦循的表現最爲明顯。

　　清代主張以氣爲本思想型態（即「自然氣本論」）的學者，最早的應是顧炎武。儘管顧炎武的論著並非以闡發哲理思想爲主軸，與同一時期思想家王夫之、黃宗羲相較之下，其義理思想確實顯得較粗疏鬆散，也正因如此，後世研究者著墨不多；然而，卻不能因此而否定顧炎武仍有其義理思想及立場的存在。從《日知錄》中，不難發現其以氣爲本的主張：

　　　　「精氣爲物」，自無而之有也；「游魂爲變」，自有而之無也。……張

〔註3〕　這裡所說的「本體」，其概念並不能完全等同於西方哲學中的「本體」（substance）或「本體論」（ontology）。一般而言，西方哲學中的「本體論」指的是與經驗世界相分離或先於經驗而獨立存在的原理系統，採用的是邏輯方法；「反觀中國傳統哲學，並沒有所謂經驗世界之外還存在著一個相對獨立的邏輯世界的觀點」，也就是說，對於中國傳統文化或儒學而言，「邏輯世界、原理世界是與經驗世界、現象世界不可分割地包容於一體的」，即使如強調「理」的超越性而受清代學者抨擊的朱子，仍言「理」、「氣」的關係是「不離不雜」的。因此，本文所說的「本體」，指的是與一般事物在本末、源流、根枝上的差異。參見曾振宇：《中國氣論哲學研究》（濟南：山東大學出版社，2001年），〈第一章　本原與本體範疇適用於中國哲學如何可能〉，頁22。相關討論亦可參見俞宣孟：《本體論研究》（上海：上海人民出版社，1999年），〈第三章　本體論與中國哲學的道〉，頁73～134，尤其頁85～90。張岱年：《中國哲學大綱》，〈第一章　中國本根論之基本傾向〉，頁6～16。

〔註4〕　劉又銘先生：〈宋明清氣本論研究的若干問題〉，文中將「氣本論」分成兩類：一爲以王夫之、劉宗周、黃宗羲爲代表，其特色在於氣本論中交疊有理本論或心本論觀點，可暫稱爲「神聖氣本論」；一爲以羅欽順、王廷相、顧炎武、戴震爲代表，其氣本論的型態、理路爲純粹型態，可暫稱爲「自然氣本論」。此論文發表於「儒學的氣論與工夫論國際學術研討會」（臺北：臺灣大學東亞文明研究中心主辦，2004年11月）。又《理在氣中》一書對於「氣本論」之基本主張論述頗詳，可資參酌。參見〈緒論〉，頁3～17。

> 子《正蒙》有云：「太虛不能無氣，氣不能不聚而爲萬物，萬物不能
> 不散而爲太虛。循是出入，是皆不得已而然也。然則聖人盡道其間，
> 兼體而不累者，存神其至矣。」其精矣乎！……邵氏《簡端錄》曰：
> 「聚而有體謂之物，散而無形謂之變。唯物也故散必于其所聚，唯
> 變也故聚不必于其所散。是故聚以氣聚，散以氣散，昧于散者其說
> 也佛；荒于聚者其說也仙。」〔註5〕

從這段引文中，可知顧炎武對於張載的氣論思想是相當認同的：氣聚而爲萬
物，氣散則歸於太虛，因此萬物在「自無而之有」和「自有而之無」的有形
無形變換過程，皆是一氣的聚散變化，包括人的生命歷程，亦是如此；能夠
體悟此理，不偏滯於生或死，即「兼體而不累」。接著顧炎武更進一步引邵寶
《簡端錄》之言來強調萬物不斷變化，即氣的聚散變化過程而已，據此抨擊
佛教所宣揚的散而不死的靈魂，是「昧于散者」；道教聲稱有聚而不死的肉體，
亦是不可能存在的。是故，「氣」乃是萬事萬物的根源：

> 盈天地之間者氣也，氣之盛者爲神，神者天地之氣而人之心也。故
> 曰視之而弗見，聽之而弗聞，體物而不可遺。使天下之人齋明盛服
> 以承祭祀，洋洋乎如在其上，如在其左右，聖人所以知鬼神之情狀
> 者如此。〔註6〕

至此，顧炎武認爲「盈天地之間者氣也」，明確地表示氣是萬事萬物的本源，
即使是弗見弗聞的「神」，亦是氣所表現的性狀而作用於人之心而已，仍是基
於氣而有的。當然，這樣的主張只能說是以氣爲本的思想型態的初步呈現，
真正將此一思想型態建構出較完整的理論，則是乾嘉時期的戴震。〔註7〕

　　《孟子字義疏證》是戴震義理思想的最終定論之作，〔註8〕書中再三強調

〔註5〕　顧炎武著，徐文珊點校：〈游魂爲變〉，《原抄本日知錄》（臺北：文史哲出版
　　　　社，1979年，以下書名簡稱《日知錄》），卷1，頁18～19。

〔註6〕　顧炎武：〈游魂爲變〉，《日知錄》，卷1，頁19。

〔註7〕　如山井湧指出：「戴震的哲學理論的最大特點，就在於它是『氣的哲學』這一
　　　　點。而他就是這種『氣的哲學』的集大成者。」參見：《氣的思想——中國自
　　　　然觀和人的觀念的發展》，〈第四章　清代思想中氣的概念〉，頁453。又如：岡
　　　　田武彥著，陳瑋芬譯：〈戴震與日本古學派的思想〉言：「明末以降的唯氣思
　　　　想，到了戴震時可謂已達到其巔峰吧！」《中國文哲研究通訊》，第10卷第2
　　　　期（2000年6月），頁73。

〔註8〕　戴震的思想著作，除《孟子字義疏證》外，還有〈法象論〉、〈讀易繫辭論性〉、
　　　　〈讀孟子論性〉、〈原善〉三篇（後戴震將上述諸作擴大改寫爲《原善》三卷）、
　　　　《緒言》、《孟子私淑錄》、《中庸補注》、《大學補注》（今不得見）、〈與某書〉、

以「氣化流行，生生不息」做爲天地萬物本原的概念，如言：

> 道，猶行也；氣化流行，生生不息，是故謂之道。《易》曰：「一陰一陽之謂道。」〈洪範〉：「五行：一曰水，二曰火，三曰木，四曰金，五曰土。」行亦道之通稱。舉陰陽則賅五行，陰陽各具五行也；舉五行即賅陰陽，五行各有陰陽也。……陰陽五行，道之實體也。〔註9〕

> 在氣化曰陰陽，曰五行，而陰陽五行之成化也，雜糅萬變，是以及其流形，不特品物不同，雖一類之中又復不同。凡分形氣於父母，即爲分於陰陽五行，人物以類滋生，皆氣化之自然。〔註10〕

> 陰陽五行之運而不已，天地之氣化也，人物之生生本乎是，……氣之自然潛運，飛、潛、動、植皆同，此生生之機肖乎天地者也。〔註11〕

> 在天地，則氣化流行，生生不息，是謂道；在人物，則凡生生所有事，亦如氣化之不可已，是謂道。〔註12〕

戴震與顧炎武都同樣地以「氣」做爲思想的本體範疇，且戴震又有更進一步的發揮，他以「氣化流行，生生不息」來凸顯出「氣」具有潛運、變化的動態特性，用以闡明「氣」不僅構生萬物，且亦關聯著萬物在形成之後的發展過程，所謂的「飛、潛、動、植」皆是「氣化流行，生生不息」的體現。此外，戴震將「陰陽」、「五行」或「陰陽五行」納入「氣化」的概念中，言「陰陽五行」的運行不已即是「天地之氣化」，也就是說，「陰陽五行」在此與「天地之氣」都同是具有本體意涵的，依此，對於宋代程朱學者將「太極」理解

〈答彭進士允初書〉等，其中最重要的是《原善》三卷、《緒言》、《孟子字義疏證》三書。錢穆認爲：「《原善》辨性欲，《緒言》辨理氣，至《疏證》辨理欲，乃會合前兩書爲一說……。」參見氏著：《中國近三百年學術史》（臺北：臺灣商務印書館，1995 年臺二版），〈第八章　戴東原〉，頁 319。相關討論亦可參見鮑國順：《戴震研究》（臺北：國立編譯館，1997 年），〈第二章　著作〉，頁 67～125；黃俊傑：《中國孟學詮釋史論》（北京：社會科學文獻出版社，2004年），〈第八章　戴震的孟子學解釋及其含義〉，頁 291～326，尤其頁 292～294。另戴震曾自述曰：「僕生平著述之大，以《孟子字義疏證》爲第一，所以正人心也。」參見段玉裁：〈戴東原集序〉引其師戴震之言，收於《戴震集》（臺北：里仁書局，1980 年），附錄，頁 452。

〔註9〕　戴震：〈天道〉，《戴震集・孟子字義疏證》，卷中，頁 287。
〔註10〕　戴震：〈性〉，《戴震集・孟子字義疏證》，卷中，頁 291。
〔註11〕　戴震：〈性〉，《戴震集・孟子字義疏證》，卷中，頁 294。
〔註12〕　戴震：〈道〉，《戴震集・孟子字義疏證》，卷下，頁 311。

爲「陰陽之所由生」，視「太極」爲更具本體意義的說法，加以駁斥曰：

> 孔子曰：「《易》有太極，是生兩儀，兩儀生四象，四象生八卦。」曰
> 儀，曰象，曰卦，皆據作《易》言之耳，非氣化之陰陽得兩儀四象之
> 名。……孔子贊《易》，蓋言《易》之爲書起於卦畫，非漫然也，實
> 有見於天道一陰一陽爲物之終始會歸，乃畫奇偶兩者從而儀之，故曰
> 「《易》有太極，是生兩儀」。既有兩儀，而四象，而八卦，以次生矣。
> 孔子以太極指氣化之陰陽，承上文「明於天之道」言之，即所云「一
> 陰一陽之謂道」，以兩儀、四象、八卦指《易》畫。後世儒者以兩儀
> 爲陰陽，而求太極於陰陽之所由生，豈孔子之言乎！〔註13〕

在此，戴震指出「氣化之陰陽」就是「太極」，陰陽五行之氣即是天地萬物的
本原，在陰陽五行之氣外並沒有更爲本始的前提。《易經·繫辭傳》中所言：
「《易》有太極，是生兩儀」，是就作《易》的過程來說的，並非「氣化之陰
陽得兩儀四象之名」。這樣的理解，對照朱子以「太極」爲天地造化的樞紐，
而陰陽爲「太極」所生的觀點，便可看出其差異所在。而戴震以陰陽五行之
氣爲根本，將整體存在界都交由氣的運行變化做爲基礎來論述，正是確切地
表現出以氣爲本的思想型態之特色。〔註14〕戴震這種以氣爲本的思想型態確
立後，雖亦曾遭受詰難與抨擊，〔註15〕然而卻不影響「以氣爲本」的型態成
爲清代義理思想開展的主軸，諸多思想家均呼應、承繼了戴震的主張，如與
戴震同從江永（1681～1762）問學的程瑤田（1725～1814）在心性論、致知
論的論述上雖與戴震不盡相同，且大量的論述著重於人倫日用的具體實踐，
然而，少數論及天地萬物本原時，亦曰：

> 仰而望之，可見者非天乎，天非形乎，形非質乎，形質非氣乎！是
> 故天者，積氣而已矣。……然是氣也，曷嘗有須臾不流行者乎？無

〔註13〕 戴震：〈天道〉，《戴震集·孟子字義疏證》，卷中，頁289。

〔註14〕 以上關於戴震氣本之立場、陰陽五行之概念的敘述，參考劉又銘：《理在氣
　　　　中》，頁132～145。

〔註15〕 戴震在完成《原善》、《孟子字義疏證》之時，便曾遭彭紹升、陸耀等人的詰
　　　　難，對此，戴氏作〈答彭進士允初書〉五千言回覆，以闡明其論點；後有理
　　　　學家朱筠、翁方綱、程廷祚、姚鼐、方東樹等人亦就戴震在理、欲、情等論
　　　　述提出抨擊。相關資料可參見王茂、蔣國保、余秉頤、陶清等合著：《清代哲
　　　　學》（合肥：安徽人民出版社，1992 年），〈第二十章 戴震哲學的反響〉，頁
　　　　663～690。胡適：《戴東原的哲學》（臺北：臺灣商務印書館，1996 年六版），
　　　　〈三 戴學的反響〉，頁80～197。

有始也，無有終也。〔註16〕

程瑤田以「氣之流行」爲天地形質的源頭，在本體思想的觀點上呼應了戴震的主張。又如洪榜（1745～1779）撰戴震〈行狀〉，爲了將戴氏生前與彭紹升論述義理思想的書信載入，曾上書與朱筠論辯；〔註17〕黃式三作〈申戴氏氣說〉、〈申戴氏理說〉、〈申戴氏性說〉，〔註18〕均是爲闡揚戴震思想而作。至於能承繼戴震，並進一步發揮其義理主張者，則是焦循。

對於戴震《孟子字義疏證》，焦循予以崇高的評價，言：

> 其（戴震）生平所得，尤在《孟子字義》一書，所以發明理、道、情、性之訓，分析聖賢老釋之界，至精極妙。〔註19〕

> 循讀東原戴氏之書，最心服其《孟子字義疏證》。說者分別漢學、宋學，以義理歸之宋。宋之義理誠詳於漢，然訓故明乃能識義、文、周、孔之義理。宋之義理仍當以孔之義理衡之，未容以宋之義理，即定爲孔子之義理也。〔註20〕

> 余嘗善東原戴氏作《孟子字義考證》，于理、道、性、情、天命之名揭而明之若天日。〔註21〕

透過這三則引文，可看出焦循對《孟子字義疏證》的態度：首先，認同戴氏的治學方法。戴震曾論及自己的治學方法：「故訓明則古經明，古經明則賢人聖人之理義明，而我心之所同然者，乃因之而明。賢人聖人之理義非它，存乎典章制度者是也。」〔註22〕又言：「經之至者道也，所以明道者其詞也，所以成詞者字也。由字以通其詞，由詞以通其道，必有漸。」〔註23〕這兩段

〔註16〕程瑤田：〈述命〉，《通藝錄·論學小記》，收於《叢書集成三編》（臺北：藝文印書館，1971 年，據清嘉慶八年本影印《安徽叢書》），頁 51a。

〔註17〕參見江藩：〈洪榜〉，《漢學師承記》，收於江藩、方東樹：《漢學師承記（外二種）》（香港：三聯書店，1998 年），卷 6，頁 116～120。

〔註18〕參見徐世昌等編纂：〈儆居學案·上〉，《清儒學案》（臺北：燕京文化事業公司，1976 年），第 4 冊，卷 153，頁 2670～2674。

〔註19〕焦循：〈國史儒林文苑傳議〉，《雕菰集》（臺北：鼎文書局，1977 年），卷 12，頁 184～185。

〔註20〕焦循：〈寄朱休承學士書〉，《雕菰集》，卷 13，頁 203。

〔註21〕焦循：《論語通釋·自序》，收於《木犀軒叢書》（光緒年間李盛鐸刊行，中央研究院歷史語言研究所傅斯年圖書館藏），頁 1a。此文亦收於《雕菰集》，卷 16，頁 267～268；惟部分文字略有出入。

〔註22〕戴震：〈題惠定宇先生授經圖〉，《戴震集·文集》，卷 11，頁 214。

〔註23〕戴震：〈與是仲明論學書〉，《戴震集·文集》，卷 9，頁 183。

常被引用做爲討論乾嘉考據學方法的話中，充分顯示了戴氏由字、詞的「故訓」以通「理義」的主張，而焦循所謂「訓故明乃能識羲、文、周、孔之義理」的觀點，正與戴氏同出一轍，同時這也是絕大多數乾嘉治學者的共同主張。其次，肯定戴震義理學的價值。焦循一方面讚揚《孟子字義疏證》在理、道、性、情等範疇上有「至精極妙」的見解，另一方面又緊接著言「宋之義理」並不能代表「孔子之義理」，其文字背後似乎正意味著戴震之義理才是更貼近「孔子之義理」的。就焦循對《孟子字義疏證》的推崇而言，便不難看出戴震對焦循的影響：在焦循所撰的《孟子正義》中，可以輕易發現其大量徵引《孟子字義疏證》中的文句，尤其在述及心性論的相關議題時，更是整段引用以做爲注釋或推論的基礎；〔註24〕至於《論語通釋》之作，更是參照了《孟子字義疏證》的作法，以闡發義理思想中重要的術語意涵爲論述方式。〔註25〕再者，焦循另有作〈申戴〉、〈性善解〉五篇，亦是申論戴氏義理學之作，〔註26〕亦足見焦循對於戴震思想的掌握及闡發。

二、理、氣之辨與道、器之別

依循著「以氣爲本」的思考脈絡，氣本論者對於傳統理學超越現象世界所建構用以主宰「氣」的概念——理、道，自然有不同的理解，但是這並不意味著氣本論者輕視理或道的存在及其道德價值的意涵，而是由「氣中之理」、「氣中之道」的觀點做爲論述的基礎。對於氣本論者來說，氣即是最終

〔註24〕如注釋〈告子章句上〉時，摘錄《孟子字義疏證》中〈性〉條多段，參見《孟子正義》（臺北：文津出版社，1988 年），下冊，卷 22，頁 739～741；頁 750～752；頁 754～755；頁 757～758。同時，值得注意的是，焦循亦引述程瑤田《通藝錄·論學小記》中之言，參見《孟子正義》，卷 22，頁 741～742；頁 752～754；頁 759。顯見在心性論的見解上，不僅受戴氏之啓發，同時也受程氏之影響。

〔註25〕戴震《孟子字義疏證》共三卷，分述〈理〉15 條、〈天道〉4 條、〈性〉9 條、〈才〉3 條、〈道〉4 條、〈仁義禮智〉2 條、〈誠〉2 條、〈權〉5 條。焦循在《論語通釋·自序》中言其旨在補戴氏之未備，共 15 篇：〈釋一貫忠恕〉5 條、〈釋異端〉8 條、〈釋仁〉11 條、〈釋聖〉5 條、〈釋大〉2 條、〈釋學〉5 條、〈釋多〉6 條、〈釋知〉2 條、〈釋能〉2 條、〈釋權〉8 條、〈釋義〉2 條、〈釋禮〉5 條、〈釋仕〉3 條、〈釋據〉2 條、〈釋君子小人〉1 條。另外，必須附加說明的是，在《論語通釋》一書中諸多解釋《論語》思想之文，亦互見於《雕菰集》卷 9、卷 10 之〈一以貫之解〉、〈攻乎異端解〉上下、〈說權〉、〈理說〉等篇中，惟文字略有詳簡之異。

〔註26〕二文均參見焦循：《雕菰集》，卷 7，頁 95～96；卷 9，頁 127～129。

極的本體，在氣化流行之上並沒有超越現象界、經驗界的絕對至善、完美狀態的「理」或「道」；氣化流行構生了宇宙萬事萬物，依此，所謂的「道」或「理」的意涵，必然是要本諸現象界、經驗界的實體實事而言，更進一步來說，要追求道德價值判準的「道」或「理」，必須由經驗事實的形跡中探究，而不是在先驗的、內在於人的領域中。是故，從較廣義的角度來看，即使部分清儒並沒有在本體範疇如理、氣或道、器關係上多所著墨，但從其對這些概念的運用或論述中，仍可看出其以氣爲本的思想傾向。

　　顧炎武在道器觀的相關論述中，即鮮明地表現出以氣爲本的立場之延伸，他提出了「非器則道無所寓」的觀點。首先，對於「道」的理解，他說：

　　　　夫道，若大路然。〔註27〕

　　　　有一日未死之身，則有一日未聞之道。〔註28〕

　　　　蓋天下之理無窮，而君子之志於道也，不成章不達。故昔日之得，
　　　　不足以爲矜，後日之成，不容以自限。〔註29〕

顧炎武由「道」字原始字義──「路」來理解「道」，由此而引申出「道」的概念，所指的自然是就實體實物所遵循的普遍規律而論。第二、三段引文則表明既然做爲事物普遍規律的「道」無法脫離現象界無窮盡的實體實物而獨立存在，那麼，對於「道」的認識亦是一永無止境的過程。此外，從第三段引文中亦可略見在顧氏的理解中，「道」和「理」是相聯繫的概念，都必須本諸現實世界中來理解。是故，對於《易經‧繫辭傳》中所言的道器關係，顧炎武有更進一步論述，曰：

　　　　「形而上者謂之道，形而下者謂之器。」非器則道無所寓。說在乎
　　　　孔子之學琴于師襄也。已習其數然後可以得其志。已習其志，然後
　　　　可以得其爲人。是雖孔子之天縱，未嘗不求之象數也。故其自言曰：
　　　　「下學而上達」。〔註30〕

「道」是事物的規律，「器」指具體的事物，顧炎武提出「非器則道無所寓」之觀點，說明重「道」必然不可忽視「器」，強調了「道」對於「器」的依賴，必須由「器」而識「道」；於是，「道」的優先性、主導性下滑，「器」的價值

〔註27〕顧炎武：〈耿介〉，《日知錄》，卷17，頁391。
〔註28〕顧炎武：〈朝聞道夕可死矣〉，《日知錄》，卷9，頁194。
〔註29〕顧炎武：〈初刻日知錄自序〉，《日知錄》，頁7。
〔註30〕顧炎武：〈形而下者謂之器〉，《日知錄》，卷1，頁20。

相對地被提升，同時，這段引文也傳達了追求知識的過程，應透過具體事物的個別經驗與認識，方能由此更進一步探求事物內在抽象的規律，意即所謂「下學而上達」。值得注意的是，顧炎武所謂「非器則道無所寓」的觀點與理本論者朱子所論「道在器中」是不同的。〔註31〕朱子視「道」（理）為唯一能超越實體實物而獨立存在的本體，所有事物都必須依賴於「道」方能存在，即「道」生「器」，是故，「道在器中」是指「器」不能離「道」，「器」只是「道」的載體、掛搭者，所以凡是有「器」則必有「道」，這是朱子「道在器中」的真正意義。此一觀點與顧炎武的道器觀所呈現「道」為一般事物的規律，有了「器」才有「道」的存在，「道」不能離「器」的論點恰是相對的，若要探究二者本質之所以不同，實際上便是源於顧炎武乃以氣為本，氣在理先；而朱子則以理為本，理在氣先。

　　清儒在理氣之辨與道器之別的議題論述上最突出的論者，則是戴震。相較於顧炎武所言「非器則道無所寓」這種極易於與理學家混淆的論述方式，戴震對於道器關係的闡釋，則是十分具有新意及特色的，他說：

> 一陰一陽，流行不已，夫是之謂道而已。……《易》「形而上者謂之道，形而下者謂之器」，本非為道器言之，以道器區別其形而上形而下耳。形謂已成形質，形而上猶曰形以前，形而下猶曰形以後。陰陽之未成形質，是謂形而上者也，非形而下明矣。器言乎一成而不變，道言乎體物而不可遺。不徒陰陽非形而下，如五行水火木金土，有質可見，固形而下也，器也；其五行之氣，人物咸稟受於此，則形而上者也。……《六經》、孔、孟之書不聞理、氣之辨，而後儒創言之，遂以陰陽屬形而下，實失道之名義也。〔註32〕

由氣本的角度而論，「道」當然不是氣外之物。依據引文而言，「形」是「已成形質」，那麼，所謂的「形而上」，指的是萬物形成之前的無形狀態，也就是「形以前」；而「形而下」則是指萬物形成之後的有形狀態，即「形以後」。如此一來，無論是「道」或「器」，均是就「形質」而論，在本質上都是氣，其差別則在於「形以前」、「形以後」的不同罷了。在這樣觀點下的「道」，實

〔註31〕朱熹〈蘇黃門老子解〉云：「愚謂道器之各雖異，然其實一物也。……愚謂道器一也，示人以器，則道在其中。」《晦庵先生朱文公文集》，收於《朱子大全》（臺北：臺灣中華書局，1966 年據明胡氏刻本校刊），第 9 冊，卷 72，頁24a〜24b。

〔註32〕戴震：〈天道〉，《戴震集・孟子字義疏證》，卷中，頁 288。

際上正呼應了前文曾引述「陰陽五行，道之實體」、「道，猶行也。氣化流行，生生不息，是謂道」的主張，因此，戴震論「道」，所觀照的便不是傳統理學家所界定的超越現實界、經驗界的層面（事實上，戴震亦不認為有此層面的存在，他抨擊程、朱脫離具體事物而論「道」說「理」，是出於老、莊、釋氏而不自覺，乃是「誣聖亂經」之說〔註33〕），其所論述的「道」，指的是陰陽五行之氣的實體，同時也是此氣化流行，生生不息的實事。由這個「天道」的觀點，來看其對於「人道」的理解，曰：

> 曰性，曰道，指其實體實事之名；曰仁，曰禮，曰義，稱其純粹中正之名。……故語道於天地，舉其實體實事而道自見。……人之心知有明闇，當其明則不失，當其闇則有差謬之失。語道於人，人倫日用，咸道之實事，「率性之謂道」，「修身以道」，「天下之達道五」是也。此所謂道，不可不修者也，「修道以仁」及「聖人修之以為教」是也。其純粹中正，則所謂「立人之道曰仁與義」，所謂「中節之為達道」是也。……善者，稱其純粹中正之名；性者，指其實體實事之名。……善，其必然也；性，其自然也；歸於必然，適完其自然，此之謂自然之極致，天地人物之道於是乎盡。在天道不分言，而在人、物，分言之始明。〔註34〕

> 道者，居處、飲食、言動，自身而周於身之所親，無不該焉也，故曰「修身以道」；道之責諸身，往往易致差謬，故又曰「修道以仁」。此由修身而推言修道之方，故舉仁義禮以為之準則；下言達道而歸責行之之人，故舉智、仁、勇以見其能行。……古賢聖之所謂道，人倫日用而已矣，於是而求其無失，則仁、義、禮之名因之而生。非仁、義、禮有加於道也，於人倫日用行之無失，如是之謂仁，如是之謂義，如是之謂禮而已矣。〔註35〕

實體實事的「道」，對於人而言，就是人倫日用之事的準則，稱之為「人道」。「人道」與「天道」之別，在於「人道」會因心知的明闇而有差謬之失，因此必須透過修習的過程使人倫日用之行無所偏失，如此便是仁、義、禮的呈

〔註33〕 在《孟子字義疏證》中抨擊宋儒出入老、莊、釋氏之處頗多，如：卷上〈理〉，頁274、頁282～286；卷中〈天道〉，頁290～291；卷下〈道〉，頁314。
〔註34〕 戴震：〈道〉，《戴震集・孟子字義疏證》，卷下，頁312～313。
〔註35〕 戴震：〈道〉，《戴震集・孟子字義疏證》，卷下，頁314。

顯，換言之，代表「純粹中正」之名的仁、義、禮之道，其本質仍是落實在人倫日用之事，並沒有超越實體實事的層面；再者，由於「求其無失，則仁、義、禮之名因之而生」，那麼，表示即使「道」是就普遍性實體實事而論，但並不是沒有道德價值意義的概念，在實體實事的自然中，實際上便含藏了歸於「純粹中正」的必然，他言：「歸於必然，適完其自然」，足見戴震所論的「道」，本身即有潛在著修習而成善的必然性，如此才是「自然之極致，天地人物之道於是乎盡。」

依循著戴震對於「道」的闡釋，再看與此相聯繫的「理」：

> 理者，察之而幾微必區以別之名也，是故謂之分理；在物之質，曰肌理，曰腠理，曰文理，得其分而有條不紊，謂之條理。〔註36〕

> 《詩》曰：「天生烝民，有物有則；民之秉彝，好是懿德。」……以秉持為經常曰則，以各如其區分曰理，以實之於言行曰懿德。物者，事也；語其事，不出乎日用飲食而已矣；舍是而言理，非古賢聖所謂理也。〔註37〕

> 就事物言，非事物之外別有理義也。「有物必有則」，以其則正其物，如是而已。〔註38〕

依據上述引文，可見戴震所謂的「理」，是指就事物做精微的考察與分析以獲得其間的區別，此即「分理」，依不同物質之「分理」，可稱為「肌理」、「腠理」、「文理」等；同時，「理」亦是規範事物的準則，即所謂「以其則正其物」。是故，萬事萬物經過區別後能夠有條不紊，稱之為「條理」。對照具有普遍意義的「道」（人道）來說，「理」則是指針對個別事物所當行的準則，因此呈現出「肌理」、「腠理」、「文理」等多元性質的意涵，但無論如何，「理」仍舊是不能超越具體事物而論：

> 天地、人物、事為，不聞無可言之理者也，《詩》曰「有物有則」是也。物者，指其實體實事之名；則者，稱其純粹中正之名。實體實事，固非自然，而歸於必然，天地、人物、事為之理得矣。……舉凡天地、人物、事為，求其必然不可易，理至明顯也。〔註39〕

〔註36〕戴震：〈理〉，《戴震集・孟子字義疏證》，卷上，頁265。
〔註37〕戴震：〈理〉，《戴震集・孟子字義疏證》，卷上，頁266～267。
〔註38〕戴震：〈理〉，《戴震集・孟子字義疏證》，卷上，頁272。
〔註39〕戴震：〈理〉，《戴震集・孟子字義疏證》，卷上，頁278。

當天地、人物、事爲等各個原則達到「純粹中正」而不偏失的理想狀態時，即是「理」的呈現，亦即戴震在論「道」時所言「歸於必然，適完其自然」中強調「道」所潛藏的價值意義的呈現。因此，「理」不只是萬物物質性意義下的「理」，同時也是具有道德價值意義的，只是必須由「氣中之理」、「氣中之道」的立場而論罷了。由氣本的立場論「道」說「理」，將宋儒視爲內在於心中的超越性道德主體轉化爲經驗事實層面上，戴震所建構的義理思想基礎在清代極具典型，成爲一股主流思潮，諸多思想家均表現出相似的傾向。焦循言：

> 道者，行也。凡路之可通行者爲道，則凡事之可通行者爲道。得乎道爲德，對失道而言也。道有理也，理有義也。理者，分也。義者，宜也。其不可通行者，非道矣。可行矣，乃道之達於四方者，各有分焉，即各有宜焉。……弗宜則非義，即非理。故道之分有理，理之得有義。理於義者分而得於義也。〔註40〕

> 求其輕重，析及豪芒，無有差謬，故謂之理。〔註41〕

雖然在焦循的著作中，似乎不見有明確且直接的氣本主張之論述，但在此他將「道」解釋爲現象界的「行」，而「理」則視爲是經驗界事理原則無所差謬意涵的「分」，所呈顯的均是承襲顧炎武、戴震以氣爲本的思想系統而來，〔註42〕以實體實事爲既存的事實與唯一的眞實，凡是超越人類經驗理性認知感受之外的概念，都是無實質意義的「眞宰眞空」，〔註43〕都應排除在儒學之外。在此脈絡之下，「理」不僅不存有先驗的成分，同時亦不是從單一的、完滿的主觀價值來定位；焦循解釋孔子所言「攻乎異端」，便可看出其對「理」的概念的運用：

> 《論語》：「攻乎異端，斯害也已。」談者以指楊、墨、佛、老。於是爲程、朱之學者，指陸氏爲異端；而王陽明之徒，又指程、朱爲異端。……他山之石，可以攻玉。他者，異也；攻者，磋切磨錯之

〔註40〕焦循：《孟子正義·告子章句上》，下冊，卷22，頁773。

〔註41〕焦循：〈理說〉，《雕菰集》，卷10，頁151。

〔註42〕焦循解釋「道」與「行」，與顧炎武〈耿介〉：「夫道，若大路然。」戴震〈天道〉：「道，猶行也。」均是相同的主張，參見前揭引文。

〔註43〕戴震言：「蓋程子、朱子之學，借階於老、莊、釋氏，故僅以理之一字易其所謂眞宰眞空者而餘無所易。」〈理〉，《戴震集·孟子字義疏證》，卷上，頁286。焦循亦曰：「理之言分也，《大戴記·本命篇》云：『分於道謂之命。』性由於命，即分於道。性之猶理，亦猶其分也。惟其分，故有不同；亦惟其分，故性即指氣質而言。性不妨歸諸理，而理則非眞宰眞空耳。」《孟子正義·告子章句上》，下冊，卷22，頁752。

也；已者，止也。各持一理，此以為異己也而擊之，彼亦以為異己
也而擊之，未有不成其害者，豈孔子之教也？異端猶云兩端，攻而
摩之，以用其中而已。……《韓詩外傳》云：「別殊類使不相害，序
異端使不相悖。」此即發明《論語》之義。蓋異端者，各為一端，
彼此互異，惟執持不能通則悖，悖則害矣。〔註44〕

楊子為我，執於為我也。墨子兼愛，執於兼愛也。執一即為異端。……
聖人之道，貫乎為我、兼愛、執中者也。……距其執，欲其不執也。
執則為楊、墨，不執則為禹、稷、顏、曾。……《記》曰：「夫言豈
一端而已夫，各有所當也。」太史公曰：「人道經緯萬端，規矩無所
不貫。」〔註45〕

又：

理為條理；義為事宜。其端千變萬化，非思之無以得其所同，得其
所同則一貫矣。〔註46〕

焦循認為「異端」之害不在於所持之理有異，而在於固持於一而相互攻訐，因
此，他主張應採取「他山之石，可以攻玉」的態度，使各種不同觀點的義理能
夠磨合貫通，達到所謂「各有所當」。換言之，「距異端」的意思，只是要拒斥
執一不化的態度，並非否定各種不同學說的義理價值；同時，焦循言「聖人之
道，貫乎為我、兼愛、執中者也」、「得其所同則一貫矣」，又引《史記·禮書》
語「規矩無所不貫」，顯示他一方面看重「理」的個別獨立性，另一方面也強調
必須顧及這些各個差別之「理」的類通性及一貫性。是以當宋明理學家從先天
形上至善的觀點來論「理」時，焦氏認為這樣的「理」便脫離了萬物的實存，
無法被落實於具體事物上加以檢驗、貫通，只能由「自反而縮」、「反身而誠」
的自我省視來察識，於是往往造成人人自謂得理而拒斥他理的情形（即「執
一」），也就是戴震所言的「處斷一事，責詰一人，憑在己之意見，是其所是而
非其所非。」〔註47〕因此，為避免誤解「理」的真正意涵，焦循在表述自己的
思想時，主張言人在行事時更為具體的依循準則——「禮」而非「理」，並以大

〔註44〕 焦循：〈攻乎異端解·上〉，《雕菰集》，卷9，頁134～135。
〔註45〕 焦循：〈攻乎異端解·下〉，《雕菰集》，卷9，頁136～137。
〔註46〕 焦循：〈釋聖〉，《論語通釋》，頁12b。
〔註47〕 戴震：〈理〉，《戴震集·孟子字義疏證》，卷上，頁268。又〈答彭進士允初書〉
言：「程、朱以理為『如有物焉，得於天而具於心』，啟天下後世人人憑在己
之意見而執之曰理，以禍斯民。」《戴震集·文集》，卷8，頁175。

量的文字論述了以「理」（這裡的「理」，指的應是戴震所批評「是其所是而非其所非」之「理」，其實只是個人意見之私）相爭之害，如：

> 理足以啓爭，而禮足以止爭也。明呂坤有《語錄》一書，論理曰：「天地間惟理與勢最尊。理又尊之尊也。廟堂之上言理則天子不得以勢相奪，即相奪，而理則常伸於天下萬世。」此眞邪説也。孔子自言事君盡禮，未聞持理以要君者，呂氏此言，亂臣賊子之萌也。〔註48〕

> 自理、道之説起，人各挾其是非，以逞其血氣。激濁揚清，本非謬戾，而言不本於性情，則聽者厭倦，至於傾軋之不已，而忿毒之相尋，以同爲黨，即以比爲爭，甚而假宮闈、廟祀、儲貳之名，動輒千百人哭於朝門，自鳴忠孝，以激其君之怒，害及其身，禍於其國，全戾乎所以事君父之道。〔註49〕

焦循在此痛陳以「理」相爭之害，正呼應著戴震「以理殺人」之說，〔註50〕而其所批判的「理」，針對的當然是傳統理學家所標舉之「理」。姑且不論戴震或焦循所詆斥之「理」是否確爲宋明理學家所論述的原貌，〔註51〕但自入清以來，學術界對「理」大張鼓伐者比比皆是，亦是不爭的事實，其所立論的基礎，同樣亦是視「理」爲個人意見之私。如程瑤田曰：

> 事必有理，俗謂之理路，若大路然。今不曰理而書讓字者，理但可以繩己，自己見得理路一定如此，自達其心，豈故有違。若將理繩人，則人必有詭詞曲説，用相取勝，是先啓爭端也。〔註52〕

> 竊以謂禮之本出於理，而理亦有所難通，據禮而執一，不以禮權之，亦不可通也。人之言曰：天下止有一理。余以爲此亦一是非，彼亦

〔註48〕　焦循：〈理説〉，《雕菰集》，卷10，頁151。
〔註49〕　焦循：〈群經補疏自序・毛詩鄭箋〉，《雕菰集》，卷16，頁272。
〔註50〕　戴震〈理〉：「尊者以理責卑，長者以理責幼，貴者以理責賤，雖失，謂之順；卑者、幼者、賤者以理爭之，雖得，謂之逆。於是下之人不能以天下之同情、天下所同欲達之於上；上以理責其下，在下之罪，人人不勝指數。人死於法，猶有憐之者；死於理，其誰憐之？」參見《戴震集・孟子字義書證》，卷上，頁275。又〈與某書〉：「後儒不知情之至於纖微無憾，是謂理。而其所謂理者，同於酷吏之所謂法。酷吏以法殺人，後儒以理殺人，浸浸乎舍法而論理死矣，更無可救矣！」參見《戴震集・文集》，卷9，頁188。
〔註51〕　戴震批評理學家的「理」或「人欲」，是否爲個人的曲解，頗有討論空間，可參考劉玉國：〈戴震理欲觀及其反朱子「存天理去人欲」平議〉，收於《乾嘉學者的義理學》，總頁365～389。
〔註52〕　程瑤田：〈學窠書四説〉，《通藝錄・論學外篇》，上，頁5b。

一是非，烏在其爲一理也。……今人之各執一是非也，亦若是則已
矣，各是其是，是人各有其理也，安見人之理必是，而我之理必非
也？而於是乎必爭。故言理者必緣情以通之情也者，出於理而妙於
理者也。情通則彼執一之理自屈，而吾之理伸矣；情不通，則吾之
理轉成其爲執一，是吾以理啓其人之爭矣。〔註53〕

程瑤田言「道」曰：「有氣斯有道」、「道一而已，氣之流行者皆是也」，〔註54〕
顯見是將「道」落實在氣化流行的萬事萬物中而論，其基本的框架與戴震、
顧炎武相同；至於論「理」，則持負面的態度，認爲「理」只是個人所固持的
是非，若不能緣情以通諸他人之情，就是執一不通，如此一來，爭端便無法
避免了。再如凌廷堪言：

聖人之道，至平且易也。……釋氏者流，言心言性，極於幽深微眇，
適成其爲賢知之過。聖人之道不如是也。……後儒熟聞夫釋氏之言
心言性極其幽深微眇也，往往怖之，愧聖人之道以爲弗如，於是竊
取其理事之說而小變之，……嗚呼！以是爲尊聖人之道而不知適所
以小聖人也，以是爲闢異端而不知陰入於異端也誠如是也，……儒
釋之互援，實始於此矣。〔註55〕

考《論語》及《大學》皆未嘗有「理」字，徒因釋氏以理事法界，
遂援之而成此新義。是以宋儒論學，往往理事竝稱。其於《大學》
說「明德」曰「以具眾理而應萬事」，……於《中庸》說「道也者」
曰「道者，日用事物當然之理」，……又於《論語》說「知者」曰「達
於事理」，……無端於經文所未有者，盡援釋氏以立幟。其他如性即
理也，天即理也，尤指不勝屈。故鄙儒遂誤以理學爲聖學也。〔註56〕

對於「理」字或理學，凌氏持全面否定的態度。除了透過《論語》、《大學》、
《中庸》等宋儒據以立論之經典的文字考察，說明其中並無「理」字之外，
更指出宋、明儒者高標性理，只是「儒釋之互援」下的結果，雖自以爲是「闢
異端」，實際上卻已流於異端而不自知。換言之，凌氏將理學視同異端，逐出
儒門之外。這樣的思想傾向是延續自清初的顧炎武〔註57〕到中葉的戴震以來

〔註53〕 程瑤田：〈讓室卮言〉，《通藝錄・論學外篇》，上，頁10a～10b。
〔註54〕 程瑤田：〈述命〉，《通藝錄・論學小記》，頁51a。
〔註55〕 凌廷堪：〈復禮下〉，《校禮堂文集》（北京：中華書局，1998年），卷4，頁31。
〔註56〕 凌廷堪：〈好惡說下〉，《校禮堂文集》，卷16，頁142。
〔註57〕 顧炎武貶斥陸、王涉入禪學之論，過去論者眾多；至於抨擊程、朱之論，雖

的觀點，至淩氏則由反對程朱理學的思潮進而擴大成反對所有言「理」之學，

〔註58〕其言曰：

> 昔河間獻王「實事求是」。夫實事在前，吾所謂是者，人不能強辭而
> 非之，吾所謂非者，人不能強辭而是之也，如六書九數及典章制度
> 之學是也。虛理在前，吾所謂是者，人既可別持一說以爲非，吾所
> 謂非者，人亦可別持一說以爲是也，如理義之學是也。〔註59〕

這裡所說的「六書九數」、「典章制度」代表的都是可資驗證的實體實事，並
且能夠依循實踐者。至於抽象的「理」（即所謂「虛理」，戴、焦所謂「眞宰
眞空」），由於缺乏具體實物做驗證，因此成爲徒憑人之口說，難以有所定論。
淩廷堪用這種全盤否定「理」字及理學的論述方式，實際上並不見得能切中
其反對理學家「理」的概念之意圖；甚至在某種程度而言，似乎未能確實釐
清哲學範疇與哲學理論體系的差異，亦混淆了使用「理」字和以「理」爲思
想本體的不同，〔註60〕因此招致現代學者的非議。〔註61〕然而，若能由「以

然正面闡述不多，但由顧氏與朱子在哲學體系上的差異來看，仍是有許多線
索可尋，如在「理」、「氣」、「道」、「器」上的理解，均可察覺二者在主張上
的不同，本文將於第捌章作進一步釐清。又顧氏言：「自宋以下一二賢智之徒
病漢人訓詁之學得其粗迹，務矯之以歸於內，而達道達德九經三重之事置之
不論……其不流於異端而害我道者幾希！」參見《日知錄》，卷10，〈行吾敬
故謂之內也〉，頁213。亦可看出顧氏所批評之範圍，實已包含了程朱之學。

〔註58〕淩廷堪不僅對程朱理學大加撻伐，甚至亦否定戴震對於「理」字的相關討論，
在〈好惡說下〉中言：「吾郡戴氏，著書專斥洛閩，而開卷仍先辨『理』字，
又借『體』、『用』二字以論小學，猶若明若昧，陷於阰攫而不能出也。」參
見《校禮堂文集》，卷16，頁143～144。

〔註59〕淩廷堪：〈戴東原先生事略狀〉，《校禮堂文集》，卷35，頁317。

〔註60〕參見王茂、蔣國保、余秉頤、陶清合著：《清代哲學》，頁755。

〔註61〕如錢穆言：「若謂其字來自釋氏，即謂其學乃釋氏之學，則「道」字見於老、
莊，儒家即不得言道，「理」字見於佛書，儒家即不得言理；治漢學者，欲專
以一『禮』字代之，其事不可能。且宋學與釋氏雖同言『理』，同言『體』，其
爲學精神途轍固非無辨；若必以考覈義理，即以用字之同，證其學術之無異，
排宋入釋，奪儒歸禮，如仲次（按：淩廷堪）所云云，乃亦仍有未得爲定論者。」
參見氏著：《中國近三百年學術史》（臺北：臺灣商務印書館，1996年二版），
下冊，頁551～552。勞思光言：「乾嘉學人，但注意語文問題，每以爲語文困
難一經消除，則一切理論均可憑常識或直觀了解，不知每一理論之內容，均涉
及一定之理論知識。於是此種研究每以精細之訓詁開始，而以極幼稚粗陋之理
論了解爲終結。……乾嘉學人之謬誤，主要在於不知語文研究與理論研究之界
限；因此其病在於不能眞正了解『哲學問題』。」參見氏著：《新編中國哲學史》
（臺北：三民書局，1990年六版），〈序論〉，第3冊（上），頁12～14。

「氣論理」的脈絡中來理解，實則淩氏所要強調的意涵，絕非僅止於單純的經典文字考察層面而已，從顧、戴至淩氏等人批評理學的背後，正是以氣爲本的理路下所建構實體實事的學術原則爲基礎加以發揮，由強調求「氣中之理」（即具體實事實物之準則）更進一步落實成追求既有的、更爲明確且亦遵循的禮制條文。

此外，以考釋文字、文獻學等著稱的阮元，在其學術成就背後，實亦呼應著顧、戴、焦、淩氏的義理主張，他將傳統理學中用以代表超越現象界、經驗界概念的太極、道等全都還原於實體實事，言：

> 太極即太一，太一即北辰，北辰即北極，則固古説也。《易・繫辭》曰：「易有太極，是生兩儀，兩儀生四象，四象生八卦。」然則八卦本于四時，四時本于天地，天地本于太極。孔子之言節節明顯，而後儒舍其實以求其虛，何也？實者何？天地之實象也。〔註62〕

又：

> 形上謂道，形下謂器。商、周二代之道，存于今者，有九經焉。若器，則罕有存者；所存者銅器鐘鼎之屬耳。古銅器有銘，銘之文爲古人篆蹟，……且其詞爲古王侯大夫賢者所爲，其重與九經同之。……器者，所以藏禮，故孔子曰：「唯器與名不可以假人。」先王之制器也，齊其度量，同其文字，別其尊卑。……然則器者，先王所以馴天下尊王敬祖之心，教天下習禮博文之學。商祚六百，周祚八百，道與器皆不墜也。……先王使用其才與力與禮與文于器之中，禮明而文達，位定而王尊。……此古聖王之大道，亦古聖王之精意也。……故吾謂欲觀三代以上之道與器，九經之外舍鐘鼎之屬，曷由觀之？〔註63〕

在崇實黜虛的思維下，阮元將「太極」解爲「北極」；「形下之器」是指「銅器鐘鼎之屬」，至於「形上之道」，除了已訴諸文字的經典（即「九經」）之外，同時也可在鐘鼎等古器物的銘文中，尋繹出古聖先王製作此物的「精意」及欲告示的禮則條文（所謂「器者，所以藏禮」），此亦是「古聖王之大道」。由此來看，顯然阮元的道器說，純粹是建立在「天地之實象」上，於是，被理

〔註62〕阮元：〈太極乾坤説〉，《揅經室集・一集》，收於《叢書集成新編》（臺北：新文豐出版公司，1984年），第69冊，卷2，頁167。

〔註63〕阮元：〈商周銅器説上〉，《揅經室集・三集》，卷3，頁307～308。

學家貶爲形下之器的經典文獻，轉而成爲「道」的層次；至於做爲「道」之載體的「器」，其本身的意義和價值亦大幅提升，所謂「器者，所以藏禮」，也就是「禮寓於器」，其觀點與顧炎武「非器則道無所寓」的基調是一致的。

　　綜合上述所論，不管是顧炎武的「非器則道無所寓」；或戴震以「形以前」、「形以後」來闡釋道與器，從實體實事的層面上論「分理」、「條理」；或焦循對「攻乎異端」的理解；或程瑤田論「據理而執一」之害；或凌廷堪全面否定「理」字或理學；或阮元對道、器的實象化解釋，其實都是「以氣爲本」觀點的延伸，呈顯的是異於程朱理學、陸王心學的理論意涵；「氣」不再是理氣二分之下與「理」相對、甚或具負面的意義；「理」或「道」不再是先設、圓滿且絕對神聖的概念，由經驗實事的角度來論「道」說「理」，成爲大多數清儒的共同立場。在此，必須更進一步說明的是，清儒這樣的立場是近於荀子而遠於孟子的。透過比較孟、荀二人在「道」的思想內涵上的差異，可得其梗概：孟子思想中的「道」，強調的是其超越、內在化的意義。〔註64〕他說：「仁也者，人也。合而言之，道也。」〔註65〕「仁」是天賦予人的善端，具有先驗而內在的意義；不僅如此，這個內在的稟賦透過盡心、知性等自我擴充感通的工夫中，便能超越自我，與天契合，達到「上下與天地同流」〔註66〕的境界，故言：「誠者，天之道也；思誠者，人之道也。至誠而不動者，未之有也；不誠，未有能動者也。」〔註67〕「人道」的終極根源是「天道」，二者貫通的關鍵是「誠」。換言之，「道」的證成，在於個人自覺和體驗工夫（如：存心、養性），由有限的自然生命轉化爲無限的道德生命，於此，所謂的「天道」與「人道」便獲得統一。至於荀子所論的「道」，則是由人們潛存的「欲善」意識在實有的現象、經驗界中所尋繹出的普遍規律或準則（詳見第貳章），因此，「道」的證成與現實世界有著極緊密的關係，是故即使荀子的「道」仍涉及了內在的意義，但相較於孟子而言，荀子所關注的重點，大都集中於「道」在現實世界中具體實踐的問題；言：「善言古

〔註64〕　參見黃俊傑：〈孟子盡心上第一章集釋新詮〉，《漢學研究》，第10卷第2期（1992年12月），頁99～122；〈孟子思想中的生命觀〉，《清華學報》，新第19卷第1期（1989年6月），頁1～37。

〔註65〕　朱熹：《孟子集注・盡心章句下》，《四書章句集注》（北京：中華書局，2003年七刷），卷14，頁367。

〔註66〕　朱熹：《孟子集注・盡心章句上》，《四書章句集注》，卷13，頁352。

〔註67〕　朱熹：《孟子集注・離婁章句上》，《四書章句集注》，卷7，頁282。

者必有節於今，善言天者必有徵於人。凡論者，貴有其辨合，有符驗。故坐而言之，起而可設，張而可施行。」〔註 68〕要求論述必須能夠在實事實物中印證，在古今歷史、文化中體認「道」具有「體常而盡變」〔註 69〕的特質；作〈君道〉、〈臣道〉、〈人道〉等文說明「道」在社會、政治上的展現。即使荀子亦講求「天人相參」，言「君子大心則敬天而道」，〔註 70〕但又言：「道者，非天之道，非地之道，人之所以道也，君子之所道也。」〔註 71〕顯見其強調的仍是在「人道」的努力，認為只要以「人道」為基礎充分發揮人職的功能，作用於天地自然之時，便是體現「天道」，達到「天人相參」的境地（詳見第壹章）。由此來看，清儒在氣本論的脈絡下，透過訓詁考據的方式，解「道」為「行」、為「大路」，依此而引申出「道」的概念，乃是就實體實事所遵循的普遍規律而論，強調本諸經驗事實的形跡中探究「道」，這樣的思考理路，無疑是具有強烈的荀學傾向的。

第二節　欲與情的肯定

在「以氣為本」的基礎上，清儒不僅在理、氣之辨與道、器之別的觀點上發展出有別於理學家的主張；同時，對於人性的內涵，亦開展出不同的格局，其中，最明顯的特徵，表現在對人欲、人情的正面態度，相對於傳統道德修養論中所謂「存天理、去人欲」的說法，甚至有學者將這樣的轉變稱之為「徹底的（drastic）變化」。〔註 72〕然而，清儒將人欲、人情重新定位後，並不意味著同時也對人性善惡本質的立場有所改變，基本上，「性善」仍是多數學者的共同旗幟，只是其內容、理路已全然不同；換言之，清儒剔除了由經驗理性認知與感受之外的概念來證成性善的路徑，將人欲、人情納入人性的內涵中，成為建構性善論的重要元素：潛藏於欲與情中的價值內蘊，正是論證人性之善的基礎，於是，欲與情得到肯定、存在的保證，這是清人與宋明理學家在性善論理路的主要分水嶺。

〔註 68〕　王先謙：《荀子集解・性惡》（北京：中華書局，1992 年二刷），卷 23，頁 440〜441。

〔註 69〕　王先謙：《荀子集解・解蔽》，卷 15，頁 393。

〔註 70〕　王先謙：《荀子集解・不苟》，卷 2，頁 42。

〔註 71〕　王先謙：〈儒效〉，《荀子集解》，卷 4，頁 122。

〔註 72〕　溝口雄三著，林右崇譯：《中國前近代思想的演變》（臺北：國立編譯館，1994 年），頁 2。

依據上節所論，在以氣爲本的前提下，無論是事物普遍規律的「道」或個別事物準則的「理」，都不能抽離實體實事而單獨存在，那麼，就人性而言，在氣化的人性之外另建構一獨立的天理來論性之善，當然是不被允許的；也就是說，性善的證成，必須建立在氣化自然的生養欲求、情感和精神的潛能上，而人物、事爲的準則或條理，便潛存於欲與情之中，依此，對於欲與情的肯定，便成爲清儒論證性善的立足點。

顧炎武言：

> 天下之人各懷其家，各私其子，其常情也。爲天子爲百姓之心，必不如其自爲，此在三代以上已然矣。〔註73〕

> 「雨我公田，遂及我私」，先公而後私也。「言私其豵，獻豣于公」，先私而後公也。自天下爲家，各親其親，各子其子，而人之有私，固情之所不能免矣。故先王弗爲之禁。非爲弗禁，且從而恤之。建國親侯，胙土命氏，畫井分田，合天下之私，以成天下之公。此所以爲王政也。……此義不明久矣，世之君子必曰「有公而無私」，此後代之美言，非先王之至訓矣。〔註74〕

> 先王宗法之立，其所以養人之欲而給人之求，爲周且豫矣！〔註75〕

顧氏認爲「懷其家」、「私其子」是人的「常情」，具有普遍、不變的特質，古今之人皆然；同時，這種「人之有私」的「常情」，是「情之所不能免」，具有存在的必然性。可見顧炎武將過去理學家定位在負面意義的概念（人情、人欲）轉化爲具有普遍性、必然性的正面意義的概念，並且認同其存在的合理性。此外，更主張爲政者對於人民的私欲所應採取的策略是滿足、統合天下人之私欲以成就「天下之公」，「公」建立於人情、人欲之「私」，以此刻畫出以私利爲骨幹之一的經世藍圖。〔註76〕由此觀點延伸，與公、私之辨相聯繫的天理、人欲關係，便不再是相對的意義了，他說：

> 人少則慕父母，知好色則慕少艾。能以慕少艾之心而慕父母，則其

〔註73〕顧炎武：〈郡縣論五〉，《顧亭林詩文集・文集》（臺北：漢京文化事業公司，1984年），卷1，頁14。

〔註74〕顧炎武：〈言私其豵〉，《日知錄》，卷3，頁68。

〔註75〕顧炎武：〈庶民安故財用足〉，《日知錄》，卷8，頁177～178。標點略改。

〔註76〕關於顧炎武私利觀在經世層面上的運用，可參見其〈郡縣論〉、〈生員論〉等文；另亦可參見程一凡：〈顧炎武的私利觀〉，《近世中國經世思想研討會論文集》（臺北：中央研究院近代史研究所，1984年），頁81～104。

誠無加矣。〔註77〕

顧氏不僅不避諱言欲色，甚至主張「慕父母」應如「慕少艾」，實際上就是寓天理於人欲之中的呈現。另一方面，值得注意的是，在顧炎武的論述中，「人情」與「人心」的本質似乎是一致的，如言：「愛惡相攻，遠近相取，情偽相感，人心之至變也。」〔註78〕「萬曆間人多好改竄古書。人心之邪，風氣之變，自此而始。」〔註79〕「降及末世，人心之不同既已大拂於古，而反諱其行事。」〔註80〕「余往來山東者十餘年，則見夫巨室之日以微，⋯⋯而人心之日以澆且偽。」〔註81〕又言：「若夫世變日新，人情彌險，有以富厚之名而反使其後人無立錐之地者。」〔註82〕「今日人情有三反：曰彌謙彌偽，彌親彌汎，彌奢彌吝。」〔註83〕由這些文句中顯見顧氏並沒有嚴格區分人心與人情概念的不同，至於一切違反道德規律的表現，在顧氏看來，都是人情之變或人心之變的表現，這意味著當人心人情在本然、正常的狀態下，其原貌應是合乎道德規律的，或至少是不悖於道德規律的；乍看之下，這樣的表述似乎與心學家所主張的「心即理」並沒有太大的差異，然而，事實上卻是不同的理路：首先，就表面特徵而言，顧炎武痛斥心學，反對用心於內的「空虛之學」，乃是眾所週知之事，過去學者討論成果頗多，自不待言；其次，儘管顧炎武認同人心人情中存有道德規律的本質，但卻不是如心學家所言由當下徹悟所得，而是由心的能動、條貫、分析作用下的成果表現，如言：

> 大難初平，宜反己自治，以為善後之計。⋯⋯苟能省察此心，使克伐怨欲之情不萌於中，而順事恕施，以至於「在邦無怨，在家無怨」，則可以入聖人之道矣。〔註84〕

> 「學問之道無他，求其放心而已矣。」然則但求放心可不必於學問乎？與孔子之言「吾嘗終日不食，終夜不寢，以思，無益，不如學也」者，何其不同邪？他日又曰：「君子以仁存心，以禮存心」，是

〔註77〕 顧炎武：〈如欲色然〉，《日知錄》，卷8，頁181。
〔註78〕 顧炎武：〈凡易之情〉，《日知錄》，卷1，頁21。
〔註79〕 顧炎武：〈改書〉，《日知錄》，卷20，頁544。
〔註80〕 顧炎武：〈程正夫詩序〉，《顧亭林詩文集・文集》，卷2，頁35。
〔註81〕 顧炎武：〈萊州任氏族譜序〉，《顧亭林詩文集・文集》，卷20，頁36。
〔註82〕 顧炎武：〈田宅〉，《日知錄》，卷17，頁402。
〔註83〕 顧炎武：〈三反〉，《日知錄》，卷17，頁403。
〔註84〕 顧炎武：〈與戴楓仲書〉，《顧亭林詩文集・文集》，卷3，頁62。

　　所存者非空虛之心也。夫仁與義未有不學問而能明者也。孟子之意
　　蓋曰能求放心然後可以學問。〔註85〕

這兩則引文說明了顧炎武的心並非如陽明所言具有「眞知即所以爲行」〔註86〕
的全幅、完滿特質，即使他肯定心具有主體作用，在面對悖逆情境時，能夠「使
克伐怨欲之情不萌於中」，回復其「順事恕施」的本然原貌，但仍只是做爲治國
施政的前提，進入聖人之道的條件而已。因此，心是不能獨立於具體實事而發
生獨立作用的，這就充分顯示以氣爲本的思路之下的特點：由氣中求理、氣中
求道。依此，顧氏解釋《孟子‧告子》中「求其放心」時，便認爲是「能求放
心然後可以學問」，也就是說，「求放心」只是學問之道的初步而非全部，因爲
仁、義等事理的認識和把握仍是要配合著具體的「學問」工夫而得。

　　若從思想史的角度考察，不難發現肯定人欲、人情的主張並非始於顧炎
武，事實上，自明代末即屢見不鮮，然而眞正由思想體系中建構出較完整的
理論並在清儒論性思想中造成披靡之勢者，則是戴震，他說：

　　陰陽五行，道之實體也；血氣心知，性之實體也。有實體，故可分；
　　惟分也，故不齊。古人言性惟本於天道如是。〔註87〕

　　性者，分於陰陽五行以爲血氣、心知，品物區以別焉，舉凡既生以
　　後所有之事，所具之能，所全之德，咸以是爲其本。……分於道者，
　　分於陰陽五行也。一言乎分，則其限之於始，有偏全、厚薄、清濁、
　　昏明之不齊，各隨所分而形於一，各成其性也。〔註88〕

在此，戴震由陰陽五行之氣的流通往來做爲論述的基礎：人、物之性皆同分
於陰陽五行之氣，惟在於「分」，故其所得有偏全、厚薄、清濁、昏明等程度
上的不同，此即人、物之本質屬性的差異；換言之，人性中並沒有存在著物
性所完全沒有的質性，這是戴震以氣論性異於宋明儒者的前提。同時，並以
「血氣心知」做爲這分於陰陽氣化的「性之實體」。他進一步言：

　　人生而後有欲，有情，有知，三者，血氣心知之自然也。給於欲者，
　　聲色臭味也，而因有愛畏；發乎情者，喜怒哀樂也，而因有慘舒；
　　辨於知者，美醜是非也，而因有好惡。……有是身，故有聲色臭味

〔註85〕顧炎武：〈求其放心〉，《日知錄》，卷10，頁214。
〔註86〕參見陳榮捷：《王陽明傳習錄詳註集評》，（臺北：臺灣學生書局，1983年），
　　　　卷中，〈答顧東橋書〉，頁166。
〔註87〕戴震：〈天道〉，《戴震集‧孟子字義疏證》，卷中，頁287。
〔註88〕戴震：〈性〉，《戴震集‧孟子字義疏證》，卷中，頁291～292。標點略有更改。

之欲；有是身，而君臣、父子、夫婦、昆弟、朋友之倫具，故有喜
怒哀樂之情。惟有欲有情而又有知，然後欲得遂也，情得達也。天
下之事，使欲之得遂，情之得達，斯已矣。……道德之盛，使人之
欲無不遂，人之情無不達，斯已矣。〔註89〕

戴震將欲、情、知三者並列爲血氣心知的基本內涵，依此而有愛畏、慘舒、好
惡等現實的人性自然表現，又言「人之欲無不遂，人之情無不達」時，便是「道
德之盛」，明確地表示出對「欲」、「情」的正面態度，「知」不僅不與「欲」、「情」
相對立、排斥，而且還是用以促進「欲得遂」、「情得達」的。再者，就遂欲達
情即「道德之盛」的前提下來看，那麼，做爲人性內涵的欲與情，其中必然蘊
含著達到「道德之盛」的本質；易言之，理義當寓於人欲人情中，他說：

理也者，情之不爽失也，未有情不得而理得者也。……情得其平，
是爲好惡之節，是爲依乎天理。〔註90〕

《六經》、孔、孟之書，豈嘗以理爲如有物焉，外乎人之性之發爲情
欲者，而強制之也哉！〔註91〕

性，譬則水也；欲，譬則水之流也。節而不過，則爲依乎天理，爲
相生養之道，……。命者，限制之名，如命之東則不得而西，言性
之欲不可無節也。節而不過，則依乎天理；非以天理爲正，人欲爲
邪也。天理者，節其欲而不窮人欲也。〔註92〕

凡事爲皆有於欲，無欲則無爲矣；有欲而後有爲，有爲而歸於至當
不可易之謂理；無欲無爲又焉有理！〔註93〕

上述這幾段引文中，均可明顯地看出戴震強調「理」或「天理」寓於人欲人
情之中的意圖。值得注意的是，既然欲與情是人性所稟賦的自然且基本的內
涵，那麼，內在於欲與情中的「理」或「天理」必然也是自然賦予的，只是，
這「理」或「天理」並非獨立於實體之外、之上，仍舊沒有逸出前文所論戴
震言「非事物之外別有理義」、「天地、人物、事爲，不聞無可言之理者也」
的理路、範圍之外；依據戴震所言，當人欲人情能「節而不過」、「不爽失」、

〔註89〕戴震：〈才〉，《戴震集·孟子字義疏證》，卷下，頁308～309。
〔註90〕戴震：〈理〉，《戴震集·孟子字義疏證》，卷上，頁265～266。
〔註91〕戴震：〈理〉，《戴震集·孟子字義疏證》，卷上，頁275。
〔註92〕戴震：〈理〉，《戴震集·孟子字義疏證》，卷上，頁275～276。
〔註93〕戴震：〈權〉，《戴震集·孟子字義疏證》，卷下，頁328。

「歸於至當不可易」時，便是「理」、「天理」的顯現了。

　　以欲、情爲性的觀點是氣本論思想體系下論性的必然結果，焦循雖然在氣本的論述上著墨甚少，但在人性論的主張上，則與戴震頗爲一致。首先，焦循在其著作《孟子正義》中大篇幅引用了戴震論性「分於陰陽五行以爲血氣、心知」等相關文字，〔註94〕又言：

> 《禮記・樂記》云：「好惡無節於內，知誘於外，不能反躬，天理滅矣。」注云：「理，猶性也。」以性爲理，自鄭氏已言之，非起於宋儒也。理之言分也。《大戴記・本命篇》云：「分於道之謂命。」性由於命，即分於道。性之猶理，亦猶其分也。惟其分，故有不同；亦惟其分，故性即指氣質而言。性不妨歸諸理，而理則非眞宰眞空耳。〔註95〕

依據焦循的理解，「理」只是氣化流行中的「理」，是指分析事物輕重豪芒無所差謬，恰如其分之意，並沒有獨立或超越於氣化之上，否則即是無實質意義的「眞宰眞空」而已；在此脈絡之下，雖然焦循並不反對「以性爲理」的說法，然而，此時「性」無疑只是就「氣質」而言，完全剔除了理學家論「性即理」中的超越意義。是故，焦循同樣再三強調生養欲求是性的基本內涵，言「飲食男女，人之大欲存焉。欲在是，性即在是。」〔註96〕「性無他，食色而已。飲食男女，人與物同之。」〔註97〕「飲食男女，人之大欲存焉。」〔註98〕於是，「理」便只能存在於人欲人情之中，而肯定人欲人情具有正面的意義，則是必然的主張：

> 《禮記・樂記》云：「人生而靜，天之性也。感於物而動，性之欲也。物至知知，然後好惡形焉。」人欲即人情，與世相通，全是此情。「己所不欲，勿施於人」，「己欲立而立人，己欲達而達人」，正以所欲所不欲爲仁恕之本。……性已賦之，是天賦之也。感於物而有好惡，此欲也，即出於性。欲即好惡也。〔註99〕

> 《淮南・泰族訓》云：「民有好色之性，故有大昏之禮；民有飲食之

〔註94〕焦循：《孟子正義・告子章句上》，下冊，卷22，頁739～741。
〔註95〕焦循：《孟子正義・告子章句上》，下冊，卷22，頁752。
〔註96〕焦循：《孟子正義・告子章句上》，下冊，卷22，頁743。
〔註97〕焦循：〈性善解一〉，《雕菰集》，卷9，頁127。
〔註98〕焦循：〈格物解二〉，《雕菰集》，卷9，頁131。
〔註99〕焦循：《孟子正義・告子章句上》，下冊，卷22，頁738～739。

性，故有大饗之誼；有喜樂之性，故有鐘鼓筦弦之音；有悲哀之性，

故有衰絰哭踊之節。先王之制法，因民之所好而為之節文者也。」

皆人之所有於性，而聖人之所匠成也。故無其性，不可教訓；有其

性，無其養，不能遵道修務。〔註100〕

可見，焦循認為天賦於人，能「感於物」而有好惡的人欲人情正是立人、達人等仁恕之道的基礎，那麼，其所具有的正面意義自然是不言而喻了；依此，焦氏引用《淮南子》之文來進一步說明人們的好色、飲食、喜樂、悲哀等情性是建構「大昏」、「大饗」、「鐘鼓筦弦」、「衰絰哭踊」等人文禮儀的基本面，充分肯定了人欲人情存在的必要性及其價值。

繼戴、焦之後，以欲、情為人性內涵並持正面態度者甚夥，如凌廷堪言「夫性具於生初，而情則緣性而有者也。」〔註101〕「夫人有性必有情，有情必有欲，故曰『飲食男女，人之大欲存焉』。」〔註102〕均是就欲與情言性，甚至，他還以更具體的「好惡」二字取代欲與情以言性，曰：

人之性受於天，目能視則為色，耳能聽則為聲，口能食則為味，而

好惡實基於此，節其太過不及，則復於性矣。《大學》言好惡，《中

庸》申之以喜怒哀樂。蓋好極則生喜，又極則為樂；惡極則生怒，

又極則生哀。過則佚於情，反則失其性矣。先王制禮以節之，懼民

之失其性也。然則性者，好惡二端而已。〔註103〕

在此，凌氏純就感官的好惡來說明人性的內涵，並將之與禮的制立聯繫起來。依據引文所論，制禮乃是因「懼民之失其性也」，也就是說，先王制訂禮的目的並不是為了要壓抑或滅除欲情好惡，而是在於「節其太過不及」，防止人民「失其性」，一旦如此，即是「復於性」了；當然，這裡所說的「復於性」與宋、明理學家所論回復到沒有欲、情駁雜的「天理」有著迥然的不同。〔註104〕

〔註100〕焦循：〈性善解五〉，《雕菰集》，卷9，頁129。

〔註101〕凌廷堪：〈復禮上〉，《校禮堂文集》，卷4，頁27。

〔註102〕凌廷堪：〈荀卿頌并序〉，《校禮堂文集》，卷10，頁76。

〔註103〕凌廷堪：〈好惡說上〉，《校禮堂文集》，卷16，頁140。

〔註104〕如程頤：「先王制其本者，天理也；後人流於末者，人欲也。損之義，損人欲以復天理而已。」參見氏著：〈釋損卦象辭〉，《易程傳》（臺北：世界書局，1962年），卷5，頁184；又如王陽明：「學者學聖人，不過是去人欲而存天理耳。」又：「減一分人欲，便是復得一分天理。」參見陳榮捷：《王陽明傳習錄詳註集評》，卷上，〈薛侃錄〉，頁119、120；朱熹：「蓋心之全德，莫非天理，而亦不能不壞於人欲。故為仁者必有以勝私欲而復於禮，則事皆天理，

是故，欲情好惡存在的合理性是被認肯的。此外，淩氏更以「好惡」二字來解釋《大學》中誠、正、修、齊、治、平等內容，用以強調好惡爲性的正面意義，並總結言：

> 然則人性初不外好惡也。愛亦好也，故正心之忿懥、恐懼、好樂、憂患，齊家之親愛、賤惡、畏敬、哀矜、敖惰，皆不離乎人情也。《大學》言好惡，《中庸》言喜怒哀樂，互相成也。好惡生於聲色與味，爲先王制禮節性之大原……。蓋喜怒哀樂皆由好惡而生，好惡正則協於天地之性矣。〔註105〕

所謂的「好惡正」，指的是聲、色、味等生養欲望不致受到違逆，得以恰當的滿足，這就是制禮的依據；淩廷堪認爲，只要「好惡正」，便是「協於天地之性」，那麼，好惡欲情做爲人性的內涵，就不僅具有存在的合理性，同時亦提供了「協於天地之性」的基本元素。

又如阮元言：

> 情發於性。……味色聲臭，喜怒哀樂，皆本於性發於情者也。情括於性非別有一事與性相分而爲對。〔註106〕

> 欲生於情，在性之內，不能言性內無欲，欲不是善惡之惡。天既生人以血氣心知，則不能無欲，惟佛教始言絕欲，若天下人皆如佛絕欲，則舉世無生人，禽獸繁矣。此孟子所以說味色聲臭安佚爲性也，欲在有節，不可縱，不可窮。〔註107〕

顯然，在阮元的認知裡，同樣視欲與情爲人性的內涵，因此，欲、情並不是與性相對立的概念，毋須禁絕，亦不可能禁絕，應該要關注的是節制、引導人欲人情的過與不及，此即阮元再三致意的「節性」，他說：

> 性中有味、色、聲、臭、安佚之欲，是以必當節之，古人但言節性，不言復性也。〔註108〕

而本心之德復全於我矣。」參見氏著：《論語集注・顏淵第十二》，《四書集注》，卷6，頁131。可見無論是陽明或程朱的義理模式，「復性」即是復得「天理」，亦即人所秉受於天的至善性體，無人欲人情摻雜其中的。在此意義之下，天理與人欲、人情是截然對立的兩端。阮元所批駁的「復性」，即是針對宋明義理的「復性」而論。（詳後文）

〔註105〕淩廷堪：〈好惡說上〉，《校禮堂文集》，卷16，頁141～142。
〔註106〕阮元：〈性命古訓附威儀說〉，《揅經室集・一集》，卷10，頁208。
〔註107〕阮元：〈性命古訓附威儀說〉，《揅經室集・一集》，卷10，頁210。
〔註108〕阮元：〈性命古訓附威儀說〉，《揅經室集・一集》，卷10，頁206。

性字从心，即血氣心知也。有血氣，無心知，非性也；有心知，無血氣，非性也。血氣心知，皆天所命人所受也。人既有血氣心知之性，即有九德、五典、七情、十義，故聖人作禮樂以節之。……未聞如李習之之說，以寂明通照復性也。〔註109〕

在此可輕易看出阮元與戴、焦二氏在人欲人情的見解上有著高度的一致性。而事實上，阮元更引據諸多古籍，如《尚書・召誥》：「節性，惟日其邁。」《詩經・大雅・卷阿》：「俾爾彌爾性。」《禮記・樂記》：「好惡無節。」〈中庸〉：「發而皆中節。」《禮記・王制》：「司徒修六禮以節。」〔註110〕等文用以佐證古人論性僅言「節性」而無「復性」之說。雖然阮元反覆批駁的對象似乎都是就唐代李翱的「復性」而論，〔註111〕直指其〈復性書〉實已趨向釋、道；然而，若細繹阮元所指，則似乎不僅止於李翱，其言：

商、周人言性命，多在事，在事故實而易於率循；晉、唐人言性命，多在心，在心故虛而易於傅會，習之此書（按：指李翱〈復性書〉）是也。《尚書》、《毛詩》無言不實，惟《周易》間有虛高者，然彼因言神明陰陽卜筮之事，是以聖人繫辭，不得不就《易》道以言之；〈中庸〉一篇，爲子思微言，故言亦或及於幽明高大處，然無言不由實事而起，與老、釋迥殊。樂於虛者，見《易》、〈中庸〉之内「寂然不動」、「誠則明」等語，喜之，遂引之以爲證；又因《禮記》「人生而靜」、《孟子》「先覺」等語，喜之，遂亦引之爲證，不知已入老、釋之域矣。……李翱所言「寂然靜明感照通復」者，此直指爲孔、孟之性，斷斷不然，不得已不辯也；象山、陽明更多染梁以後禪學

〔註109〕 阮元：〈性命古訓附威儀說〉，《揅經室集・一集》，卷10，頁208。
〔註110〕 詳參阮元：〈性命古訓附威儀說〉，《揅經室集・一集》，卷10，頁206，207，210，211。
〔註111〕 除上述引文外，再如：「李習之復性之說，雜於二氏，不可不辨也。」「如果李習之所說復性爲是，何以孔子、《孝經》、《論語》中無此說也。孔子教顏子，惟聞復禮，未聞復性也。」「若以性本光明，受情之昏，必去情而始復性，此李習之惑於釋、老之說也。」「按〈中庸〉此節性教，即申言首節之性教也……非如李習之所說覺照而復性也，儒、釋之分在乎此。」「元初讀《莊子》，未嘗不嘆其說爲堯、舜、孔、顏之變局也。彼所謂性即馬蹄天放也。以天放爲初而復之，此老莊之學也，唐李翱復性書，即本之於此，而反飾爲孔、顏之學，外孔、顏而内老、莊也。内莊已不可矣，況又由莊入禪乎！」參見阮元：〈性命古訓附威儀說〉，《揅經室集・一集》，卷10，頁207，209，210；〈復性辨〉，《揅經室續集》，卷3，頁422～423。

矣。〔註112〕

關於《尚書》、《毛詩》、《周易》、〈中庸〉等文中所述之「性」、「命」是否全如阮元所理解的，乃「多在事」，且「在事故實而易於率循」，仍有待推敲；在此要指出的是，從阮元的說法裡，恰恰可看出其論旨所在：首先，阮元不贊同以抽象而難以驗證的「心」來論「性」或「命」，否則易流於傅會而入於釋、道之域，如李翱〈復性書〉即是如此，這同樣是在崇實黜虛的思維下所展現的主張；再者，更進一步來看，阮元所抨擊言心性為「寂然靜明感照通復」者，除明確地指出李翱及亦雜染禪學的象山、陽明之外，實際上似乎亦含藏了程朱在內。程頤言：「心一也，有指體而言者，寂然不動是也；有指用而言者，感而遂通天下之故是也。」〔註113〕朱熹亦言：「人之心，湛然虛明，以為一身之主者，固其本體。……然必知至意誠無所私繫，然後物之未感，則此心之體寂然不動，如鑑之空、如衡之平。」〔註114〕在程朱思想體系中，虛明寂然是心的本然狀態，這種狀態是主體經過修養工夫後企望回復到的理想境界；可見阮元所批駁的對象，自然應包括了程朱之學。而阮元認為李翱所言「寂然靜明感照通復」斷非孔、孟之性，那麼，也就意味著否決了程朱、陸王的心性論在儒學中的正統性。

第三節　性善的證成

在肯定欲與情存在的合理性及必然性基礎上，清人所建構的心性論呈現了特有的思考進路：大體而言，雖然多數的清儒仍是主張人性為善，但卻不是由「得於天而具於心」的粹然至善為切入點，而是從內在於人欲人情中的理義及心的辨知潛能上來證成性善。當然，並非所有思想家均有完整且清晰的論述以證成性善，清代不少論者（如淩廷堪、阮元）述及人性觀時，往往只是就觀察所得作簡單的描述，如言人性中應包含欲、情，而理義內在於欲、情等，並由此而延伸出大量的禮治思想、修養工夫論等問題的探討，甚至這些延伸的部分反而成為論述大宗，但這並不表示他們不重視思想的根源性議題。事實上，清人在論證人性為善的過程中，本來就包含了在現實世界中具

〔註112〕阮元：〈性命古訓附威儀說〉，《擘經室集‧一集》，卷10，頁212。
〔註113〕程頤：〈與呂大臨論中書〉，收於《二程集》（臺北：漢京文化事業公司，1983年），〈伊川先生文五〉，頁609。
〔註114〕朱熹：〈答黃子耕七〉，《晦庵先生朱文公集》，收於《朱子大全》，第6冊，卷51，頁25a。

體的踐履工夫，所以這些具有實踐趨向的禮治思想、修養工夫論等問題，一方面雖可說是心性論問題的相關性延伸，除此之外，也未嘗不是在以簡潔的文字論述人性爲善之後，另一種自覺或不自覺的無形的補充。是故，即使清代在性善的理路上展現了不同於宋、明時代的取向，然而，純就義理思想的論證上，能夠有完整且清晰的表達者，其數量反而不及宋明儒者。

　　儘管清人證成性善的論述有著詳略、多寡的不同，但大體而言，其方向頗爲一致，即由內在於人情人欲的理義而言人性之善，如顧炎武以人情之常爲善而言人性之善，所依循的正是以氣爲本的理路，言：「『維天之命，於穆不已』，繼之者善也。『天下雷行，物與无妄』，成之者性也。……天地絪縕，萬物化醇。善之爲言猶醇也。曰『何以謂之善也？』曰『誠者天之道也』，豈非善乎？」〔註115〕天地絪縕之氣化流行即是善的相繼不已，是故受氣化而成的萬物便分受了此善而成性，那麼人心人情做爲人性的內涵，自然也具有善的本質。再看：

> 子之孝、臣之忠、夫之貞、婦之信，此天之所命而人受之爲性者也。故曰「天命之謂性。」求命于冥冥之表，則離而二之矣。〔註116〕
>
> 「性」之一字始見於〈商書〉，曰：「惟皇上帝降衷於下民，若有恆性。」「恆」即相近之義。相近，近於善也；相遠，遠於善也。……人亦有生而不善者，……然此千萬中之一耳。……蓋凡人之所大同，而不論其變者也。若紂爲炮烙之刑，盜跖日殺不辜，肝人之肉，此則生而性與人殊，亦如五官百骸人人所同，然亦有生而不具者。豈可以一而橜萬乎？故終謂之性善也。孟子論性，專以其發見乎情者言之。且如見孺子入井亦有不憐者；嘑蹴之食，有笑而受之者，此人情之變也。〔註117〕

顧炎武反對抽離具體的人心人情，由所謂「冥冥之表」而論命與性。他認爲人性指的是在現實世界的人際互動中人心人情所具有的合宜、可依循的人倫道德；雖然論人之性有相近、變異、大同等幾種情形，但性善畢竟是「人之所大同」的表現，也就是說，人性爲善的判定，乃是依據著「人情之常」而非「人情之變」而論的。因此，顧氏言「孟子論性，專以其發見乎情者言之」，

〔註115〕顧炎武：〈繼之者善也成之者性也〉，《日知錄》，卷1，頁20。
〔註116〕顧炎武：〈顧諟天之明命〉，《日知錄》，卷9，頁184。
〔註117〕顧炎武：〈性相近也〉，《日知錄》，卷9，頁202～203。

表示「人情之常」便是人性的呈顯，那麼，由「人情之常」即可推知人性爲善了。再從另一個角度而論，顧氏認爲即使出現見「孺子入井」而「不憐者」，或「嘑蹴之食」而「笑而受之者」，都只是少數的「人情之變」而已，並不能一概而論；依此，則「人情之常」的表現，應是見「孺子入井」而憐，「嘑蹴之食」必然怒而不受，亦即人之性善的呈現了。

　　清代能夠將以氣論性發揮的最徹底，並建構出最具代表性的心性論者，自然是戴震。他說：「古人言性，但以氣稟言，未嘗明言理義爲性，蓋不待言而可知也。」〔註118〕足見對於理學家論人性有「義理之性」與「氣質之性」的二分法，在戴氏思想系統中是不成立的。戴震本於氣稟以論性，由血氣心知的欲、情、知做爲證成性善的基礎。依據前文所論，欲、情、知是人性的內涵，其中人欲人情中蘊含著達到「道德之盛」的本質〔註119〕（即「理」或「天理」）；至於知，則是用以遂欲達情的，在此，更進一步來說，知具有辨別、悅慕理義的潛能：

　　　理義在事情之條分縷析，接於我之心知，能辨之而悅之，其悅者，必其至是者也。〔註120〕

　　　凡人行一事，有當於理義，其心氣必暢然自得，悖於理義，心氣必沮喪自失，以此見心之於理義，一同乎血氣之於嗜欲，皆性使然耳。……就人心言，非別有理以予之而具於心也；心之神明，於事物咸足以知其不易之則，譬有光皆能照，而中理者，乃其光盛，其照不謬也。〔註121〕

　　　孟子言「人無有不善」，以人之心知異於禽獸，能不惑乎所行之爲善。

　　〔註122〕

可見，人的心知本具有辨認事物是否完全合乎理義的能力，正如同血氣的嗜

〔註118〕戴震：〈理〉，《戴震集・孟子字義疏證》，卷上，頁271。
〔註119〕請參見前述引文及討論。此外，戴震〈答彭進士允初書〉中亦曾表達了相同的意旨，他說：「欲不流於私則仁，不溺而爲慝則義，情發而中節則和，如是之謂天理。情、欲未動，湛然無失，是謂天性。」一方面指出欲與情是人性的內涵，另一方面亦表示在人欲人情中便潛在著「仁」、「義」，亦即含藏有善之質。參見：《戴震集・文集》，卷8，頁172。
〔註120〕戴震：〈理〉，《戴震集・孟子字義疏證》，卷上，頁269。
〔註121〕戴震：〈理〉，《戴震集・孟子字義疏證》，卷上，頁272。
〔註122〕戴震：〈性〉，《戴震集・孟子字義疏證》，卷中，頁296。

欲一樣，都屬於性的本然表現；依此，當事物出現合乎或不合乎理義的情形時，則心知亦會有正面或負面的反應，此即心知具有悅慕理義的證明。依戴震所言，當人的行事不致使心知「惑乎所行」時，即是性善的表現了。綜上所述，則戴震證成性善的基礎便得以較完整的呈現：在人欲人情中本有潛存的理義，而心知則能辨認、悅慕此理義，這兩個層面有著密切的關係且不可分開，是故，以血氣心知爲內涵的人性，能夠運用自身的潛能，於事物中尋繹「不易之則」而不謬誤，這個明理知義的能力，雖然亦是自然所賦予，但絕非如程朱之學所言是獨立於實體之外，另有一個支配的本原，也就是說，善乃體現於血氣心知之中，此即戴震所強調的「一本」：

> 天下惟一本，無所外。有血氣，有心知；有心知，則學以進於神明，一本然也；有血氣心知，則發乎血氣心知之自然者，明之盡，使無幾微之失，斯無往非仁義，一本然也。苟歧而二之，未有不外其一者。〔註123〕

這段文字除了呼應前文所言，人不僅有血氣之欲，且心知自具對仁義辨之悅之的能力之外，另一方面也清楚的表明了人能憑藉著這個自然屬性的血氣心知，達到無幾微之失的道德之極。再者，戴震用「自然」與「必然」、「實體實事」和「純粹中正」的概念說明性與善的關係：

> 欲者，血氣之自然，其好是懿德也，心知之自然，此孟子所以言性善。心知之自然，未有不悅理義者，未能盡得理合義耳。由血氣之自然，而審察之以知其必然，是之謂理義；自然之與必然，非二事也。就其自然，明之盡而無幾微之失焉，是其必然也。如是而後無憾，如是而後安，是乃自然之極則。若任其自然而流於失，轉喪其自然，而非自然也；故歸於必然，適完其自然。〔註124〕

又：

> 善者，稱其純粹中正之名；性者，指其實體實事之名。……善，其必然也；性，其自然也；歸於必然，適完其自然，此之謂自然之極致，天地人物之道於是乎盡。〔註125〕

這裡所謂的「實體實事」或「自然」，指的是人性內涵的血氣心知；而所謂的

〔註123〕戴震：〈理〉，《戴震集・孟子字義疏證》，卷上，頁286。
〔註124〕戴震：〈理〉，《戴震集・孟子字義疏證》，卷上，頁285。
〔註125〕戴震：〈道〉，《戴震集・孟子字義疏證》，卷下，頁312～313。

「純粹中正」或「必然」，則是具有理義意涵的善。依據戴震的理解，當血氣心知所本具的「好是懿德」、「悅理義」之自然能夠「明之盡而無幾微之失」時，便是血氣心知的「必然」，亦即達到「自然之極則」、「自然之極致」。從另一個角度來看，若放任血氣心知等自然而失去理義之「必然」，則反而將導致損喪、失去「自然」，故言「歸於必然，適完其自然」；顯然，「自然」與「必然」是一致的，「必然」理應存在於「自然」之中，用以保全、完善「自然」；換言之，由性而善，便是由「自然」而「必然」的趨向，而「適完其自然」即是性善的證成了。

　　此外，值得注意的是戴震論述人性與「才質」的關係，言：「才質者，性之所呈也；舍才質安覩所謂性哉！……後儒以不善歸氣稟；孟子所謂性，所謂才，皆言乎氣稟而已矣。其稟受之全，則性也；其體質之全，則才也。」〔註126〕「別而言之，曰命、曰性、曰才，合而言之，是謂天性。……踐形之與盡性，盡其才，其義一也。」〔註127〕「言才則性見，言性則才見，才於性無所增損故也。」〔註128〕可見他認爲「才質」與「人性」是等同的概念，「才質」即是欲、情、知在事爲踐履的形質基礎及呈露能力；因此，論性必須據「才質」而論，同樣性善也必須由「才質」而言，這是在以氣論性脈絡下的必然呈現，明顯地與理學家將「才質」與「人性」視爲不同層面的觀點迥異。〔註129〕至於在現實世界中「不善」的行爲，乃是由於「偏失」所致，他說：

　　「孟子道性善」，成是性斯爲是才，性善則才亦美，然非無偏私之爲善爲美也。人之初生，不食則死；人之幼稚，不學則愚；食以養其生，充之使長；學以養其良，充之至於賢人、聖人；其故一也。……如周子所稱猛隘、強梁、懦弱、無斷、邪佞，是摘其才之病也；才

〔註126〕戴震：〈才〉，《戴震集・孟子字義疏證》，卷下，頁307。
〔註127〕戴震：〈才〉，《戴震集・孟子字義疏證》，卷下，頁308。
〔註128〕戴震：〈才〉，《戴震集・孟子字義疏證》，卷下，頁309～310。
〔註129〕理學家將人性劃分爲「義理之性」（或「天地之性」）與「氣質之性」，前者爲純粹至善，後者則有善有不善，即「才」。程頤言：「性出於天，才出於氣，氣清則才清，氣濁則才濁。……才則有善有不善，性則無不善。」朱熹亦肯定程頤的「才」有清濁之說，言：「程子兼指其稟於氣質者言之，則人之昏明強弱之不同矣，張子所謂氣質之性是也。二說雖殊，各有所當，然以事理考之，程子爲密。」以上程頤之說，參見：〈伊川先生語五〉，《二程遺書》（上海：上海古籍出版社，2000年），卷19，頁305。朱熹之言，參見：《孟子集注・告子章句上》，《四書集注》，卷11，頁329。

雖美，失其養則然。孟子豈未言其故哉？因於失養，不可以是言人
之才也。夫言才猶不可，況以是言性乎！〔註 130〕

這裡所說的「偏私」，指的是修養工夫有所偏失的情形，而不是指懷生畏死、
趨利避害、愛其所親者之「私」。〔註 131〕戴震認爲「偏私之害」，並非天生的
「才質」不善，而是在於後天的「失其養」，即沒能善養「才質」造成，這種
情形正如同人「不食則死」、「不學則愚」一樣。換言之，「才質」就是人性的
展現，二者不僅是一致的概念，而且都是善的。

　　焦循承繼戴震由欲、情、知爲人性內涵並以此證成性善之說，同時突出
了「知」的重要地位。首先，焦循肯定理義乃潛存於人欲人情之中，已如前
所言，可視爲是證成性善的基本層面；而其更重視的則是由「知」的作用來
說明性善，這是更爲積極的關鍵點，他說：

> 《禮記・樂記》云：「人生而靜，天之性也。感於物而動，性之欲也。
> 物至知知，然後好惡形焉。」……知知者，人能知而又知，禽獸知
> 聲不能知音，一知不能又知。故非不知色，不知好妍而惡醜也；非
> 不知食，不知好精而惡疏也；非不知臭，不知好香而惡腐也；非不
> 知聲，不知好清而惡濁也。惟人知知，故人之欲異於禽獸之欲，即
> 人之性異於禽獸之性。〔註 132〕

> 同一飲食，而人能耆味，鳥獸不知耆味，推之，同一男女，人能好
> 色，鳥獸不知好色。惟人心最靈，乃知耆味好色；知耆味好色，即
> 能知孝弟忠信、禮義廉恥；故禮義之悅心，猶芻豢之悅口，悅心悅
> 口，皆性之善。〔註 133〕

雖然人與禽獸對於現實世界中的聲、色、食、嗅皆有所「知」，但人不僅能「知」，
而且還能「知知」，所謂的「知知」，即「知而又知」，如就色而知妍醜、就食

〔註 130〕戴震：〈才〉，《戴震集・孟子字義疏證》，卷下，頁 311。
〔註 131〕戴震：〈性〉：「凡血氣之屬，皆知懷生畏死，因而趨利避害；雖明暗不同，
　　　　不出乎懷生畏死者同也。……一私於身，一及於身之所親，皆仁之屬也。
　　　　私於身者，仁其身也；及於身之所親者，仁其所親也；心知之發乎自然有
　　　　如是。」文中所說的「私」，是就所有「血氣之屬」的共通之處——愛護自
　　　　己親人、懷生畏死、趨利避害之能，戴震認爲這都是「心知發乎自然」的
　　　　合理表現，亦是「仁」的呈顯。引文參見《戴震集・孟子字義疏證》，卷中，
　　　　頁 293。
〔註 132〕焦循：《孟子正義・告子章句上》，下冊，卷 22，頁 738～739。
〔註 133〕焦循：〈性善解五〉，《雕菰集》，卷 9，頁 128～129。

而知精疏、就嗅而知香腐、就聲而知清濁等，亦即辨別、判斷之「知」，因此
能呼應內在於人欲人情中的理義而識得、悅慕行事時具體的依循準則──孝
悌忠信等道德；焦循引《易傳》之言，將這種「知」的作用稱為「神明之德」，
〔註134〕以「能知故善」一語〔註135〕總括人性之善的證成。接著，若進一步細
究「能知故善」之意涵，便可發現其中的「能知」還隱括了「能教」一層，
即「能知故能教」，他說：

> 聖人何以知人性之皆善，以己之性推之也。己之性既能覺於善，則
> 人之性亦能覺於善。……己與人同此性，則人之性亦善，故知人性
> 之善也。人之性不能自覺，必待先覺者覺之，是故非性無以施其教，
> 非教無以復其性。〔註136〕

> 性本知有仁義，因而存之，是由本知之仁義行也。若禽獸性本不知有
> 仁義，而彊之行仁行義，則教固必不能行，威亦必不能制，故庶民不
> 知仁義者，君子教之使知，則庶民亦能知仁義；庶民知仁義而行之，
> 亦是由仁義行，非彊之以所本不能知，而使之行仁義也。〔註137〕

聖人能夠自覺己身性善而推知人之性善，固然符合了論性善的普遍性原則，但
由於焦循卻又言「人之性不能自覺，必待先覺者覺之」，似乎將聖人之性與常人
之性劃分為二而帶有「精英主義」觀點之嫌；〔註138〕然而，由第二則引文中，
卻又可發現，焦循所要主張的仍舊是人性中本有「能知」之質（即「知知」、「知
而又知」、「神明之德」），故而能教，並進而「知仁義」，所以才會有「非性善無
以施其教，非教無以通其性之善」之言，〔註139〕相較於禽獸則因不具有此特質
故而「教固必不能行，威亦必不能制」；換言之，「能知」仍是性善的關鍵，亦

〔註134〕焦循言：「《繫辭傳》云：『以通神明之德，以類萬物之情。』神明之德，即所
　　　　謂性善也，善即靈也，靈即神明也。」又言：「禽獸之情何以不可為善，以其
　　　　無神明之德也。人之情何以可以為善，以其有神明之德也。……性之神明，
　　　　性之善也。」參見氏著：《孟子正義》，上冊，卷10，〈滕文公章句上〉，頁317；
　　　　下冊，卷22，〈告子章句上〉，頁755。

〔註135〕焦循：「性何以善？能知故善。」參見氏著：〈性善解三〉，《雕菰集》，卷9，
　　　　頁127。

〔註136〕焦循：〈性善解二〉，《雕菰集》，卷9，頁127。

〔註137〕焦循：《孟子正義‧離婁章句下》，下冊，卷16，頁568。

〔註138〕李明輝於〈焦循對孟子心性論的詮釋及其方法論問題〉文中指出焦循認為常人
　　　　之性必待聖人而後能覺，顯然不符合孟子之義，而有精英主義的觀點。參見氏
　　　　著：《孟子重探》（臺北：聯經出版公司，2001年），頁69～109，尤其87～88。

〔註139〕焦循：《孟子正義‧滕文公章句上》，下冊，卷10，頁317。

是人與禽獸的差異所在，從這個角度而言，性善終究是具普遍性意義的。只是，當焦循再三強調常人之性必待聖人之教而至性善時，〔註 140〕後世學者不免有「偏於信教服義者言，於開教創義之理未能深闡」之評。〔註 141〕事實上，關於「能知故善」與「能知故能教故善」的不同（即聖人與常人的差異），焦循認爲是「才」與「不才」的問題，他說：

> 以己之情，通乎人之情；以己之欲，通乎人之欲。……因己之好貨，而使居者有積倉，行者有裹糧；因己之好色，而使內無怨女，外無曠夫，如是則情通……故以情之可以爲善，而決其性之神明也。乃性之神明，能運旋其情欲，使之可以爲善者，才也。……才以用言，旁通者情，所以能旁通而窮理盡性以至於命者，才也。通其情可以爲善者，才也。不通情而爲不善者，無才也。云「非才之罪」，猶云「無才之罪」也。蓋人同具此神明，有能運旋乎情，使之可以爲善；有不能運旋乎情，使之可以爲善。此視乎才與不才，才不才則智、愚之別也。……其先民不知夫婦之宜別，上下尊卑之宜有等，此才不能自達也。伏羲教之，無論智、愚，皆知夫婦之別，皆知上下尊卑之等，所謂通其神明之德也。使性中本無神明，豈教之所能通？……人之性可因教而明，人之情可因教而通；禽獸之性雖教之不明，禽獸之情雖教之不通。〔註 142〕

〔註 140〕焦循論性善時，對此相關論點往往一再重複，當代學者引述者亦夥，茲引一例：「上古之民，使不知有父惟知有母，與禽獸同，伏羲教之嫁娶定人道，無論賢智愚不肖，皆變化而知有夫婦父子；……神農教之稼穡無論賢智愚不肖，皆變化而知有火化粒食是爲利也。」《孟子正義・離婁章句下》，下冊，卷 17，頁 585～586。另亦可參見《孟子正義・滕文公章句下》，上冊，卷 13，頁 461；〈性善解一〉、〈性善解三〉，《雕菰集》，卷 9，頁 127～128。

〔註 141〕錢穆：「里堂（按：焦循）謂人初不知夫婦，伏羲教之有夫婦，人初不知熟食，神農教之有熟食，……然伏羲、神農所以能發明人倫、火食以教人者，正亦由其性之善，則亦可謂非性善無以開其教，亦非能教無以證其性之善也。聖人與我同類，後世非不能再有伏羲、神農。孟子言聖人，有性之者，有反之者。『性之』則自『誠』而『明』，自發自悟，開教創義者也。『反之』則自『明』而『誠』，因人之教，反之吾心而知其誠然，信教服義者也。里堂因斥心悟、心覺之說，故其論性善，似偏於信教服義者言，於開教創義之理未能深闡，故其言重『因』不重『創』。」參見氏著：《中國近三百年學術史》（臺北：臺灣商務印書館，1996 年臺二版二刷），下冊，〈第十章 焦里堂阮芸臺淩次仲〉，頁 506。

〔註 142〕焦循：《孟子正義・告子章句上》，下冊，卷 22，頁 756。

所謂「才」，是指內在於人欲人情中的理義，在心知（即「性之神明」）辨別、
判斷潛能的操作、運旋之下的表現能力；焦循指出，能充分發揮此能力而臻
至善者，就是「才」，也就是智者；反之，若沒有充分發揮此能力者，則是「不
才」、愚者。但無論智者或愚者，由於均有「神明之德」，故都有通情爲善的
本質，亦即性善。智、愚者的差異在於「才」的高下之別，並非愚者的本質
中無「才」，焦循既言愚者是由於「才不能自達」而爲「不才」，則表示愚者
仍有「才」，只是不如智者之「才」罷了，只要透過受教，亦能由「不才」轉
而爲「才」的。必須要強調的是，焦循所說的「不才」之意並不是指「無才」，
他說「不通情而爲不善者，無才也」，指的是禽獸因無「神明之德」，故不能
通情爲善，此稱之爲「無才」；而非指愚者或「不才」者而言。〔註143〕因此，
焦循將孟子所言「若夫爲不善，非才之罪」中「非才之罪」理解爲「無才之
罪」，姑且不論這樣的理解是否能符合孟子原意，就其詮解而言，仍是就人、
禽之別而發，所以後面才會接著再次重申「禽獸之性雖教之不明，禽獸之情
雖教之不通」，而他所要強調的，無非是「能知」在證成人性爲善的重要地位。

〔註143〕何澤恆言：「而性之神明所以能運旋其情欲使之可以爲善者，以其有才也。故
無才則不能通情而爲不善矣。有才無才，則智愚之謂。」參見氏著：〈焦循論
孟子性善義闡繹〉，《焦循研究》（臺北：大安出版社，1990 年），頁 202。按：
此處解智者爲有才，愚者爲無才，恐有誤。依據焦循之言，人有「性之神明」
（即「能知」），無論「性之神明」能否運旋其情欲，均可以爲善（只是不能
運旋其情欲者須「教」之）；換言之，有「性之神明」才是性善的關鍵，至於
能不能運旋其情欲，則是「才」、「不才」或智、愚的問題，無關乎性善或不
善。禽獸因無「性之神明」，更遑論能否運旋其情欲，所以是「無才」。故焦
循言「不通情而爲不善者」是「無才」，而不是言「不才」。

第七章　問學崇禮的修養工夫論

　　在荀子心性論的架構中，被納入人性內涵的人欲人情雖可能導致「惡」的結果，但另一方面，人欲人情中亦隱含了對現實生活事物各得其宜的內在要求；而潛在著欲善的心知，透過後天實踐中的鍛鍊，便可妥貼的處理人欲人情以合乎穩定秩序的準則，這即是道德實踐的基礎。依此來看，荀子的禮義根柢雖仍在於人自身，但畢竟不同於孟子所論四善端之心的自足自立；在依恃的立足點相異的情況下，對於成德工夫所著眼之處自然不同於孟子的路徑。簡單來說，由於荀子禮義根源的先天具足性意義降低，或說對人們自身道德能力抱持的是有限度、審慎的態度，因此，道德修養的工夫便不是專注於內在善端的擴充、自覺等，而是聯繫於經驗世界中的具體作為。首先，心知的辨識、認肯禮義道德的能力是潛在的，必須在現實認知經驗的培養中才能轉化為實踐的可能，是故，學的重要性在其修養工夫中大幅提升；其次，依照荀子的理解，禮的首要功能在於滿足、調節人欲人情的要求，那麼，對於禮的規範建構及踐履層面的重視，自然相對地提高。《荀子》書中以〈勸學〉一文為首，又言為學「終乎讀禮」、「學至乎《禮》而止」，〔註1〕足見「學」、「禮」在荀子的修養工夫論中特出地位，確實有別於孟子強調的主體道德自覺，標舉「盡心」、「知性」為主軸的修養論。孟子這種由內而外擴充式的成德工夫，至宋明理學時期有高度的發展及推衍；而荀子的「彊學」、「隆禮」主張，則在清代的學術中被突顯出來，這當然與清儒在理氣、心性論上的主張有密切關係。依據氣本的哲學理路，氣化流行構生了萬事萬物，所謂的「道」或「理」都是「氣中之理」、「氣中之道」，

〔註1〕　王先謙：《荀子集解·勸學》（北京：中華書局，1992年二刷），卷1，頁11，12。

而非超越於氣之上或氣之外；那麼，「道」、「理」自然只能就現象界、經驗界的實體實事而論，因此，呈顯於心性論的特點，在於由肯定人性中欲與情的存在價值，以及心的辨知潛能上論述人性之善；而見諸於修養工夫的論述，自然亦著重於具體的行事作為，包括心知的增進與擴充，即問學的重視；人欲人情在客觀世界的合宜表現，即禮意的推崇與禮儀制度的探究。由清儒所提出問學、崇禮的修養工夫來看，即使清人並沒有承認或意識到其理路與荀學的相近之處，但卻不減損其闡發荀學思想的事實。

第一節　實事踐履的成德取向

一、身之實事是為道

　　有別於宋明儒者重視自我體證、回復人性初始狀態的道德修養，清人講求的是個體實際的踐履行為，在現實生活中逐步積累的成德工夫，這是由於清儒認為代表著道德價值意義的「理」、「道」並不是先天完滿地超越於實體實物而存在，必須由形具的世界中探求。因此，實事踐履的工夫成為清代道德修養的普遍準則。如顧炎武指出性與天道無不在於人事言行文章之中，〔註2〕又言：

> 竊以為聖人之道，下學上達之方，其行在孝弟、忠信；其職在灑掃應對進退；其文在《詩》、《書》、三《禮》、《周易》、《春秋》；其用之身，在出處、辭受、取與；其施之天下，在政令、教化、刑法；其著之書，皆以為撥亂反正，移風易俗，以馴致乎治平之用，而無益者不談。〔註3〕

在此，顧炎武認為「聖人之道」的探求，必須透過儒家經典及廣泛生活行事的學習而獲得，而最終的目的則在於達到「治平之用」。這種實事踐履的成德主張，自清初以後，即屢見於清儒的論述中，包括戴震所言：「身之實事是為道，道不可不修」，〔註4〕又言：

〔註2〕顧炎武著，徐文珊點校：〈夫子之言性與天道〉：「夫子之教人文行忠信，而性與天道在其中矣。」《原抄本日知錄》（臺北：文史哲出版社，1979年，以下書名簡稱《日知錄》），卷9，頁195。

〔註3〕顧炎武：〈答友人論學書〉，《顧亭林詩文集·文集》（臺北：漢京文化事業公司，1984年），卷6，頁135。

〔註4〕戴震：《中庸補注》，收於張岱年主編：《戴震全書》（合肥：黃山書社，1994年），第2冊，頁51。

> 聖人之道，使天下無不達之情，求遂其欲而天下治。……聖賢之德，
> 即其行事。……古人之學在行事，在通民之欲，體民之情，故學成
> 而民賴以生。〔註5〕

> 天下之事，盡於以生以養。而隨其所居之位，爲君、爲臣、爲父、
> 爲子、爲昆弟、夫婦、朋友，概舉其事，皆行之不可廢者，故謂之
> 達道。指其事而言則曰事，以自身行之則曰道。不務踐行則身不修，
> 行之差失則道不修。〔註6〕

戴震所說的「道」，如前所述，只能就實體實事的層面上來看，故而所謂的「聖
人之道」，自然是由日常的人倫生活而論，引文中言「行事」、「自身行之」、「踐
行」，強調的都是在現實世界中的作爲，呈現重視經驗事實的修養工夫傾向。
類似的主張，亦可見諸於阮元，其言：

> 元竊謂詮解「仁」字，不必煩稱遠引，但舉曾子〈制言篇〉：「人之
> 相與也，譬如舟車，然相濟達也，人非人不濟，馬非馬不走，水非
> 水不流。」及〈中庸篇〉：「仁者，人也。」鄭康成注：「讀如相人偶
> 之人。」數語足以明之矣。春秋時，孔門所謂仁也者，以此一人與
> 彼一人相人偶，而盡其敬禮忠恕等事之謂也。相人偶者，謂人之偶
> 之也。凡仁，必於身所行者驗之而始見，亦必有二人而仁乃見；若
> 一人閉戶齊居，瞑目靜坐，雖有德理在心，終不得指爲聖門所謂之
> 仁矣。〔註7〕

阮元引用古訓「相人偶」解「仁」字的方式，進一步建構了其仁學的理論。
依據阮元的理解，「仁」必須透過與人相涉方能呈顯，舉凡「敬禮忠恕」等事，
必須「於身所行者驗之而始見」，換言之，實際的踐履是成就仁德的必然進路；
至於理學家所言獨居、靜坐、澄思的修養方式，當然不符其成德的工夫而遭
否定。因此，阮元認爲所謂的「至善」，亦是就「家國天下五倫之事」而言，
必須「以身親至其處而履之」才能達成，〔註8〕不僅明確地呼應了前述其以「天
地之實象」爲基礎所提出的道器說；同時與戴氏的見解亦有相當的一致性。
只是，在戴氏的論述中，仍不時透露出近似於顧炎武所言「以馴致乎治平之

〔註5〕　戴震：〈與某書〉，《戴震集·文集》（臺北：里仁書局，1980年），卷9，頁188。
〔註6〕　戴震：《中庸補注》，頁70。
〔註7〕　阮元：〈論語論仁論〉，《揅經室集·一集》，收於《叢書集成新編》（臺北：新
　　　　文豐出版公司，1984年），第69冊，卷7，頁198。
〔註8〕　阮元：〈大學格物說〉，《揅經室集·一集》，卷3，頁170。

用」的治世濟民理想，如言「天下治」、「學成而民賴以生」等語，在清初後已逐漸轉向為反覆要求實事實物的踐行，達到人倫秩序、社會制度的領會及合宜表現，才是論述修養工夫的大宗。

二、上達之道即下學之道

　　清人講求在現實世界中行事的成德傾向，除了上述所論外，同時亦顯著地體現於儒家典籍中相關術語的詮釋，如前面所說阮元的仁學理論，即是一例；另外，關於《論語・里仁》中孔子言「吾道一以貫之」，曾子回應「夫子之道，忠恕而已矣！」的理解，亦可充分看出清人在修養工夫上與理學家的不同傾向。朱熹由「理一分殊」的立場來詮釋「一貫」之「道」，言：

> 夫子之一理渾然而泛應曲當，譬則天地之至誠無息，而萬物各得其所也。……曾子有見於此而難言之，故借學者盡己、推己之目以著明之，欲人之易曉也。蓋至誠無息者，道之體也，萬殊之所以一本也；萬物各得其所者，道之用也，一本之所以萬殊也。〔註9〕

由此，可知朱熹將「一貫」與「忠恕」視為「一本萬殊」的關係。「忠恕」是下學之道，只是萬殊之理，也就是分疏之理；而「一貫」則是超絕於萬物之上、統攝一切分殊之理的「一理」、「一本」。因此，曾子以「忠恕」一詞回應，在朱熹看來，應是「曾子有見於此難言之，故借學者盡己、推己之目以著明之，欲人之易曉也」，換言之，「忠恕」是這個終極的「一理」、「一本」落實於具體人事上所展現的一個「分理」罷了，也就是其所謂「下學只是事，上達便是理」。〔註10〕對此，顧炎武言：

> 《集注》乃謂借學者盡己推己之目，以著明之，是疑忠恕為下學之事，不足以言聖人之道也。然則是二之，非一之也。〔註11〕
>
> 好古敏求，多見而識，夫子之所自道也。然有進乎是者，……三百之詩至汎也，而曰：一言以蔽之，曰思無邪。三千三百之儀至多也，而曰：禮，與其奢也，寧儉。十世之事至遠也，而曰：殷因於夏禮，

〔註9〕　朱熹：《論語集注・里仁第四》，《四書章句集注》（北京：中華書局，2003年七刷），卷2，頁72。

〔註10〕　黎靖德編：《朱子語類・莫我知也夫》（臺北：正中書局，1962年），第44卷，頁1870。

〔註11〕　顧炎武：〈忠恕〉，《日知錄》，卷9，頁193。

周因於殷禮，雖百世可知。……此所謂「予一以貫之」者也。其教
門人也，必先叩其兩端，而使之以三隅反。……彼章句之士，既不
足以觀其會通，而高明之君子又或語德性而遺問學，均失聖人之指
矣。〔註12〕

在顧炎武看來，無論是「道」或「理」都應就具體的事物而論，而非超絕於
事物之上，此即其言「非器則道無所寓」之意。依此，對於朱熹將「忠恕」
解爲不足爲「聖人之道」的「下學之事」，自然表示反對，他認爲，孔子的「一
貫」即是「忠恕」，且是在實事實物中所識、會通而得；也就是說，作爲「下
學之道」的「忠恕」即是「聖人之道」，二者的意涵是一致的。再看戴震解釋
孔子的「吾道一以貫之」，言：

「一以貫之」非「以一貫之」也。道有上學下達之殊致，學有識其
迹與精於道之異趣；「吾道一以貫之」，言上達之道即下學之道也；
聖人仁且智，其見之行事，無非仁，無非禮義，忠恕不足以名之，
然而非有他也，忠恕至斯而極也。故曾子曰：「夫子之道，忠恕而已
矣。」下學上達，然後能言此。……《六經》、孔、孟之書，語行之
約，務在修身而已；語知之約，致其心之明而已；未有空指「一」
而使人知之求之者。〔註13〕

戴震看待孔子「一貫之道」的方式，同樣是就實有事物的層面而論。言「上
達之道即下學之道」，則是言聖人之道是由問學而至貫通行事的工夫，並非先
訂立一抽象的一「理」做爲致知的目標。又阮元以「行事」解「一貫」，強調
「身體力行」、「見諸實行實事」：

聖人之道，未有不於行事見，而但于言語見者也。故孔子告曾子曰：
「吾道一以貫之」，一貫者，壹是皆行之也。又告子貢曰：「汝以予
爲多學而識之者與？予一以貫之。」此義與告曾子同，言聖道壹是
貫行。……故學必兼誦之行之，其義乃全。〔註14〕

貫，行也，事也。……孔子呼曾子告之曰：「吾道一以貫之」，此言
孔子之道，皆于行事見之，非徒以文學爲教也。一與壹同，壹以貫
之，猶言壹是皆以行事爲教也。弟子不知所行爲何道，故曾子曰：「夫

〔註12〕顧炎武：〈予一以貫之〉，《日知錄》，卷9，頁202。
〔註13〕戴震：〈權〉，《戴震集・孟子字義疏證》，卷下，頁324～326。
〔註14〕阮元：〈論語解〉，《揅經室集・一集》，卷2，頁169。

> 子之道，忠恕而已矣。」……若云賢者因聖人一呼之下，即一旦豁
> 然貫通焉，此似禪家頓宗冬寒見桶底脫大悟之旨，而非聖賢行事之
> 道也。〔註15〕

> 所謂一貫者，行也，事也。言壹是皆身體力行，見諸實行實事也。
> 〔註16〕

對於阮元而言，「聖人之道」必須透過踐行才得以呈現，因此，孔子言「吾
道一以貫之」，正是道出修養工夫「以行事爲教」之旨。這樣的解釋，顯然
完全剝除了理學家賦予「一貫」的抽象意義，純就道德實踐而立論。焦循亦
認爲「一貫」即「忠恕」，並以「成己以及物」說明「忠恕」，同時據以說明
了《論語·衛靈公》篇中孔子與子貢對於「一以貫之」〔註17〕的相關對話，
言：

> 忠恕者何？成己以及物也。……舍己以從人，於是集千萬人之知，
> 以成吾一人之知，此一以貫之，所以視多學而識者爲大也。孔子非
> 不多學而識，多學而識，不足以盡。若曰：「我非多學而識者也，是
> 一以貫之者也。」多學而識，成己也；一以貫之，成己以及物也。
> 僅多學而未一貫，得其半未得其全，故非之。……多識於己而又思
> 以通之於人，此忠恕也，此一貫之學也。〔註18〕

焦循所理解的「一貫」（即「忠恕」）之道，在於去除執一己之見以博通眾人
之見，在他看來，此即「聖人之道」，這同樣是奠基於實有實物上的思考模式
與顧炎武、戴震、阮元是一致的。

三、「實事求是」之意涵

　　值得注意的是，儘管清儒這種實事踐履的修養工夫取向突出的表現於治
學上標舉的「實事求是」，但卻不宜將實事踐履的精神逕簡化或侷限於文字訓
詁的層面上；事實上，若細究清儒所論及「實事求是」之言，便可察覺「實
事求是」可以有更廣泛的意涵，如錢大昕所言：「通儒之學，必自實事求是始」

〔註15〕阮元：〈論語一貫說〉，《揅經室集·一集》，卷2，頁170。
〔註16〕阮元：〈石經孝經論語記〉，《揅經室集·一集》，卷11，頁213。
〔註17〕朱熹：《論語集注·衛靈公第十五》：「子曰：『賜也，女以予爲多學而識者與？』
　　　　對曰：『然，非與？』曰：『非也，予一以貫之』」，卷8，頁161。
〔註18〕焦循：〈一以貫之解〉，《雕菰集》（臺北：鼎文出版社，1977年），卷9，頁132
　　　　～134。

〔註 19〕之語，在諸多討論清代學術的論述中已屢見援引，強調的固然是校理典籍的主張；但錢氏又自述爲學「實事求是」，則是在表示其不願仿傚治史者「以褒貶自任」、「強作聰明」、「陳義甚高」、「居心過刻」〔註 20〕的態度，依此而言，這裡的「實事求是」便不能僅以文字訓詁視之，而是要求透過經典史籍的記載中所呈現的義理來作爲論史的依據。同樣的精神，在王鳴盛（1722～1797）的論述中表達的更清楚，其言讀史不必「以議論求法戒」、「以褒貶爲與奪」，因爲議論、褒貶都是「虛文」，惟有「典制」、「事蹟」的考究才是「實事求是」。〔註 21〕汪中則自言治學「不尚墨守」，乃「實事求是」。〔註 22〕阮元自謂其論學「實事求是」，講求的是在具體的、實有的層面上，即以古人訓詁爲義理闡揚的根據，〔註 23〕同時言清儒「束身修行，好古敏求，不立門戶，不涉二氏」的修養工夫正符合「實事求是」之教，以示與宋明儒者「自遁於虛，而爭是非于不可究詰之境」的不同。〔註 24〕此外，清儒亦屢屢以「實事求是」作爲稱譽他人之詞，如錢大昕言戴震「研精漢儒傳注及《方言》、《說文》諸書，由聲音文字以求訓詁，由訓詁以尋義理，實事求是，不偏主一家」，

〔註 19〕錢大昕：〈盧氏群書拾補序〉，《潛研堂文集》（臺北：臺灣商務印書館，1979年），卷 25，頁 235。

〔註 20〕錢大昕：〈廿二史攷異序〉：「更有空疏措大，輒以褒貶自任，強作聰明，……陳義甚高，居心過刻，予尤不敢效也。桑榆景迫，學殖無成，惟有實事求是，護惜古人之心，可與海內共白。」《廿二史攷異》（臺北：樂天出版社，1971年），頁 2。

〔註 21〕王鳴盛：〈十七史商榷序〉：「議論褒貶皆虛文耳，作史者之所記錄，讀史者之所考核，總期于能得其實焉而已。……讀史者不必以議論求法戒，而但當考其典制之實；不必以褒貶爲與奪，而但當考其事蹟之實。……如所謂橫生意見、馳騁議論以明法戒，與夫強正文法、擅加與奪褒貶以筆削之權自命者，皆予之所不欲效尤者也。……以予之識暗才懦，碌碌無可自見，狠以校訂之役，穿穴故紙堆中，實事求是，庶幾啓導後人，則予懷其亦可以稍自慰矣。」《十七史商榷》（臺北：廣文書局，1960 年），頁 1～4。

〔註 22〕汪中：〈與巡撫畢侍郎書〉：「中少日問學，實私淑諸顧甯人處士，故嘗推六經之旨，以合於世用，及爲考古之學，惟實事求是，不尚墨守，所爲文恆患意不稱物，文不逮意，不專一體。」《述學‧別錄》（北京：中華書局，1991 年），頁 140。

〔註 23〕阮元：〈揅經室集序〉：「余之說經，推明古訓，實事求是而已，非敢立異也。」《揅經室集》，頁 157；又〈大學格物說〉：「聖賢之道，無非實踐。……元之論格物，非敢立異也，亦實事求是而已。」《揅經室集‧一集》，卷 2，頁 171。〈江西校刻宋本十三經注疏後〉：「好學深思，實事求是之士，由注疏而推求尋覽之也。」《揅經室集‧三集》，卷 2，頁 305。〈宋硯銘〉：「凡事求事必以實。」《揅經室集‧四集》，卷 2，頁 333。

〔註 24〕阮元：〈惜陰日記序〉，《揅經室集‧三集》，卷 5，頁 319。

〔註25〕又讚臧玉林所著《經義雜識》為「實事求是，別白精審而未嘗馳騁其辭，輕詆先哲，斯眞儒者之學」；〔註26〕凌廷堪臚列戴震之作，包括《聲韻考》《方言疏證》、《句股割圓記》、《策算》、《考工圖記》、《孟子字義疏證》……等，稱之爲「實學」，並明言「六書九數及典章制度之學」爲「實事」，以此與稱爲「虛理」的「理義之學」相對，〔註27〕顯示對戴氏的推崇。阮元稱汪中所著《述學》是「篤信好古，實事求是，匯通前聖微言大義而涉其藩籬」的「通儒之學」。〔註28〕洪亮吉（1746～1809）言邵晉涵（1743～1796）「于學無所不窺，而尤能推本還原，實事求是」以矯正自元明以來儒者「務爲空疏無益之學」之病，扭轉「空談性命及從事帖括」之學風。〔註29〕俞樾則稱道黃以周（1828～1899）所撰《禮書通故》爲「不墨守一家之學，綜貫群經，博采眾論，實事求是，惟善是從」。〔註30〕細究上述這些論及「實事求是」之言來看，無論是論學的自我標榜，或是讚譽他人的學術成就，其共同的趨向是不專主一家之說，講求在經驗、形具世界中求道的修養工夫，由此亦不難理解清人對於宋明儒者追求超越性之「理」的不滿，故而有「虛理」、「空疏無益之學」的譏評；至於由訓詁以求義理之說，只是在此共同趨向下所體現對於古聖先賢經典的重視，以及隨之必然的歸納、整理方法。因此，「實事求是」做爲清代學風的特點，不該僅侷限於考據學層面，而應可視爲清儒修養工夫論所呈顯的走向而論。

再者，早期論及清代學術的學者，往往以清儒（尤其乾嘉時期的儒者）所標榜無徵不信、言必有據的治學態度，或由文字訓詁求經史義理的治學方法爲「實事求是」，同時更將之視爲「科學精神」、「科學方法」的展現而加以推崇。〔註31〕對於這種將清代學術聯繫於「科學」的說法，如果稍作推敲，

〔註25〕錢大昕：〈戴先生震傳〉，《潛研堂文集》，卷39，頁385。

〔註26〕錢大昕：〈臧玉林經義雜識序〉，《潛研堂文集》，卷24，頁219。

〔註27〕凌廷堪：〈戴東原先生事略狀〉，《校禮堂文集》（北京：中華書局，1998年），卷35，頁312～317。

〔註28〕阮元：〈傳經圖記〉，收於陳鴻森輯：《阮元揅經室遺文輯存》（楊晉龍主編：《清代揚州學術》，臺北：中央研究院中國文哲研究所，2005年，下冊），總頁659。

〔註29〕洪亮吉：〈邵學士家傳〉，《卷施閣集・甲集》（臺北：臺灣中華書局，1966年），卷9，頁2b～3a。

〔註30〕俞樾：〈禮書通故序〉，《春在堂雜文》，收於氏著：《春在堂全書》（臺北：中國文獻出版社，1968年），第4冊，頁2471～2472。

〔註31〕如梁啓超：《清代學術概論》（臺北：臺灣商務印書館，1994年臺二版一刷）。文中推崇顧炎武爲一代開派宗師，主要即在於其治學方法近於「近世科學的

不難察覺其中存有不少可議之處。如牟潤孫認爲：

> 今世多稱考據方法爲科學方法，苟詳細推求之，則其學之出於群經
> 注疏又皆歷歷可數，其與近世西方之科學方法縱有些微之近似，而
> 實不相同。……以考據所研究者皆爲獨特之問題，縱使可用歸納法，
> 以解決問題，而不能得一普遍性之通則。此而能曰科學乎？況考據
> 家所獲得之結論，皆爲啓示性之假設，而非科學上之眞實，以其無
> 從實驗也。此實歷史方法，名之曰科學方法或有未妥。〔註32〕

徐復觀言：

> 清代漢學家最大的缺點之一，即在文字訓詁上，亦完全沒有歷史意
> 識；既不能客觀的了解宋儒在文字訓詁上所下的工夫；更不了解宋
> 儒由文字訓詁前進一步去追求大義的工夫；尤其不了解對古典內容
> 的發現，必受有各時代的要求與風氣的影響，而重點各有不同。……
> 梁氏特許清代漢學爲「科學的」，我不了解梁氏對「科學」作何界定；
> 若以存疑、重證，便是科學的，何以見得晉、唐、宋諸儒這一方面
> 的工作便不是科學的？研究古典而完全缺乏歷史意識，以時代先
> （漢）後（宋）作價值判斷的標準，更缺乏批判精神。對與自己興
> 趣不合的，便作無了解的攻擊，這是最不科學的態度、方法。〔註33〕

勞思光則認爲：

> （乾嘉學風）不拘家法即不盲從權威或傳統，不憑臆斷即不依賴個
> 人信念或愛好，不離效果即不視知識爲工具；三者似皆合於通常所
> 謂「科學精神」。……但此學風下研究成果範圍顯然限於對古代之了

研究法」；又言戴震的《孟子字義疏證》是「隨處發揮科學家求眞求是之精神」，
頁 22、68；另於《中國近三百年學術史》（北京：東方出版社，1996 年）中
言：「乾嘉間學者，實自成一學風，和近世科學的研究法極相近，我們可以給
他一個特別名稱，叫做『科學的古典學派』」，頁 28。胡適〈清代學者的治學
方法〉一文中認爲「樸學」一詞包括甚廣，大致可分爲文字學、訓詁學、校
勘學及考訂學；且「中國舊有的學術，只有清代的『樸學』確有『科學』的
精神。」收於氏著：《中國哲學史大綱（外一種）》（石家莊：河北教育出版社，
2001 年），附錄四，頁 555～581，引文見 562。

〔註32〕 牟潤孫：〈顧寧人學術之淵源——考據學之興起及其方法之由來〉，收於項維
新、劉福增主編：《中國哲學思想論集：清代篇》（臺北：水牛出版社，1988
年再版），頁 79。

〔註33〕 徐復觀：〈清代漢學論衡〉，《中國學術思想史論集續編》（臺北：時報文化事
業出版公司，1985 年二刷），頁 564～565。

解。然則，此範圍由何種因素決定？此決不可歸之於「科學精神」；蓋「科學精神」不能與「古代」有何意義上之聯繫也。故乾嘉之學，在研究態度及方法上，可謂乎廣泛意義之科學精神，然此種研究自始即受另一與科學精神無關之因素所制約。而此因素簡言之，即對傳統之信仰是也。〔註34〕

無論是牟潤孫、徐復觀或勞思光，均不同意清人的「實事求是」等同於科學的態度或方法。牟潤孫直指考據學實是採「歷史方法」而非「科學方法」；徐復觀則認為清儒的學術研究缺乏歷史意識，僅以「自己興趣」為評判標準，事實上已悖離了科學的態度、方法；勞思光亦指出清儒即使在研究的態度及方法上符合廣泛意義的科學精神，但卻受限於「傳統之信仰」所制約，如此一來，似乎又違反了科學精神。在這幾段文字中，實已隱然點出清代的學術不能只單就文字、名物的訓詁上而論，更應追究的是清儒學術活動背後的理論內涵，也就是徐氏所說清人「自己興趣」、勞氏所說「傳統之信仰」，因為這才是主導學風走向的關鍵因素，而此關鍵因素，即是前文所言由實有的經驗世界追求道德的價值與實踐。而把「實事求是」等同於所謂「科學」的態度或方法，顯然失之偏頗；因為清儒修養工夫論的本質仍在於人的內在所同具潛在的德行，而成賢成聖仍是最終的企望，這些都依然與宋明理學一樣，同屬於儒家修養工夫論的基本觀點。況且，如何界定「科學」，從現今科學史和科學哲學的研究成果來看，似乎還是在持續發展、辯論之中；〔註35〕那麼，

〔註34〕 勞思光：《中國哲學史》（臺北：三民書局，1990年六版），第3冊（下），頁810。

〔註35〕 關於科學史、科學哲學的理論，非本論文所及，簡略來說，早期西方學者認為科學的本質在於「實證」，包括以孔德（A.Comte）為主的「實證論」以來，經歷了所謂「邏輯實證論」（logical positivism）與巴柏（K.Popper）的「否證論」（falsificationalism）。二者立場雖不同，但均強調科學理論之成立，必有其可經由經驗確證的「觀察基礎」。自六十年代起，則有諸多科學哲學家認為科學內在本質的「邏輯觀」，只能為我們提供一個「理性的」科學解釋，但是這個「解釋」卻非常有可能是一個「虛構的」解釋。對於將科學史引入科學哲學研究的學者而言，無論科學予人多麼「理性」的表面，其終究是一種「人的行為」。只要是「人的行為」，就必然隨著人的生活歷史而演化與改變，包括政治、經濟、藝術、宗教等層面，絕非邏輯所能概括。也就是說，科學的本質並不全然是理性、客觀的。此派代表人物，包括孔恩（Thomas S.Kuhn）、拉卡透（I. Lakatos）費若本（P.K. Feyerabend）等人。顯見對於「科學」，仍有許多爭論，難有確切不移的定論。參見孔恩著，程樹德、王道還、錢永祥譯：《科學革命的結構》（*The Structure of Scientific Revolutions*）（臺北：遠流

訂定一套驗證標準用以判定清代學術是否符合「科學」精神或方法，恐怕是沒有必要的。值得探究的應是清人在實事踐履的成德背景下，所呈現道德修養工夫的面貌。

第二節 問學以通聖賢之德

如前所述，由於清人認爲一切道德價值均須就實有的世界而論，講求的是人倫日用踐行無失，因此，實事踐履是多數清儒的成德取向；在這樣的取向之下，其致知的方法自然不同於宋明理學，而凸顯出清人對經典知識價值的認定，以及考據興盛等特有的面貌。

關於致知的方法，自清初以來，不少儒者均視宋明理學言心言理之說爲空疏之學，大加撻伐之餘，同時亦強調唯有回到聖賢經籍的探究、典章制度的考論才是治學、致知的正途，相關的說法頗多，自不待贅言。然而，必須說明的是，從清儒心性論中所包含欲、情、心知的架構來看，在歸納、釐析經驗事理之後，心知的辨別、悅慕之能，則是致知過程中不可忽視的部分，如此才能完整地呈現清人由問學以成就德性的致知論。抉發此一觀點，一方面能對清代致知論有較全面地理解，另一方面也得以說明清代的學術型態並非只是純粹客觀、經驗事理的考證，最終仍要歸結於心知的認同與擇取。自清初的顧炎武，以至乾嘉時期的戴震、焦循均曾觸及相近的主張，底下即以其致知論作一分析。

顧炎武的致知論從其言「君子之爲學，以明道也，以救世也」〔註36〕、「君子之爲學也，非利己而已也，有明道淑人之心，有撥亂反正之事，知天下之勢何以流極而至於此，則思起而有以救之」，〔註37〕即可看出其致知的目的絕非僅止於一般客觀知識的理解，而是在於「聖人之道」的追求、修身成德的理想。至於致知的方法，顧炎武標舉「博學於文」：

出版事業公司，2003年二版七刷）；羅伯‧保羅‧吳爾夫（Robert Paul Wolff）著，黃藿總校閱：《哲學概論》（*About Philosophy*）（臺北：學富文化事業公司，2001年），〈第四章 科學的哲學〉，頁153～198；苑舉正：〈試論中國科學哲學之可能性〉，收於沈清松主編：《跨世紀的中國哲學》（臺北：五南圖書出版公司，2001年），頁455～484。

〔註36〕顧炎武：〈與人書二十五〉，《顧亭林詩文集‧文集》（臺北：漢京文化事業公司，1984年），卷4，頁98。
〔註37〕顧炎武：〈與潘次耕札〉，《顧亭林詩文集‧餘集》，頁166。

愚所謂聖人之道者如之何？曰「博學於文」，曰「行己有恥」。自一身以至於天下國家，皆學之事也；自子臣弟友以至出入、往來、辭受、取與之間，皆有恥之事也。……士而不先言恥，則爲無本之人；非好古而多聞，則爲空虛之學。以無本之人，而講空虛之學，吾見其日從事於聖人而去之彌遠也。〔註38〕

君子博學於文，自身而至於家國天下，制之爲數度，發之爲音容，莫非文也。觀乎人文以化成天下，故曰文王既沒，文不在茲乎？而諡法經緯天地曰文學。〔註39〕

顧炎武認爲，達到聖人之道的方法有二：一是所有行事的基本原則——「行己有恥」；另一是致知的方法——「博學於文」。依據引文「出入、往來、辭受、取與之間，皆有恥之事」、「士而不先言恥，則爲無本之人」來看，則「行己有恥」應是「博學於文」的基本態度，即務求明道、救世之學，不作空虛之言。在聖人之道存於「孝弟、忠信」、「灑掃應對進退」、「《詩》、《書》、三《禮》、《周易》、《春秋》」、「出處、辭受、取與」等實事踐履的成德取向作爲前提之下（見前引文），所謂「博學於文」的「文」自然不能只侷限於古人典籍，舉凡一切益於「經緯天地」的典制及活動，都應納入「文」的範圍，包括交友、出戶等與現實人事、生活的結合，〔註40〕都是博學的對象。因此，對於自宋代以來儒學理論體系中具有重要意義與地位的《大學》，以及其中「格物致知」的詮釋，他同樣貫徹了這種「博學於文」的精神：首先，顧炎武認爲《大學》原無闕文，意即朱子的《大學章句》「補其傳」是沒有必要的；〔註41〕其次，對於「格物致知」，他認爲：

致知者，知止也。知止者何？爲人君止於仁，爲人臣止於敬，爲人

〔註38〕 顧炎武：〈與友人論學書〉，《顧亭林詩文集・文集》，卷3，頁41。

〔註39〕 顧炎武：〈博學於文〉，《日知錄》，卷9，頁197。

〔註40〕 顧炎武：〈與人書一〉：「人之爲學，不日進則日退。獨學無友，則孤陋而難成；久處一方，則習染而不自覺。」〈廣宋遺民錄序〉：「子曰：『有朋自遠方來，不亦樂乎？』古之人學焉而有所得，未嘗不求同志之人，而況當滄海橫流，風雨如晦之日乎？……而或一方不可得，則求之數千里之外；今人不可得，則慨想於千載以上之人；苟有一言一行之有合於吾者，從而追慕之，思爲之傳其姓氏而筆之書。」《顧亭林詩文集・文集》，卷4，頁90；卷2，頁33。

〔註41〕 顧炎武：〈考次經文〉：「董文清槐改《大學》知止而后有定二節於子曰聽訟吾猶人也之上，以爲傳之四章，釋格物致知，而傳止於九章。則《大學》之文元無所闕，其說可從。」《日知錄》，卷10，頁223。

子止於孝，爲人父止於慈，與國人交止於信，是之謂止。知止然后
謂之知至。君臣父子國人之交，以至於禮儀三百，威儀三千，是之
謂物。……以格物爲多識于鳥獸草木之名則末矣。〔註42〕

顧炎武將格物的範圍集中於治國經世、庶物人倫，亦即透過學習，落實爲具
體的君爲仁、臣爲敬、父爲慈、人爲孝爲信等關係之中，就是「知止」，「知
止然後謂之知至」，即達到格物致知的最終目的。至於窮究鳥獸草木之名，
則已淪爲末流，非當務之急。因爲格物致知的終極意義，並非如朱子所言，
是指透過外在客觀事物的學習爲手段以窮得超越心性道德修養的本體認
知，〔註43〕而是實踐於現世生活的人倫、政治關係上的；換言之，現實的經
世致用即是致知的終極意義，即是博學的目的。至於博學之所以能夠獲致治
世之道、人倫之理（即仁、敬、慈、孝、信等）的關鍵，他認爲在於「廣大
之心」能「裁物制事」，〔註44〕並言：

近世號爲通經者，大都皆口耳之學，無得於心，既無心得，尚安望
其致用哉？〔註45〕

先王治天下之具五典五禮五服五刑，其出乎身加乎民者，莫不本之
於心，以爲之裁制。〔註46〕

古先王之教能事人而後能使人。其心不敢失於一物之細，而后可以
勝天下之大。〔註47〕

顧炎武譏諷「無得於心」的學問只是「口耳之學」，沒有心的謀劃裁定，任何
事爲都是不濟世的。那麼，博學於文的內涵，便不僅是就經驗事物上的客觀
整理、歸納而已，最終仍須透過主體心知作用來裁制、擇取價值。此即言：「五
品之人倫莫不本於中心之仁愛」〔註48〕的意義。

　　顧炎武博學於文的理路，在戴震的致知論中有充分的延續。首先，戴震

〔註42〕顧炎武：〈致知〉，《日知錄》，卷9，頁183。
〔註43〕朱熹：《大學章句》：「《大學》始教，必使學者即凡天下之物，莫不因其已知
之理而益窮之，以求至乎其極。至於用力之久，而一旦豁然貫通焉，則眾物
之表裏精粗無不到，而吾心之全體大用無不明矣。此謂格物，此謂知之至也。」
《四書章句集注》，頁7。
〔註44〕顧炎武：〈答王山史書〉，《顧亭林詩文集・文集》，卷4，頁83。
〔註45〕顧炎武：〈與任均衡大任〉，《顧亭林詩文集・餘集》，頁169。
〔註46〕顧炎武：〈行吾敬故謂之內也〉，《日知錄》，卷10，頁213。
〔註47〕顧炎武：〈飯糗茹草〉，《日知錄》，卷10，頁216。
〔註48〕顧炎武：〈肫肫其仁〉，《日知錄》，卷9，頁190。

亦肯定爲學的目的在於德性的增進與擴充，言：「德性資於學問，進而聖
智。……古賢聖知人之材質有等差，是以重問學，貴擴充」〔註49〕、「學以講
明人倫日用，務求盡夫仁、盡夫禮義，則其智仁勇所至，將日增益以至於聖
人之德之盛，……質言之，曰人倫日用；精言之，曰仁、曰義、曰禮。所謂
『明善』，明此者也。」〔註50〕由問學以增益德性，最後能達到「聖智」、「聖
人之德」，這是戴震致知的理想。其次，就其以人倫日用盡致無失的仁、禮、
義等爲「明善」的立場來看，則其致知的方法自然是著眼於具體的行事作爲，
故而言爲學必先就人物事爲作分析及考察以求「鉅細畢究」、「本末兼察」的
「十分之見」，〔註51〕再由心的辨知、認同其理義價值。其言：

> 心之所同然始謂之理，謂之義。……舉理，以見心能區分；舉義，
> 以見心能裁斷。分之，各有其不易之則，名曰理；如斯而宜，名曰
> 義。是故明理者，明其區分也；精義者，精其裁斷也。〔註52〕

> 是以凡學始乎離詞，中乎辨言，終乎聞道。離詞，則舍小學故訓無
> 所藉；辨言，則舍其立言之體無從而相接以心。〔註53〕

> 學者大患在自失其心。心，全天德，制百行。不見天地之心者，不
> 得己之心；不見聖人之心者，不得天地之心；不求諸前古賢聖之言
> 與事，則無從探其心於千載下。是故由六書九數、制度名物，能通
> 乎其詞，然後以心相遇。〔註54〕

問學要「聞道」，不僅在於六書九數、制度名物的研析，同時還要發揮心的思
辨、擇取之能，所謂「相接以心」、「以心相遇」，指的就是心知的作用。換言
之，理義的探究，仍須歸諸「心之所同然」做爲依據的準則。故言「聞見不
可不廣，而務在能明於心」〔註55〕即是此意。

〔註49〕戴震：〈理〉，《戴震集‧孟子字義疏證》，卷上，頁281。
〔註50〕戴震：〈誠〉，《戴震集‧孟子字義疏證》，卷下，頁320。
〔註51〕戴震：〈與姚孝廉姬傳書〉：「凡僕所以尋求於遺經，懼聖人之緒言，闇汶於後
　　　　世也。然尋求而獲，有十分之見，有未至十分之見。所謂十分之見，必徵之
　　　　古而靡不條貫，合諸道而不留餘義，鉅細必究，本末兼察。」又〈與任孝廉
　　　　幼植書〉：「凡學未至貫本末，徹精粗，徒以意衡量，就令載籍極博，猶所謂
　　　　『思而不學則殆』也。」《戴震集‧文集》，卷9，頁184～185；頁181。
〔註52〕戴震：〈理〉，《戴震集‧孟子字義疏證》，卷上，頁267。
〔註53〕戴震：〈沈學子文集序〉，《戴震集‧文集》，卷11，頁210。
〔註54〕戴震：〈鄭學齋記〉，《戴震集‧文集》，卷11，頁225。
〔註55〕戴震：〈權〉，《戴震集‧孟子字義疏證》，卷下，325。

再看時代略晚於戴震的焦循，同樣主張由問學以成就聖人之德，言「人之自治，必以問學」〔註56〕、「仁而智乃爲聖人。智本於知，知本於學」。〔註57〕又按照其「能知故善」的心性論思想而言，人性本具有「能知」之質；其辨別、判斷人情、事理使之得以妥貼操作、運旋的表現能力爲「才」，而充分發揮此能力者即是智者。焦循指出，經由教導、學習便能增進心知，使「不才」者（即沒能發揮心知之能的人）轉而成爲「才」，由愚者轉而成爲智者。因此說：

> 人無論賢愚皆能知，即皆能轉移，愚者可以轉而善，智者可以轉而爲不善，此習所以相遠。……知其爲仁爲義，是已智矣。〔註58〕

> 君子之轉移氣質也，以學。〔註59〕

足見問學在成德歷程中的必然地位。關於致知的方法，焦循認爲：

> 彙而通之，析而辨之，求其訓故，核其制度，明其道義，得聖賢立言之指以正立身經世之法；以己之性靈，合諸古聖之性靈，並貫通於千百家著書立言者之性靈。〔註60〕

> 蓋古學未興，道在存其學；古學大興，道在求其通。前之弊，患乎不學；後之弊，患乎不思。證之以實，而運之於虛，庶幾學經之道也。〔註61〕

> 聖人用功之序，先學而後思。蓋學爲入德之始功，思爲入聖之至境。〔註62〕

> 「學而不思則罔」，罔者，不能自得之也。「思而不學則殆」，殆者，空悟而本無所居，則不安也。深造憑於心之虛，以道憑於學之實。得之，得此道也。自得之，則學洽於思。居之，居此道也。居之安，則思蘊於學。舍學而言恃心，舍心而守學，兩失之矣。〔註63〕

〔註56〕 焦循：《孟子正義·告子章句上》（臺北：文津出版社，1988 年），下冊，卷23，頁 778。

〔註57〕 焦循：〈釋學〉，《論語通釋》，收於《木犀軒叢書》（光緒年間李盛鐸刊行，臺北：中央研究院歷史語言研究所傅斯年圖書館藏），頁 15a。

〔註58〕 焦循：《孟子正義·離婁章句下》，下冊，卷17，頁 586～587。按：焦循論「不才」與「才」之引文及相關討論，請參第陸章第三節。

〔註59〕 焦循：〈說權五〉，《雕菰集》，卷 10，頁 146。

〔註60〕 焦循：〈與孫淵如觀察論考據著作書〉，《雕菰集》，卷 13，頁 213。

〔註61〕 焦循：〈與劉端臨教諭書〉，《雕菰集》，卷 13，頁 215。

〔註62〕 焦循：〈釋學〉，《論語通釋》，頁 14b。

〔註63〕 焦循：《孟子正義·離婁章句下》，下冊，卷 16，頁 560。

先就事物、典籍的彙通、析辨、訓故、考核等工夫以得聖賢之理義，後透過心知所本有悅慕德性之質的肯認，此即焦循致知論的主要內容。他將前者彙通、考核等問學工夫稱為「入德之始功」；而後者心知本質的運作，即所謂「以己之性靈，合諸古聖之性靈」，則視為是抽象的運思工夫。言「學洽於思」、「思蘊於學」，顯示二者在致知上不可偏廢之意；言「先學而後思」以表致知的次序。依此來看，焦循所標舉的「證之以實，而運之於虛」，不僅只是「學經之道」，實為其致知論的主張，甚至可擴大視為涵括顧、戴二氏致知論的共同基調。

　　經由上述致知論的分析，不難發現清儒們所建構的致知方法，一方面強調經驗世界中人事物的客觀考察以釐析出理義；另一方面仍以主觀的心知認同作為理義價值判斷、取決的標準。儘管這樣的理路足以證明清儒問學不單只是一種「求之於外」的經驗領域探究，內在於人心所本具悅納德性之能才是人們成德的最終歸結；然而，清人或許為了表達對宋明儒學論先驗理義所產生蹈空之弊的撻伐，或者為了說明其道德修養工夫中對客觀問學階段的依賴與重視，於是，問學的部分被刻意突顯出來，自清初顧炎武提出「博學於文」以達聖人之道，至戴震言「德性資於學問」、焦循言「人之自治，必以問學」等，均標誌著清代成德工夫中首重智識修養的觀點。其影響所至，包括典籍知識地位的提升，同時關聯著清儒詮解經典方式的理論基礎，亦即考據學風的興盛。

一、典籍知識地位的提升

　　既然智識的培養與擴充成為清儒修養工夫的焦點，那麼，承載著先聖先賢言論行事的經典勢必成為尋索「道」的首要對象。強調經學價值意義的主張，在清人論述中十分普遍，如顧炎武「經學即理學」的觀點，〔註64〕表達的正是以經學做為義理思想基礎的要求；費密言「欲聞聖人之道，必以經文為準。不合於經，虛僻曉譁，自鳴有得，其誰信之！經傳則道傳也。」〔註65〕強調聖人

〔註64〕顧炎武：〈與施愚山書〉：「愚獨以為理學之名，自宋人始有之。古之所謂理學，經學也，非數十年不能通也。……今之所謂理學，禪學也。」《顧亭林詩文集·文集》，卷3，頁58。後全祖望於〈亭林先生神道表〉中，將之主張簡化為「經學即理學」一詞。參見全祖望：〈亭林先生神道表〉，《鮚埼亭集》（臺北：臺灣商務印書館，1968年），卷12，頁144。

〔註65〕費密：〈道脈譜論〉，《弘道書》（收於《續修四庫全書》，《續修四庫全書》編纂委員會，上海：上海古籍出版社，2002年，第946冊），卷上，頁12。

之道的理解非單由一己自悟而得，必須以經書爲準則；戴震言「《六經》者，道
義之宗而神明之府也」〔註66〕、「聖人之道在《六經》」；〔註67〕焦循言「欲知
言之邪正是非者，仍求諸《六經》可矣」；〔註68〕阮元言「聖賢之道存于經」；
〔註69〕錢大昕言「《易》、《書》、《禮》、《春秋》，聖人所以經緯天地者也；上之
可以淑世，次之可以治身，於道無所不通，於義無所不該。」〔註70〕均宣示了
《六經》載道、道存在於《六經》的思想。換言之，緣於「道」、「理」存於經
驗世界實體實事的理解，自然會將保存古聖賢言行的《六經》視爲是尋索「道」
的重要對象；更進一步來看，除了重視《六經》的價值，實有擴及史籍、子書，
以及一切文獻、典章制度的趨向，對於清儒而言，「道」、「理」亦散見於其中。
因此，清人不僅要求致力於經書之學，同時亦倡言「博」學的必要。如顧炎武
所標舉的「博學於文」，即是一例。再如焦循認爲：

> 經學者，以經文爲主；以百家子史、天文、術算、陰陽、五行、六
> 書、七音等爲之輔。〔註71〕

> 「學而時習之，不亦悅乎？」曾子闡而明之云：「君子既學之，患
> 其不博也，既博之，患其不習也。」〈學記〉論考校之法：五年視
> 博習親師。然則時習者，非習一端而已，習必繫乎博，博必成於
> 習。〔註72〕

阮元亦指出：

> 周孔顏曾之學，首重文博，後人才力淺弱，不能文，不能博。〔註73〕

足見清人重視爲學須「博」的主張。焦循將百家、子史、天文、術算等視爲
學習經典之輔，顯示了由經書的探究進而兼及爲各種知識的全面研究。關於
這點，戴震有更明確的論述，除言「賢人聖人之理義非它，存乎典章制度者
是也」，〔註74〕又言：

> 至若經之難明，尚有若干事：誦〈堯典〉數行至「乃命羲和」，不知

〔註66〕戴震：〈古經解鉤沈序〉，《戴震集·文集》，卷10，頁191。
〔註67〕戴震：〈沈學子文集序〉，《戴震集·文集》，卷11，頁210。
〔註68〕焦循：《孟子正義·滕文公章句下》，卷13，頁457。
〔註69〕阮元：〈西湖詁經精舍記〉，《揅經室集·二集》，卷7，頁285。
〔註70〕錢大昕：〈抱經樓記〉，《潛研堂文集》，卷21，頁196。
〔註71〕焦循：〈與孫淵如觀察論考據著作書〉，《雕菰集》，卷13，頁213。
〔註72〕焦循：〈釋多〉，《論語通釋》，頁16b。
〔註73〕阮元：〈復性辨〉，《揅經室續集》，卷3，頁423。
〔註74〕戴震：〈題惠定宇先生受經圖〉，《戴震集·文集》，卷11，頁214。

> 恆星七政所以運行，則掩卷不能卒業。誦〈周南〉、〈召南〉，自〈關
> 雎〉而往，不知古音，徒強以協韻，則齟齬失讀。誦古〈禮經〉，先
> 〈士冠禮〉，不知古者宮室、衣服等制，則迷於其方，莫辨其用。不
> 知古今地名沿革，則〈禹貢〉職方失其處所。不知「少廣」、「旁要」，
> 則〈考工〉之器不能因文而推其制。不知鳥、獸、蟲、魚、草、木
> 之狀類名號，則比、興之意乖。……凡經之難明右若干事，儒者不
> 宜忽置不講。〔註75〕

按照戴震之意，經學義理的掌握，必須透過各個不同領域的智識及理論，包括天文、語言、地理、生物等知識的涉獵，以做爲會通經文的基礎。看來，戴震所說的「十分之見」，不僅在於追求事理探究的深度，事實上還包括了理解的廣度；這種重視文獻材料、廣蒐博考，確是清儒問學的主要特色。因此，多數清代的經學家，其研究著作除了經學之外，通常還涉足各種領域的整理及著述，諸如史學、方志輿地、音韻文字、天文曆算、版本目錄、金石考古、詩文等研究，落實其博考的學風，有著後人難以企及的成就，從近代學者所歸納清人著作成績中可獲得印證。〔註76〕誠然，著重經典大義、講求博學審問明辨，應是歷來儒者問學的共同準則，即使是飽受清儒抨擊的宋明學者，對於經學仍保有一定程度的關注，〔註77〕可是若從理學家對於「道」（或「理」）與經典關係的理解，或對經典中「道」（或「理」）的定位來看，便不難察覺經典的價值在宋明儒者與清儒思想中有著不同的位階。

　　楊儒賓先生曾以比較朱子與陸王對儒家經典的詮釋來突顯兩派思想的差異，其中朱子解經採用的是「月印萬川」的模式，陸王則採「六經記籍說」來表達對經典的態度。〔註78〕簡單來說，陸王學派以體証亙古如一的「本心」

〔註75〕戴震：〈與是仲明論學書〉，《戴震集・文集》，卷9，頁183～184。

〔註76〕關於清儒學術著作之豐、領域之廣，過去學者已有相當的歸納及整理。可參見梁啓超：《中國近三百年學術史》（北京：東方出版社，1996年），〈清代學者整理舊學之總成績（一）、（二）、（三）、（四）〉，頁220～440。

〔註77〕雖然宋明儒者的經學研究著作在質與量上均不及清儒，但並不表示宋明學者沒有從事治經工作，根據章權才：《宋明經學史》（廣東：廣東人民出版社，1999年）一書附錄〈宋明經學家著述要目一覽表〉，亦有六百一十九部著作。至於宋人尊《四書》而退《五經》，或疑經、改經，或敷陳《中庸》的「尊德性、道問學」之義理，亦不能說是全然爲經學以外的東西。相關說法，可參見日人本田成之：《中國經學史》（臺北：廣文書局，1990年再版），頁239。

〔註78〕楊儒賓：〈水月與記籍——理學家如何詮釋經典〉，收於李明輝編：《中國經典詮釋傳統（二）儒學篇》（臺北：喜瑪拉雅基金會，2001年），頁159～192。

或「良知」為終極價值，一切道德判斷皆源自「本心」（或「良知」），經典乃
是聖人應世之「跡」，本身並沒有任何獨立的價值，只是一種索引、媒介，如
同帳簿上的名目，實質內涵在於是否有家產（良知），此即「六經記籍說」。
顯然，經書在陸王學派思想中恐怕只是一種過度性工具而已。相較而言，朱
子在「理一分殊」架構下，視經書為反映聖人言行在世界的展開，代表著各
種具體、獨立的分殊之理（物物一太極），學者必須透過平實的考究字句工夫
以窮得各個分殊之理，才能豁然貫通的達到「眾物之表裡精粗無不到，吾心
之全體大用無不明」，即「理一」（統體一太極）的境界。依此，程朱學者在
肯定經書具有獨立價值的前提上治經，一方面注重最終超絕的「理一」，一方
面亦要求窮究事物中的分殊之理；這種理的架構，即所謂的「月印萬川」。按
照楊儒賓先生的分析，則理學家中陸王學派看待經典的態度相對於清儒的高
度尊崇之情，截然分明，毋須再論。值得注意的是，程朱學派雖然肯定了經
書具足獨立的價值，但其意義並不等同於清儒義理中的經典價值。程朱思想
的終極目標，在於整體之「理」（統體一太極）的體證貫通，此為先天具於心、
完全自足的；即使包括經書在內的萬事萬物有具足、個別之理，然而考究這
些個別之理並非其目的，最後仍是在於證成這些個別之理皆是整體之「理」
的展現。換言之，「月印萬川」的「月」才是本體，是千萬江水之月展現千萬
種樣態的唯一根源。清儒則以人倫日用無失為「道」，事理原則無所差謬謂之
「理」，皆是奠基於現實世界，而人心只有辨知、悅慕理義之能，並沒有一種
先天完滿具存於心的「道」或「理」。依此，歷史文獻、經典文本中所載仁義
禮之道便是人心辨之、悅之的對象，是問學的目標；識得經典中的「理義」
即已是終極的「理義」，沒有所謂體證「先天之理」的問題。是故，經典在清
儒思想中的地位必然高於程朱學派。這也就是縱使朱子亦強調問學、亦從事
注經，但戴震仍予以批評之因：

> 程子、朱子謂氣稟之外，天與之以理，非生知安行之聖人，未有不
> 污壞其受於天之理者也，學而後此理漸明，復其初之所受。是天下
> 之人，雖有所受於天之理，而皆不殊於無有，……今富者遺其子粟
> 千鍾，貧者無升斗之遺；貧者之子取之宮中無有，因日以其力致升
> 斗之粟；富者之子亦必如彼之日以其力致之，而曰致者即其宮中者

該文亦刊於《人文學報》，第廿、廿一期合刊（1999 年 12 月～2000 年 6 月），
頁 97～132。

也，説必不可通，故詳於論敬而略於論學。〔註79〕

戴震批評程朱所倡理得於天而具於心與「學而後此理漸明」相互矛盾，正如已有遺產千鍾之粟的富人，又說富人努力工作後所獲得的即是原本所擁有的千鍾之粟，顯然不通。所謂「學而後此理漸明」，應如本無祖產之遺的貧者，透過努力工作後而獲得升斗之粟。因此，程朱由其自身的思想基礎上同時並列「涵養須用敬」與「進學則在致知」為修養工夫，在戴震看來，實是「詳於論敬而略於論學」的。

二、考據學風興盛的意義

過去論及清代學術，首先受到矚目的往往是其考據學方面的成就，這當然也是早期研究者的主要方向，而大量的考據學相關研究著作，似乎更加深清學即是考據學的觀點，而誤以為宋明學術與清代學術的差異是在於一主義理、一主考據。若依循前述清人致知論的理路來看，則考據學得以興盛確實有其必然性，只是，考據學應視為清儒問學的途徑或方法，而非問學的最終目的。

清代考據學風的興起與發展一直是研究中國近代學術史的焦點之一。由目前研究成果來看，大多數學者均認同考據學風的興起涉及多方面的因素，但由於所關注的角度不同，因而有了諸多詮釋，據黃克武先生的歸納，約可分成六類，〔註80〕其中與哲學思想關係最為密切的應是「考據學的興起源於思想性的因素或儒學內部的發展」。就此點而言，最具影響力者約可分為三派：一是認為清代考據學風之興起，可歸諸於理學的反動，此一主張代表人

〔註79〕戴震：〈理〉，《戴震集‧孟子字義疏證》，卷上，頁280。

〔註80〕黃克武：〈清代考證學的淵源──民初以來研究成果之評介〉中，指出有關考證學起源的研究可歸納為六類：一、考證學源於明末前後七子的復古以及楊慎、陳第、方以智等人個人的經歷與博學的雅好。二、考證學受到耶穌會士所傳西學的影響。三、由於清廷的高壓統治與籠絡，士人參加政府的學術計畫或自行從事與政治無關的考證工作；並有學者由此評估考證學者精神上的淪落。四、考證學與社會經濟文化有關，社會中的許多成員如官員、商人的獎掖、出版印刷業的發達以及人口的成長都直接間接促成此運動的發展。五、考證學源於思想性的因素或儒學內部的發展，例如認為考證的興起涉及對於宋明理學「空談心性」之反動，或認為受程朱陸王的辯論、氣的一元論的提出或經世思想的出現等因素影響。六、認為考證學的出現是內在因素與外在因素的交互影響，並強調上述第四項社會經濟變化的重要性。該文認為在這研究過程中最重要的代表人物為梁啟超、余英時與艾爾曼（Benjamin A.Elman）三人。參見：《近代中國史研究通訊》，第 11 期（1991 年 3 月），頁 140～154。

物如梁啓超、胡適，〔註81〕這是強調宋明學術與清學之間的不連續性；二是
認爲清初的新學風興起是轉進變化的，此論以錢穆的見解爲代表；〔註82〕後
有余英時進一步倡言，認爲清代學風的轉變，在於程朱、陸王理學內在理路
爭論的結果，即由「尊德性」一脈走向「道問學」的發展，〔註83〕這是從宋
明理學和清學間的連續性關係著眼的。自余氏的「內在理路」說提出之後，
幾乎取代了梁氏反動的觀點，成爲討論清代考據學興起的主流意見及論述基
礎，如後來張麗珠提出若干修正，認爲「考據學是儒學從主觀內向的理性認
識，向客觀實證的經驗認識發展的結果」；〔註84〕三是從氣本的角度來分析清
代考據學的淵源，以日本學者山井湧爲代表人物。山井湧研究明清時期以「氣」
爲主之哲學取代朱熹以「理」爲主之哲學過程，其中臚列之哲學家包括羅欽
順（1465～1547）、陳確（1604～1677）、顏元、戴震、程瑤田、凌廷堪、焦
循、阮元等人，而這些學者有多數是著名考證學家，因而推論氣的哲學與考
證學有內在關聯。〔註85〕顯然，山井湧的推論不甚詳盡，故而沒有受到太多

〔註81〕梁啓超言：「『清代思潮』果何物耶？簡單言之：則對於宋明理學之一大反動。」
　　　　參見氏著：《清代學術概論》（臺北：臺灣商務印書館，1987 年），頁 6。胡適：
　　　　〈幾個反理學的思想家〉，收於《胡適文存》（臺北：遠東圖書公司，1961 年），
　　　　第 3 集第 1 卷，頁 53～56。
〔註82〕錢穆：〈清儒學案序目〉：「有清三百年學術大流，論其精神，仍自沿續宋明理
　　　　學一派。」收於《中國學術思想史論叢（八）》（臺北：素書樓文教基金會，
　　　　1990 年），頁 478～507，引文見頁 480。另該書收有〈顧亭林學術〉一文，亦
　　　　表達相同之觀點，頁 61～84。又可參見氏著：《中國近三百年學術史·自序》
　　　　（臺北：臺灣商務印書館，1987 年），頁 1～4。
〔註83〕余英時：〈從宋明儒學的發展論清代思想史——宋明儒學中智識主義的傳
　　　　統〉：「從思想史的綜合觀點看，清學正是在『尊德性』與『道問學』兩派爭
　　　　執不決的情形下，儒學發展的必然歸趨，即義理的是非取決於經典。」收於
　　　　氏著：《歷史與思想》（臺北：聯經出版公司，2001 年二十二刷），頁 87～119，
　　　　引文見頁 106。另該書有〈清代思想史的一個新解釋〉一文，亦表達相同之
　　　　觀點，頁 121～156。亦可參見：〈清代學術思想史重要觀念通釋〉，收於氏
　　　　著：《中國思想傳統的現代詮釋》（臺北：聯經出版公司，1999 年八刷），頁
　　　　405～486。
〔註84〕張麗珠：《清代義理學新貌》（臺北：里仁書局，1999 年），頁 48。
〔註85〕山井湧：〈における氣の哲學〉，《哲學雜誌》，46：711（1951 年），頁 82～103。
　　　　按：本文所述山井湧之觀點，摘錄自黃克武：〈清代考證學的淵源——民初以
　　　　來研究成果之評介〉，頁 151。此外，山井湧另有〈戴震思想中的氣——氣的
　　　　哲學的完成〉一文中亦言：「氣的哲學把基於氣的客觀世界的存在作爲前提，
　　　　而來尋求被認爲是合乎此客觀世界的理的情況是很普通的，……雖不能把『氣
　　　　的哲學』和考證學直接地聯繫起來，但氣的哲學作爲論證考證學的哲學也不

的重視。〔註86〕現若由前文所論清人氣本觀點下所建立的致知論來看，經典知識的掌握是求「道」（或「理」）的重要方式，既然必須掌握經典知識，那麼，整理、歸納這些經典，並詳實地考究經典的字句文義、名物、典制等，自然成爲求「道」過程中不可避免的工作；換言之，清代考據學風的盛行，或許不能將之視爲程朱、陸王義理之學爭論的延續，而是以氣爲本的義理思想在清初顧炎武以至乾嘉時期戴震的發展中逐漸成爲清代思潮主流，在此立場下的致知論所內含的必然趨向，促使了考據學走向鼎盛的氣象。

是故，重視經典並不是爲了考據，而考據亦不是清人問學致知的目的，其最終仍是在於「道」的追求；當然，清儒所理解的「道」與宋明理學家所說的「道」，有著不同的意涵。若以宋明儒所論的「道」做爲判定清代學術的標準，便極易出現「清儒無義理思想」的偏頗觀點。事實上，對於清人而言，從事考據工作即是宣告聖人之道的追尋，同時亦是其義理思想主導下的展現。因此，由文字、音韻、訓詁入手探尋典籍義理，是清儒治學最突出的特點，顧炎武言「讀九經自考文始，考文自知音始。以至諸子百家之書，亦莫不然」；〔註87〕戴震言「經之至者，道也；所以明道者，其詞也；所以成詞者，未有能外小學文字者也。由文字以通乎語言，由語言以通乎古聖賢之心志」〔註88〕、「故訓明則古經明，古經明則聖人之義理明」；〔註89〕阮元言「古今義理之學，必自訓詁始；訓詁之學，必自形聲始。……由形聲而得訓詁，由訓詁而得義理」〔註90〕、「聖賢之言，不但深遠者非訓詁不明，即淺近者亦非訓詁不明也」，〔註91〕這些言論都表達了一致的訴求；甚至被余英時稱爲「不滿意東原的義理之學」、「對

是不適當的。」收於小野澤精一、福永光司、山井湧編著：《氣的思想——中國自然觀和人的觀念的發展》（上海：上海人民出版社，1990年），頁452～466，引文見頁466。

〔註86〕相對而言，劉又銘先生論戴震氣本論立場下的修養工夫論時，則有較明確的說法，頗具啓發，其言：「戴震的致知論內在地要求著、依賴著一套對經驗知識的收集與整理的學問，其中還可以包括對古今聖賢學問的觀摩與效法，這就爲考據學提供了一個積極的意義與必要的位置。」參見氏著：《理在氣中：羅欽順、王廷相、顧炎武、戴震氣本論研究》（臺北：五南圖書公司，2000年），頁164～165。

〔註87〕顧炎武：〈答李子德書〉，《顧亭林詩文集·文集》，卷4，頁73。

〔註88〕戴震：〈古經解鉤沈序〉，《戴震集·文集》，卷10，頁191。

〔註89〕戴震：〈題惠定宇先生授經圖〉，《戴震集·文集》，卷11，頁214。

〔註90〕阮元：〈馮柳東三家詩異文疏證序〉，《揅經室續集》，卷1，頁404。

〔註91〕阮元：〈論語一貫說〉，《揅經室集·一集》，卷2，頁170。

義理之學本身持否定的看法」的錢大昕〔註92〕亦曾言：「六經者，聖人之言，因其言以求其義，則必自詁訓始，謂詁訓之外，別有義理，如桑門以不立文字爲最上乘者，非吾儒之學也」〔註93〕、「有文字而後有詁訓，有詁訓而後有義理。詁訓者，義理之所由出，非別有義理出乎詁訓之外者也」；〔註94〕王鳴盛亦言「經以明道，而求道者不必空執義理以求之也，但當正文字、辨音讀、釋訓詁、通傳注，則義理自見而道在其中」，〔註95〕足見義理仍是清人的終極關懷，訓詁是獲致義理的方法，不是用以做爲義理的抗衡；前述清儒致知論時即已說明，典籍的梳理是爲了提供主觀的心知依其辨之、悅之之能做出抉擇，尋繹出行事之道、事物之理，此即致知的完成。對於義理與考據二者，戴震以轎中人與轎夫爲喻〔註96〕、阮元以宮室與門徑爲喻，〔註97〕均可看出其間的主從關係；凌廷堪認爲「矻矻乎名物象數之賾，斤斤乎聲音文字之辨」的「義疏之儒」，「未足以深羨」，並以「折衷經義」者自任；〔註98〕焦循甚至反對以「考據」一詞來概括當時的典籍研究，〔註99〕亦可見其治學意圖。

〔註92〕余英時：《論戴震與章學誠：清代中期學術思想史研究》（北京：生活・讀書・新知三聯書店，2000 年），頁 109。

〔註93〕錢大昕：〈臧玉林經義雜識序〉，《潛研堂文集》，卷 24，頁 219。

〔註94〕錢大昕：〈經籍纂詁序〉，《潛研堂文集》，卷 24，頁 220。

〔註95〕王鳴盛：〈十七史商榷序〉，《十七史商榷》，頁 2。

〔註96〕段玉裁：〈戴東原集序〉：「先生之言曰：『六書、九數等事，如轎夫然，所以异轎中人也。以六書、九數等事盡我，是猶誤認轎夫爲轎中人也。』」收於《戴震集》，附錄，頁 452。

〔註97〕阮元：〈國史儒林傳序〉：「聖人之道，譬若宮牆；文字訓詁，其門逕也。門逕苟誤，跬步皆歧，安能升堂入室乎？學人求道太高，卑視章句，譬猶天際之翔出於豐屋之上，高則高矣，戶奧之間，未實窺也。或者但求名物，不論聖道，又若終年寢饋於門廡之間，無復知有堂室矣。」《揅經室集・一集》，卷 2，頁 167。

〔註98〕凌廷堪：〈七戒并序〉，《校禮堂文集》，卷 8，頁 64。

〔註99〕焦循：〈與孫淵如觀察論考據著作書〉：「循謂仲尼之門，見諸行事者，曰德行、曰言語、曰政事；見諸著述者，曰文學。自周秦以至於漢，均謂之學，或謂之經學。……無所謂考據也。」又言：「本朝經學盛興，在前如顧亭林……，近世以來，在吳有惠氏之學，在徽有江氏之學、戴氏之學，精之又精，則程易疇名於歙，段若膺名於金壇，王懷祖父子名於高郵，錢竹汀叔姪名於嘉定，……是直當以經學名之，烏得以不典之稱之所謂考據者，混目於其間乎？」〈與劉端臨教諭書〉：「蓋儒者束髮學經，長而遊於膠庠，以至登鄉薦、入詞館，無不由於經者。既業於經，自不得不深其學於經，或精或否，皆謂之學經，何考據之云然？」《雕菰集》，卷 13，頁 212、214；頁 215。又曾於致王引之書信中言：「爲學之士自立一『考據』名目……竊謂：此風日熾，非失之

　　依此而言，清代考據學的興盛，彰顯的是清人尋索聖人之道的方法，亦即成德工夫中的一個重要步驟，恐並非如余英時所言，是由「尊德性」轉入「道問學」的型態；即使在當時有許多乾嘉學者在治學上表現確實只專注於典籍、名物的考證而已，心知辨之悅之理義能力運作部份相對削弱，但若由清儒問學的原始理路來看，實際上清學的理想仍屬於「尊德性」，與傳統理學家並無二致；而其主要的歧異，是在於對「尊德性」意涵的不同理解罷了。

第三節　崇禮以自治及治人

　　禮學的復興是清代儒學發展的一大特色。這可由當代學者從事清代禮學的相關研究及其內容中明確看出，〔註100〕包括個別清儒的禮學思想、三《禮》的考證，以及由此所延伸關於禮制的討論、禮教的批判等論題，均體現了豐碩的研究成果。透過這些研究成果，顯示清代禮學的興起，絕非只是純就客觀知識的探索，實已涵括了政治、社會、文化層面的實踐意圖。〔註101〕換言之，清儒考證三《禮》、議論禮制、闡述禮意的目的是著眼於現實生活秩序的興廢更革，由個人的修養拓展至經世的層面。本節所要探究的即是從修養工

<hr/>

愚，即失之僞。」收於賴貴三編著：《昭代經師手簡箋釋》（臺北：里仁書局，1999 年），〈焦循致王引之書（一）〉，頁 201。

〔註100〕專書如張壽安：《以禮代理——凌廷堪與清中葉儒學思想之轉變》（石家莊：河北教育出版社，2001 年，以下書名簡稱《以禮代理》）、《十八世紀禮學考證的思想活力——禮教論爭與禮秩重省》（北京：北京大學出版社，2005 年，以下書名簡稱《十八世紀禮學考證的思想活力》）；林存陽：《清初三禮學》（北京：社會科學文獻出版社，2002 年）；另中央研究院近代史研究所於 1997 年 9 月成立「禮教與情欲研究群」，由各個不同學術角度觀察中國近代社會文化的禮教與情欲關係，舉辦講演、研討會等學術活動。參見張壽安、呂妙芬：〈明清情欲論述與禮秩重省〉，《漢學研究通訊》，第 20 卷第 2 期（2005 年 5 月），頁 6～8。單篇論文如林存陽：〈清代禮學研究散論〉，《社會科學管理與評論》，2003 年第 4 期，頁 65～67；陳居淵：〈焦、阮、凌禮學思想合論〉，《國際漢學》，1998 年 10 月第 2 輯，頁 45～59；王世光：〈清代中期「以禮代理」說芻議〉，《孔子研究》，2004 年第 2 期，頁 92～99。另可參見諸多論述清代學術史之著作中的相關討論。

〔註101〕如透過禮經的考證爲「尊君」提出新詮、嫂叔是否應互服喪服的爭論、婚禮儀節的認定所引發的禮教批判等。參見張壽安：《十八世紀禮學考證的思想活力》，〈第二章 「親親尊尊」二系並列的情理結構〉，頁 86～143、〈第四章 「嫂叔無服？嫂叔無服？」〉，頁 227～269、〈第五章 「成婦？成妻？」：清儒論婚姻之成立〉，頁 270～309。

夫的角度來看清代禮學興起的思想因素及其意義。

一、言「理」到崇「禮」

　　清人本著以氣為本的立場，肯定了人欲人情是人性中自然存在的本質，所謂的理義便不再是如理學家所言在飲食男女之外的「天理」，而是就處事原則的無所差謬、人欲人情的不爽失而論，因此，培養、擴充心知所本具審辨、擇取理義之能，成為清代修養工夫的特色，即如上節所言，由聖賢經典的歸納、訓解並擴及一切文獻典章制度的考究，是掌握理義的基本工夫；至於心知對理義的肯認、抉擇與否，則在於「絜矩之道」。戴震言：

> 理也者，情之不爽失也，未有情不得而理得者也。凡有所施於人，反躬而靜思之：「人以此施於我，能受之乎？」凡有所責於人，反躬而靜思之：「人以此責於我，能盡之乎？」以我絜之人，則理明。天理云者，言乎自然之分理也；自然之分理，以我之情絜人之情，而無不得其平是也。〔註102〕

> 子曰：「其恕乎！己所不欲，勿施於人。」《大學》言治國平天下，不過曰「所惡於上，毋以使下，所惡於下，毋以事上」，……曰「所不欲」、曰「所惡」，不過人之常情，不言理而理盡於此。惟以情絜情，故其於事也，非心出一意見以處之，苟舍情求理，其所謂理，無非意也。未有任其意見而不禍斯民者。〔註103〕

焦循承戴氏之意且更進一步發揮，不但在論及孔子的「一貫之道」（即「忠恕」）中屢屢強調不可「執己」，甚至將「格物」解為絜矩，言：

> 人執其所學而強己以從之己不欲，則己執其所學而強人以從之人，豈欲哉？知己有所欲，人亦各有所欲，己有所能，人亦各有所能，盡天下之性，則範圍天地，曲成萬物。〔註104〕

> 格物者何？絜矩也。格之言來也，物者，對乎己之稱也。《易傳》云：「遂知來物」，物何以來？以知來也；來何以知？神也；何為神？寂然不動，感而遂通也；何為通？反乎己以求之也。己所不欲，勿施於人，則足以格人之所惡；己欲立而立人，己欲達而達人，則足以

〔註102〕戴震：〈理〉，《戴震集・孟子字義疏證》，卷上，頁265～266。
〔註103〕戴震：〈理〉，《戴震集・孟子字義疏證》，卷上，頁269。
〔註104〕焦循：〈釋一貫忠恕〉，《論語通釋》，頁3b。

> 格人之所好。爲民父母，不過民之所好好之，民之所惡惡之，用之
> 於家則家齊，用之於國則國治，用之於天下則天下平。〔註105〕

人欲人情無所差謬、不爽失，即是理義。而無所差謬、不爽失的關鍵在於能
否「以情絜情」、「感而遂通」，換言之，理義是建立在人我之欲、人我之情共
通、共同的基礎上，由個人所欲所情推及至群體，能達天下人之情，遂天下
人之欲，即是理義。依此，清人論理義時講求的是群體生養之欲的滿足、情
感過與不及的節制與疏通，落實於人倫日用的行事，便是「禮」的討論。清
初顧炎武即曾說：「禮者，本於人心之節文，以爲自治治人之具」，〔註106〕實
已點出了清代崇禮的思想因素及崇禮的目的。

對於清儒而言，「禮」是「理」的具體化、實象化之稱，如顧炎武言：

> 不遺親，不后君，仁之效也。其言義何？義者，禮之所從生也。
> 〔註107〕

戴震言：

> 由其生生，有自然之條理，觀於條理之秩然有序，可以知禮矣。
> 〔註108〕

> 禮者，天地之條理也。……即儀文度數，亦聖人見於天地之條理，
> 定之以爲天下萬世法。禮之設所以治天下之情，或裁其過，或勉其
> 不及，俾知天地之中而已矣。〔註109〕

抽象的仁義道德，必須由禮才能透顯，也就是說，緣於人欲人情不爽失的理
義，便寓存於禮；在這樣的理路之下，於是有更多的清儒遂直接言「禮」而
不言「理」，凌廷堪即是最具代表性者，其言：

> 蓋道無跡也，必緣禮而著見，而制禮者以之；德無象也，必藉禮爲
> 依歸，而行禮者以之。〔註110〕

> 聖人之道，至平且易也。《論語》記孔子之言備矣，但恆言禮，未嘗
> 一言及理也。……其所以節心者，禮焉爾，不遠尋夫天地之先也；
> 其所以節性者，亦禮焉爾，不侈談夫理氣之辨也。……後儒熟聞夫

〔註105〕焦循：〈格物解一〉，《雕菰集》，卷9，頁131。
〔註106〕顧炎武：〈儀禮鄭注句讀序〉，《顧亭林詩文集・文集》，卷2，頁32。
〔註107〕顧炎武：〈未有義而後其君者也〉，《日知錄》，卷10，頁206。
〔註108〕戴震：〈仁義禮智〉，《戴震集・孟子字義疏證》，卷下，頁317。
〔註109〕戴震：〈仁義禮智〉，《戴震集・孟子字義疏證》，卷下，頁318。
〔註110〕凌廷堪：〈復禮中〉，《校禮堂文集》，卷4，頁30。

> 釋氏之言心言性極其幽深微眇也,往往怖之,愧聖人之道以爲弗如,
> 於是竊取其理事之說而小變之,……聖人之道本乎禮而言者也,實
> 有所見也;異端之道外乎禮而言者也,空無所依也。〔註111〕

這裡所謂「道無跡也,必緣禮而著見」,其思考的脈絡與顧氏、戴氏並無不同,
只是凌廷堪認爲,古聖賢典籍所載只有「禮」而無「理」字,言「理」是「後
儒」援釋入儒的作法;另一方面則是基於實事踐履層面的考量,因此,凌氏
以「道」、「聖人之道」取代了「理」字,倡議「聖人不求理而求諸禮」。〔註112〕
這種講求禮意的學習、禮儀的實踐做爲修身治人的主張,旋即受到諸多儒者
的注意及支持,追隨、議論凌氏理學思想者頗多,如夏鑾(1760～1829)及
其子夏炘(1789～1871)、夏炯(1795～1846),許宗彥(1768～1818)與黃
式三及黃以周(1828～1899)父子等人,形成清代禮學風潮。再如阮元言:

> 朱子中年講理,固已精實,晚年講禮,尤耐繁難,誠有見乎理必出
> 于禮也。古今所以治天下者,禮也,五倫皆禮,故宜忠宜孝,即理
> 也。然三代文質,損益甚多,且如殷尚白、周尚赤,禮也;使居周
> 而有尚白者,若以非禮折之,則人不能爭,以非理折之,則不能無
> 爭矣。故理必附乎禮以行,空言理則可彼可此之邪說起矣。〔註113〕

姑且不論阮元對朱子的評論是否允當,這段文字實已充分透露其對「禮」、「理」
的理解及態度。首先,言修身治人以「禮」而不以「理」,正呼應了焦循所論
「治天下則以禮,不以理也」、「理足以啓爭,而禮足以止爭」的說法;〔註114〕
至於所謂「理必附乎禮以行」,不僅再次強調了「理」寓存於「禮」的主張,
同時亦可看出「禮」、「理」二者的主從關係,這種以「禮」爲首出、「理」在
「禮」中的觀點,實是總結了自清初顧炎武以來對「理」、「禮」的詮解。方
東樹曾引述這段論述並加以批評,言:

> 不知禮是四端、五常之一,「理」則萬事萬物咸在。所謂禮者,「理」
> 也,官於天也;禮者,「天理」之節文,天敘、天勒云云,皆是就禮

〔註111〕凌廷堪:〈復禮下〉,《校禮堂文集》,卷4,頁31～32。
〔註112〕凌廷堪:〈復禮下〉,《校禮堂文集》,卷4,頁32。按:關於凌廷堪禮學論述
　　　　及後繼者的相關研究,可參見張壽安:《以禮代理》一書,尤其〈第二章　凌
　　　　廷堪禮學思想之內容〉,頁32～75;〈第三章　凌廷堪與崇禮思想之蔚起〉,頁
　　　　76～117。
〔註113〕阮元:〈書東莞陳氏學蔀通辯後〉,《揅經室續集》,卷3,頁423。
〔註114〕焦循:〈理說〉,《雕菰集》,卷10,頁151。

一端言。其出於「天理」，非謂「天理」盡於禮之一德。……蓋分言之，則「理」屬禮；合論之，仁、義、知、信，皆是「理」。……夫言禮而「理」在，是就禮言「理」。言「理」不盡於禮，禮外尚有眾「理」也。即如今人讀書作文，學百藝以及天文、算數、兵謀、訟獄、河防、地利，一切庶務，謂曰須明其理，則人心皆喻；謂曰此皆是禮之意，則雖學士，亦惶惑矣。〔註115〕

方東樹以程朱理學思想的觀點來批駁阮元等人所論「禮」、「理」的主張，是否能切中要旨，頗有商榷之餘。在此要說明的是，藉由方氏的論述，恰恰突顯出清人與宋明儒在「禮」、「理」關係認知上的歧異。方氏言「禮」乃「天理之節文」，實承自朱子之意，〔註116〕「天理」是程朱思想中的終極本體，仁、義、禮、智皆是「天理」落實於經驗世界中個別的所以然之「分理」，與「天理」分屬不同層次，因此方氏言「仁、義、知、信皆是理」中的「理」是指「分理」而言，「禮」當然應屬「分理」之列，絕不能逕等同統攝一切「分理」的「天理」，此即方氏強調的「理不盡於禮」、「禮外尚有眾理」之意。而清人則是就人情人欲的不爽失言「理」，落實於踐履爲「禮」，故據「禮」以顯「理」意，對於清儒而言，崇禮更具實質意義。

清儒論及禮制的訂定，有相當一致的見解，如顧炎武言：「先王之制禮也，不可多不可寡也，唯其稱也」，〔註117〕戴震言「禮之設所以治天下之情，或裁其過，或勉其不及」（見前引），焦循言「君長之設，所以平天下之爭也。故先王立政之要，因人情以制禮」，〔註118〕凌廷堪言「飲食男女，人之大欲存焉。聖人知其然也，制禮以節之」〔註119〕、「好惡者，先王制禮之大原也」，〔註120〕實皆著眼於妥貼安置人欲人情；在此基礎上所建構的禮學，自然有別於宋明源於「天理」觀下的禮學思想。清儒透過古籍文獻、典章制度的考據爲手段，批駁宋明禮學禮制，最終的目的即在於彰顯這個通達情欲爲本的禮學以做爲修身、治人的依據。

〔註115〕方東樹：《漢學商兌》，收於江藩、方東樹：《漢學師承記（外二種）》（香港：三聯書店，1988年），卷中之上，頁293～294。

〔註116〕朱熹：《論語集注・顏淵第十二》：「禮者，天理之節文也。」《四書章句集注》，卷6，頁131。

〔註117〕顧炎武：〈君子而時中〉，《日知錄》，卷9，頁185～186。

〔註118〕焦循：〈理說〉，《雕菰集》，卷10，頁151。

〔註119〕凌廷堪：〈荀卿頌并序〉，《校禮堂文集》，卷10，頁76。

〔註120〕凌廷堪：〈好惡說上〉，《校禮堂文集》，卷16，頁140。

二、「克己復禮」之詮釋

　　《論語》所載孔子回答顏淵問仁，言：「克己復禮爲仁。一日克己復禮，天下歸仁焉。爲仁由己，而由人乎哉？」並以「非禮勿視，非禮勿聽，非禮勿言，非禮勿動」做爲條目。〔註121〕宋代朱熹以其自身哲學思想詮釋了這段文字，將「克己」解爲勝「身之私欲」，將「禮」解爲「天理之節文」〔註122〕後，遭致明、清兩代儒者諸多批評並賦予不同的詮釋，這些批評及新解，一方面因成爲考察明、清義理思想轉折的線索而受到重視；〔註123〕另一方面亦有現代學者從經典詮釋原則的不同、義理思想的歧異等層面說明這些詆斥朱注者之誤。〔註124〕誠然，清人在「克己復禮」的相關論述上確實顯著的表現出反朱注的傾向，這當然是肇因於義理思想立場上的不同所致，也正因如此，清人對程朱「克己復禮」解的批判是否允當，仍有討論的空間；但另一值得注意的是，透過清儒「克己復禮」的討論，實可看出清人以禮修身治人的內涵。

　　戴震批評朱子訓解「克己」、「爲仁由己」中「己」字的前後不一致，〔註125〕尤針對「克己」的「己」解爲「私欲」，他認爲：

〔註121〕朱熹：《論語集注・顏淵第十二》，《四書章句集注》，卷6，頁131～132。

〔註122〕朱熹：《論語集注・顏淵第十二》：「蓋心之全德，莫非天理，而亦不能不壞於人欲。故爲仁者，必有以勝私欲而復於禮，則事皆天理，而本心之德復全於我矣。」又言：「非禮者，己之私也。勿者，禁止之辭。是人心之所以爲主，而勝私復禮之機也。私勝，則動容周旋無不中禮，而日用之間，莫非天理之流行矣。」《四書章句集注》，卷6，頁131～132。

〔註123〕日本學者溝口雄三考察明儒鄒守益、王龍溪、羅近溪，清儒顏元、李塨、戴震等人對「克己復禮」的詮釋，以此指出明、清思想中「理」的思想轉折。參見溝口雄三著，林右崇翻譯：《中國前近代思想的演變》（臺北：國立編譯館，1994年），〈第五章　清代前葉的新理觀之確立——從「克己復禮」解的展開看新理觀之確立〉，頁345～393。又林啓屏先生：〈乾嘉義理學的一個思考側面——論「具體實踐」的重要性〉一文中，以戴震、阮元等對「克己復禮」的討論說明清儒對「禮」在具體實踐上的主張。收於林慶彰、張壽安主編：《乾嘉學者的義理學》（臺北：中央研究院中國文哲研究所，2003年），總頁41～102，尤其頁81～87。

〔註124〕如張崑將：〈朱子對《論語・顏淵》「克己復禮」章的詮釋及其爭議〉，《臺大歷史學報》，第27期（2001年6月），頁83～124。劉玉國：〈戴震理欲觀及其反朱子「存天理去人欲」平議〉，收於林慶彰、張壽安主編：《乾嘉學者的義理學》，總頁365～389。

〔註125〕戴震：〈權〉：「老、莊、釋氏，無欲而非無私；聖賢之道，無私而非無欲；謂之『私欲』，則聖賢固無之。然如子路之賢，不可謂其不能勝私欲矣，豈顏子猶壞於私欲邪？況下文之言『爲仁由己』，何以知『克己』之『己』不與下同？」《戴震集・孟子字義疏證》，卷下，頁326。

克己復禮之爲仁，以「己」對「天下」言也。禮者，至當不易之則，故曰：「動容周旋中禮，盛德之至也。」凡意見少偏，德性未純，皆己與天下阻隔之端；能克己以還其至當不易之則，斯不隔於天下，故曰：「一日克己復禮，天下歸仁焉。」然又非取決於天下乃斷之爲仁也，斷之爲仁，實取決於己，不取決於人，故曰：「爲仁由己，而由人乎哉？」自非聖人，未易語於意見不偏，德性純粹；至意見不偏，德性純粹，動皆中禮矣。就一身舉之，有視、有聽、有言、有動，四者勿使爽失於禮，與「動容周旋中禮」，分「安」、「勉」而已。〔註126〕

焦循言：

約我以禮，即復禮克己。復禮即己所不欲，勿施於人，勿施即勿聽、勿視、勿言、勿動也。勿聽、勿視、勿言、勿動，克己也，非禮則勿聽、勿視、勿言、勿動，是視聽言動者皆禮也，是復禮也。〔註127〕

阮元引《左傳》之文證明「克己復禮」乃爲古語，又引毛奇齡所著《四書改錯》中馬融以「約身」解「克己」之說，反對朱子之解，〔註128〕言：

顏子克己，己字即自己之己，與下「爲仁由己」相同。言能克己復禮，即可竝人爲仁，一日克己復禮，而天下歸仁，此即己欲立而立人，己欲達而達人之道。仁雖由人而成，其實當自己始，若但知有己不知有人，即不仁矣。……若以克己解爲私欲，則下文「爲仁由己」之己，斷不能再解爲私，而由己不由人反詰辭氣，與上文不相屬矣。〔註129〕

凌廷堪呼應阮元之說，且更進一步考究《論語》中的「己」字，強調若均解作「私欲」則盡不可通，故言：

〔註126〕戴震：〈權〉，《戴震集・孟子字義疏證》，卷下，頁326。

〔註127〕焦循：〈釋仁〉，《論語通釋》，頁7b～8a。

〔註128〕阮元：〈論語論仁論〉：「《左傳》昭公十二年，楚靈王聞右尹子革諷〈祈招〉之詩，而不能自克，以及於難。仲尼曰：『古也有志，克己復禮，仁也。楚靈王若能如是，豈其辱於乾谿。』據此，可見克己復禮，本是古語，而孔子嘗引之。」又：「毛西河檢討《四書改錯》曰：『馬融以約身爲克己，從來說如此，惟劉炫曰『克者，勝也』此本揚子雲『勝己之私之謂克』語，然己不是私，必從己字下添『之私』二字，原是不安。至程氏直以己爲私，稱曰：『己，私致。』《集注》謂身之私欲，別以己上添身字，而專以己字屬私欲，於是宋後字書，皆注己作私，引《論語》克己復禮爲證，則誣甚矣。』」《揅經室集・一集》，卷8，頁199。

〔註129〕阮元：〈論語論仁論〉，《揅經室集・一集》，卷8，頁199。

　　至於《集註》（按：指朱熹《論語集注》）所以屏去舊説而專主此孤
　　據，但喜其與己之理欲相近而已，未遑取全經而詳繹之也。竊以馬
　　氏（按：馬融）之注申之，克己即修身也。故「修己以敬」、「修己
　　安人」、「修己以安百姓」，直云修，不云克也。〔註130〕

清儒在論及「克己復禮」時，往往伴隨著對朱注的批評，包括朱子訓解「克己」
的「己」爲私欲，使得與後文的「爲仁由己」有所矛盾；以及朱子在「天理」、
「人欲」相對立的前提下，〔註131〕將「欲」視爲「克」的對象〔註132〕，這是
肯定人欲人情價值的清儒極力駁斥的焦點。因此，戴震認爲「克己」是修正自
身「意見少偏，德行未純」的偏蔽之失以達到自身之欲之情與天下相通的狀態，
焦循、阮元皆逕以「約身」的角度解「克己」，且言「己欲立而立人，己欲達而
達人」，顯然與戴震著眼於個己與天下人情欲共通的理路一致，凌廷堪進一步將
「約身」之意引申爲「修身」，更突顯出與朱注的不同。思想的不同，導致詮釋
的歧異，於此可見。事實上，清人在「克己」一辭的詮釋上既已呈現異於理學
的立場，那麼，「克己復禮」作爲道德修養工夫，自然亦有不同的意涵。朱子的
「復禮」是指歸返於人心所本有具足的道德本質而言，故而所謂的「非禮勿視，
非禮勿聽，非禮勿言，非禮勿動」，均是就個人內在做工夫，能夠禁絕自身不符
禮儀的視聽言動，使一切外在行爲合理，便是「天理之流行」，因而朱子在注解
「克己復禮」中會説：「是人心之所以爲主，而勝私復禮之機也。」清儒解「克
己」爲修身，重視的是人我間的絜矩之道，因此要求自身的視聽言動（即人欲
人情）能「還其至當不易之則」，能與天下共通而無所窒礙，此即「復禮」。顯
然，清儒的非禮勿視聽言動是就個己與群體間做工夫，尋求天下人視聽言動的
「至當不易之則」，這才是清人禮學發展的核心思想，因此，記述禮制儀節的《儀
禮》受到空前的重視，〔註133〕三《禮》的考據著作豐碩，其目的即在於透過禮
制的考證、禮俗的議論以建構一通達情欲的禮秩社會。

〔註130〕凌廷堪：〈與阮中丞論克己書〉，《校禮堂文集》，卷 25，頁 235。
〔註131〕朱子言：「人只有天理、人欲兩途，不是天理，便是人欲。」參見黎靖德編：
　　　　《朱子語類・顏淵問仁》，第 41 卷，頁 1670。
〔註132〕除《論語集注》中的注文之外，再如：「或問：克己之私有三，氣稟、耳目口
　　　　鼻之欲、及人我是也，不知那箇是夫子所指？曰：三者皆在裏，然非禮勿視
　　　　聽言動則耳目口鼻之欲較多。」參見黎靖德編：《朱子語類・顏淵問仁》，第
　　　　41 卷，頁 1665。
〔註133〕關於清代《儀禮》興起之研究，可參考張壽安：《十八世紀禮學考證的思想活
　　　　力》，頁 49～72。

第八章　繼孟學或承荀學之辨

　　清儒在人性內涵上所賦予的新貌、性善的證成，以及道德的修養工夫，如前所述，實已展現出與宋明儒者相當迥異的進路，但有趣的是，無論是宋明理學家或清儒都以繼承儒學正統自居。清儒在此前提下，於論述中批判理學家涉入佛、老，尤其突出地表現於心性的討論；甚至採取了更徹底的手段，即以重新詮釋孟子的方式來強調自己才是儒學道統的傳承者；換言之，取代而非延續宋明儒者在傳統儒家道統的地位，成為清代心性論述的重要特色。其中表現最為鮮明者，莫過於戴震所作《孟子字義疏證》及焦循所作《孟子正義》，從其著作標舉「孟子」之名，即可清楚看出所預設的孟學基本立場，更遑論其內容的表述上均以孟學為依歸，儼然孟子的真正傳人，這種意圖在論述的字裡行間表露無遺。然而，細審戴、焦，甚或多數清代思想家的心性論，卻極易察覺其悖離孟子思想脈絡以解孟子的情形，不僅使得其所闡揚的性善論不符孟學的性善軌範，甚至是趨近於荀學的理路，對此，如果以孟學為儒家唯一思想價值體系做為衡量標準，則清儒企圖以重釋孟子而爭得儒學道統的策略顯然並沒有成功，在此意義上，清儒的心性論甚至是清代的義理思想對儒家並無太大的實質意義；〔註1〕但若能跳脫過去尊孟黜荀的價值觀，那麼，清儒實際上是復興了長久以來處於邊緣化的荀學思想，未嘗不是發展、豐富了儒家在孟學單一思想體系之外的另一種不同的理論建構。

〔註1〕　最具代表性的意見，應是牟宗三所說：「夫宋明儒學要是先秦儒家之嫡系，……自劉蕺山絕食而死後，此學隨明亡而亦亡……是故自此以下，吾不欲觀之矣。」參見氏著：《從陸象山到劉蕺山》（上海：上海古籍出版社，2001年），序文，頁2。

第一節　否定宋明理學的正統性

　　對於宋明理學的抨擊，自清初顧炎武，以至乾嘉時期的戴震、焦循，至中葉的凌廷堪、阮元，其所表現的態度是相當一貫的；諸多批評的內容，在第陸、柒章各節中實已涉及，包括對於「理」、「道」、「性」等範疇的理解，以及由此所建構的成德工夫，均可看出與宋明理學截然不同的立場，而抨擊宋明理學的論述，更是隨處可見。其中，必須進一步說明者，則是被許多學者納入朱學譜系的顧炎武，以及否定宋明理學學者中最具代表性的戴震。首先就顧炎武而論。由於顧氏在《日知錄》及其《文集》中俱以明代社會國家敗亡歸咎於王學末流，甚至溯及陽明，儘管這樣的觀點恐怕將失之於亡國之痛的情緒反應，而導致有過分簡化、忽視朝代興衰的整體因素之嫌，但由此卻不難領會其對於王學的態度，自不待言；在此必須要說明的是關於顧氏對朱子理學的向背問題。顧氏曾言：

> 六經所傳，未有繼往開來之哲。惟絕學首明於伊雒，而微言大闡於考亭，不徒羽翼聖功，亦乃發揮王道，啓百世之先覺，集諸儒之大成。〔註2〕

> 今之語錄幾于充棟矣。而淫于禪學者實多，然其說蓋出于程門。故取慈谿《黃氏日鈔》所摘謝氏、張氏、陸氏之言，以別其源流，而衷諸朱子之說。……有能繹朱子之言，以達夫聖人下學之旨，則此一編者，其碩果之猶存也。〔註3〕

由上面這兩則引文中，確實顯示顧炎武推尊朱子在儒家經典知識探求上的成就，這是不容否定的。而正由於這樣的推崇，加上顧氏自身博學多聞的工夫及重視經典的主張，使二者所呈顯的學術範式看似有若干的一致性，因此自清代中葉起，即有顧氏之學本於朱子之說，〔註4〕直至現代仍有學者持相同的

〔註2〕　顧炎武：〈華陰縣朱子祠堂上梁文〉，《顧亭林詩文集·文集》（臺北：漢京文化事業公司，1984年），卷6，頁121。

〔註3〕　顧炎武：〈下學指南序〉，《顧亭林詩文集·文集》，卷6，頁131～132。

〔註4〕　如（1）章學誠：「朱子求一貫於多學而識，寓約禮於博文，其事繁而密，其功實而難……然沿其學者，一傳而爲勉齋、九峰，……五傳而爲寧人。」又言：「顧氏宗朱，而黃氏宗陸。」參見章學誠著，葉瑛校注：〈朱陸〉、〈浙東學術〉，《文史通義校注》（北京：中華書局，2000年三刷），卷3，〈內篇三〉，頁264；卷5，〈內篇五〉，頁523。（2）唐鑑：「先生之爲通儒，人人能言之，而不知先生之所以通，不在外而在內，不在制度典禮，而在學問思辨也。是以乎心察理，事事求實，凡所論述，權度惟精，往往折衷於朱子。」參見氏

主張。〔註5〕然而，要判定一個學者是否源於某一學者或學派的主要依據，不能只是考察二者在學術主張中的單一面向有無對立或一致之處，否則，即使在某些見解上表現出高度的相同取向，但仍不足以斷定二者在哲學立場上是同一系統；應該是由其本體思想出發，尋繹其學術各個面向的拓展動因及終極目的，如此方能釐清其真實的面貌。據此來看朱、顧異同：顧炎武在哲學本體的主張上是以「氣」為萬事萬物的根源，「理」存在於具體的人事言行文章之中，而非獨立存在於「氣」之外、之上，〔註6〕因此追求儒家本旨（「道」、「理」）即在於傳統經典及日常具體的倫常規範中，其本身即是目的；至於朱子的「理」則是建構在超越實體實事之上，為一切倫常規範的終極根源，是故，客觀世界知識的追求並非目的，只是體悟這個終極根源（具超越意義的「道」、「理」）的手段而已。顯然，朱、顧在哲學根源上即已存有巨大差異，而由此推展出的其他哲學面向，必然亦有諸多的不同，〔註7〕容或因朱子對於

著：〈崑山顧先生〉，《清學案小識》（臺北：臺灣商務印書館，1969），卷3，頁47。（3）全祖望：「故其本朱子之説，參之以慈谿黄東發《日鈔》，所以歸咎上蔡、横浦、象山者甚峻。」參見氏著：〈亭林先生神道表〉，《鮚埼亭集》（臺北：華世出版社，1977 年），卷12，頁144。按：以上三則引文中，章學誠、唐鑑之説是從顧炎武的治學範式言其本於朱學，而全祖望則認為顧氏是以朱學的立場來抨擊王學末流。

〔註5〕　如（1）錢穆：〈顧亭林學述〉中認為顧炎武「其平生學業志氣精神所注，血脈所自，端在朱子，信不誣矣。」參見氏著：《中國學術思想論叢（八）》（臺北：素書樓文教基金會，2000 年），頁61～84。（2）牟潤孫：〈顧寧人學術之淵源〉，收於《中國哲學思想論集》（臺北：牧童出版社，1976 年），頁63～79。（3）何佑森亦認為顧炎武本於朱子教人的治學方法以治他所謂的「古之理學」。參見〈顧亭林的經學〉，《文史哲學報》，第16 期，（1967 年10 月），頁183～205；〈顧亭林與黄梨洲——兼述清初朱子學〉，《幼獅學誌》，第15卷第2 期（1978 年12 月），頁60～74。（4）余英時：「至於亭林，儘管後人把他當作漢學的開山大師，又有人説他是清初反理學的先鋒，事實上他在學術思想方面是屬於朱子的系統。」參見氏著：〈清代思想史的一個新解釋〉，《歷史與思想》（臺北：聯經出版公司，2001 年二十二刷），頁147。

〔註6〕　顧炎武：〈夫子之言性與天道〉：「夫子之教人文行忠信，而性與天道在其中矣。」又〈修辭〉：「典謨爻象，此二帝三王之言也。《論語》、《孝經》，此夫子之言也。文章在是，性與天道亦不外乎是。」參見：顧炎武著，徐文珊點校《原抄本日知錄》（臺北：文史哲出版社，1979 年，以下書名簡稱《日知錄》），卷9，頁195；卷21，頁554。

〔註7〕　趙剛：〈告別理學：顧炎武對朱學的批判〉一文中，及分析朱、顧二人在理學、經學態度之迴異，後者包括：（1）朱重《四書》，顧重《五經》；（2）治經出發點不同；（3）治經方法差異。刊於《清華學報》，新第25 卷第1 期（1985年3 月），頁1～25。

儒家經典知識的探求上獲得顧氏的敬意，致使顧氏批判朱學的論述顯得隱晦，〔註8〕但卻不能因此而將其學術思想歸諸於朱學系統；而其否定的理學，亦不僅止於陸王，實亦將程朱納入範圍。

相較於清初顧炎武在否定宋明理學正統性上的簡化及略顯單薄的論述，至乾嘉時代的戴震則明確得多，而欲取代宋明理學在傳統儒家道統地位的意圖在此完全突顯出來，同時，這個明朗化了的意圖更影響了焦循、凌廷堪、阮元在義理思想的取捨與走向。關於戴震對宋明理學的批評，屢見於《原善》、《緒言》、《孟子字義疏證》及〈答彭進士允初書〉、〈與某書〉等文中，過去學者亦已就其批評的內容作過歸納及分析。〔註9〕大體而言，論者均已指出戴震所抨擊的內容主要有兩個面向：包括援釋、道入儒，以及理氣二分、理欲對立，因此導致捨棄人倫日用生生之事而別有所貴於道的傾向。當然，這兩個面向彼此是相互融攝的，在以氣爲本的立論前提下，心學派的陸王固然被劃入禪學之列；在戴震的眼中，理學派的程朱亦是「出入於老、釋，故雜乎老、釋之言以爲言」，不僅「皆似而非，適以亂德」，其所造成的禍患更有可能甚於申、韓，〔註10〕自然亦必須列入批駁的範圍。或許有鑑於此，加上清初以來程朱之學在陸王之學式微之際的復興，〔註11〕因此戴震在批判宋明理

〔註8〕 如顧氏於〈友人論學書〉中譏諷言心言性者「置之四海之窮困不言，而終日講危微精一之說」，實已暗指言「危微精一」爲儒家十六字心傳的朱子了。引文見《顧亭林詩文集‧文集》，卷3，頁40。

〔註9〕 如（1）胡適：《戴東原的哲學》（臺北：臺灣商務印書館，1996年六版），頁21～80。（2）馮友蘭：《中國哲學史》（臺北：臺灣商務印書館，1996年臺一版二刷），〈第十五章 清代道學之繼續〉論戴震的部分，頁990～1009。（3）勞思光：《新編中國哲學史》（臺北：三民書局，1990年六版），〈第八章 乾嘉學風與戴震哲學思想〉論戴震的部分，第3冊（下），頁826～884，尤其頁856～868。（4）張壽安：〈戴震對宋明理學的批評〉，《漢學研究》，第13卷第1期（1995年6月），頁15～41。

〔註10〕 戴震：〈答彭進士允初書〉：「僕於《孟子字義疏證》辨其視理也，與老、釋之視心、視神識，雖指歸各異，而僅僅就彼之言轉之，猶失孔、孟之所謂理、所謂義。……茍自以爲是而不可與入堯、舜之道，雖理理、言知、言學，皆似而非，適以亂德。」見《戴震集‧文集》（臺北：里仁書局，1980年），卷8，頁168。又〈理〉：「宋儒出入於老、釋，故雜乎老、釋之言以爲言。……嗚呼！雜乎老、釋之言以爲言，其禍甚於申、韓如是也。」「程子、朱子就老、莊、釋氏所指者，轉其說以言夫理，非援儒而入釋，誤以釋氏之言雜入於儒耳；陸子靜、王文成諸人就老、莊、釋氏所指者，即以理實之，是乃援儒以入於釋者也。」見《戴震集‧孟子字義疏證》，卷上，頁274～275，頁281。

〔註11〕 關於清初朱子學復興之概況，可參見鄭宗義：《明清儒學轉型探析——從劉蕺

學的內容中，程朱之學實爲其主要對象，所佔的份量亦遠大於對陸王之學的抨擊，關於這一點，也可由戴震之言得到證明，他說：

> 我非眞病，乃發狂打破宋儒家太極圖耳。〔註12〕

這裡所說的「太極圖」，指的當然是程朱理學。此外，再看清代以程朱之學爲宗的學者對戴震的譏評，如朱筠（1729～1781）認爲戴震義理之作毋須列入〈行狀〉中，言：「可不必載，性與天道不可得聞，何圖更於程、朱之外復有論說乎？」〔註13〕已略可見戴震之學針對程朱之學的意圖，又如姚鼐（1731～1815）言：

> 逮宋程朱出，實於古人精深之旨所得爲多。……然今世學者乃思一切矯之，以專宗漢學爲主，以攻駁程朱爲能。……博聞強識以助宋君子所遺則可也，以將跨越宋君子則不可也。〔註14〕

> 儒者生程朱之後，得程朱而明孔孟之旨，程朱猶吾父師也。然程朱言或有失，吾豈必曲從之哉？程朱亦豈不欲後人爲論而正之哉？正之可也，正之而詆毀之訕笑之，是詆訕父師也。且其人生平不能爲程朱之行，而其意乃欲與程朱爭名，安得不爲天之所惡？故毛大可、李剛主、程綿莊、戴東原，率皆身滅嗣絕，此殆未可以爲偶然也。〔註15〕

> 戴東原言考証豈不佳，而欲言義理以奪洛閩之席，可謂愚妄不自量之甚矣。〔註16〕

翁方綱（1733～1818）亦言：

> 近日休寧戴震……乃其人不甘以考訂爲事，而欲談性道，以立異於程朱，就其大要，則言理力詆宋儒，以謂「理」者，是「密察條析」之謂，非性道統攝之謂。反目朱子「性即理也」之訓，謂入於釋、

山到戴東原》（香港：中文大學出版社，2000年），〈第五章 心學系統外的救正——明末清初朱子學的三種型態及消長〉，頁113～151。

〔註12〕此爲段玉裁引述戴震之言。見段玉裁：〈答程易田丈書〉：「壬辰師館京師朱文正家，自言曩在山西方伯署中，僞病者十數日，起而語方伯：『我非眞病，乃發狂打破宋儒家太極圖耳。』」《經韻樓集》，收於《段玉裁遺書》（臺北：大化書局，1986年），卷7，頁1004。

〔註13〕參見江藩：〈洪榜〉，《漢學師承記》，收於江藩、方東樹：《漢學師承記（外二種）》（香港：三聯書店，1998年），卷6，頁117。

〔註14〕姚鼐：〈復蔣松如書〉，《惜抱軒全集・文六》（臺北：中華書局，1966年），頁10a～10b。

〔註15〕姚鼐：〈再復簡齋書〉，《惜抱軒全集・文六》，頁15a～15b。

〔註16〕姚鼐：〈與陳碩士〉，《惜抱尺牘》（北京：中國書店，影印宣統初年小萬柳堂刊本），卷6，頁22。

老「眞空眞宰」之說，竟敢刊入文集，說「理」字至一卷之多，其
大要則如此。〔註17〕

方東樹（1772～1851）亦言：

> 然戴震非能有老莊玄解，不過欲堅與程朱立異。……今移此混彼，
> 妄援立說，謂當通遂其欲，不當繩之以「理」，言「理」則爲「以意
> 見殺人」，此互古未有之異端邪說！而天下方同然和之，以蔑「理」
> 爲宗，而欲以之易程朱之統也。〔註18〕

> 考戴氏生平著述之大，及諸人所推，在《孟子字義疏証》及《原善》。
> 《孟子字義》，戴氏自謂「正人心」之書。余嘗觀之，輆轕乖違，毫
> 無當處。《原善》亦然，如篇首云云，取《中庸》、《論》、《孟》之字，
> 標舉古義，以刊正宋儒，徒使學者茫然、昏然，不得主腦下手處，
> 大不如陳北溪《字義》。〔註19〕

姚鼐對於戴震的攻擊，極可能因私人之怨而失諸理性，〔註20〕導致有「身滅
嗣絕」之言。然而，姚鼐言戴震的義理之學有「跨越宋君子」、「與程朱爭名」、
「奪洛閩之席」的意圖，翁方綱、方東樹本諸程朱之學，嚴厲批判了戴震義
理思想中有關「欲」、「理」的主張，視之爲異端邪說，直言其「立異於程朱」、
「欲以之易程朱之統」，從這些論述中，不但可更進一步確認戴震所攻詰的主
要對象爲程朱，甚至由姚、翁、方等人的反駁中亦可看出這些尊崇程朱的學
者已感受到戴學對程朱之學撼動的力量是不容小覷的。而方東樹作《漢學商
兌》一書，強力批判了戴震、焦循、阮元、凌廷堪等在義理思想上與程朱相
左的學者，〔註21〕尤其針對戴震，不但再三痛斥其所言之「理」，〔註22〕且貶

〔註17〕 翁方綱：〈理說駁戴震作〉，《復初堂文齋》（臺北：文海出版社，1969 年），卷
7，頁 321。

〔註18〕 方東樹：《漢學商兌》，卷中之上，頁 279～280。

〔註19〕 方東樹：《漢學商兌》，卷中之上，頁 283。

〔註20〕 據章炳麟：〈清儒第十二〉言：「（戴）震爲《孟子字義疏証》，以明材性，學
者自是薄朱。桐城諸家，本末得程朱要領，徒援引膚末，大言自壯，故尤
被輕蔑。（姚）範從子姚鼐，欲從震學，震謝之，猶亟以微言匡飾。鼐不平，
數持論詆樸學殘碎。其後方東樹爲《漢學商兌》，徽章益分。」《訄書重訂本》，
收於《訄書 初刻本 重訂本》（北京：生活・讀書・新知三聯書店，1998 年），
頁 160。按：由此可知當時任四庫館臣的姚鼐欲拜師於戴震遭拒，於學界有失
顏面，故日後對戴震之學予以猛烈抨擊，甚而影響其門人方東樹。

〔註21〕 如批評焦循「豈足以知宋儒言性之說」、「特拾告子、佛氏之唾穢而已。」批
評凌廷堪「睥睨程朱，其謬妄乃如此邪！」批評阮元「用意之私、爲說之巧。」

低《孟子字義疏證》及《原善》之價值。對此，本文所關注的焦點不在於衡定方氏的批評觀點正確與否，亦不是在於論斷程朱之學與戴學的優劣高下，而是要指出方東樹這樣的做法，在某種程度上恰恰反映出了戴震哲學及其追隨者的鉅大影響；事實上，方氏亦描述了戴學盛況，言：

> 數十年來，此風遍蒸海內，如狂飆蕩洪河，不復可望其澄鑑。在上者，其勢位既足以軒輊一世，風會所尚，一時高才敏疾之士，又群趨附之。平居談論，若不畔程、朱，即非學，言有偶及之者，輒羞恧若將浼焉。若不共戴天之仇，義必如是，而後為丈夫者。〔註23〕

這段文字充分表露出方東樹對於戴學盛行的憤懣不安之感，顯示戴震挑戰程朱之學的實質成效。若追究戴氏反程朱之因，義理思想的差異固然是基礎，明道方法的不同及時代背景亦是不可忽略的外緣因素，〔註24〕但若細審姚鼐等人所說「跨越宋君子」、「奪洛閩之席」、「易程朱之統」等言論來看，則這批遵奉程朱的學者感到憤懣不安的原因，恐怕不僅止於程朱之學受到批判，而是感受到了戴震等人這些批判的背後隱然預設了程朱非儒家道統中正統繼承者的訊息；換言之，他們已察覺戴震欲取代自宋代以來所建構的儒家道統中程朱地位的意圖，且自戴氏之後，追隨其主張者眾多，包括焦循、程瑤田呼應戴震「以理殺人」之說而痛陳以「理」（指程朱之學的「理」）相爭之害而主張崇禮；凌廷堪徹底反對所有言「理」之學而主張「以禮代理」；阮元藉由批評李翱〈復性書〉而暗指程朱之學亦涉入講究虛明寂然的禪學，而大量的編書、刻書以及創立學舍，無形之中亦是間接地推展、落實了戴震思想中修養工夫論的主張，其所形成的學術氛圍，或許才是方東樹等人焦慮的主要來源。方氏曾言：

參見方東樹：《漢學商兌》，卷中之上，頁 277、頁 293～296、頁 302～305、頁 308～309；卷中之下，頁 323、頁 360。

〔註22〕方東樹在《漢學商兌》中批駁戴學甚多，除本文所引之外，再如：「屬禁言『理』則自戴氏始。自是宗旨祖述，邪詖大肆，……至精不易之論，必欲一一盡翻之，以張其門戶。」「戴震禁言『理』，詆程朱不當別言有理具於心，……皆邊見、邪見，非正知見也。」「蓋由其私心本志，憎忌程朱，堅欲與之立異，故力鬥求理之學。大本一失，無往不差。」參見方東樹：《漢學商兌》，卷上，頁 260；卷中之上，頁 269～270；卷中之上，頁 275。

〔註23〕方東樹：《漢學商兌》，卷下，頁 402。

〔註24〕張壽安於〈戴震對宋明理學的批評〉一文中將戴震反理學的原因歸納為：（1）即經學求理學（2）反朝廷朱學（3）本身的思想因素——重生養之欲的滿足。《漢學研究》，第 13 卷第 1 期，頁 15～41。

> 當是時，士庶人有十金之產者，因自豪，遂欲以問周京之鼎，是以
> 罪之也。十金之產，非不有挾也，其罪在於問鼎。後世之學者，不
> 幸不見天地之純，古今之大全，賴程朱出而明之。乃復以其謏聞駁
> 辨，出死力以詆而毀訾之，是何異匹夫負十金之產，而欲問周鼎者
> 也！〔註25〕

再看章學誠（1738～1801）對於開創此一學風的戴震，評曰：

> 戴君下世今十餘年，……而尊奉太過，至有稱謂孟子後之一人，則
> 亦不免爲戴所愚。……戴君學術，實自朱子道問學而得之，故戒人
> 以鑿空理義，其說深探本原，不可易矣。顧以訓詁名義，偶有出於
> 朱子所不及者，因而醜貶朱子，至斥以悖謬，詆以妄作，且云：「自
> 戴氏出，而朱子儌倖爲世所宗，已五百年，其運亦當漸替。」此則
> 謬妄甚矣！……後學向慕，而聞其恍惚玄渺之言，則疑不敢決，至
> 今未能定戴爲何如人，而信之過者，遂有超漢、唐、宋儒爲孟子後
> 一人之說，則皆不爲知戴者也。〔註26〕

章學誠認爲戴震之學出於朱子卻叛於朱子，暗喻戴震有忘本之罪。事實上，
雖然戴氏早年曾服膺程朱義理，〔註27〕但思想成熟後的戴震，與程朱之學實
爲不同的思想體系，因此，這樣的說法在實質上並無太大的意義，其目的只
是在貶抑戴震；值得注意的是，方東樹在此指責戴震之罪「在於問鼎」、章學
誠強烈駁斥當時推尊戴氏爲孟子後第一人之說，不但從反面證明了戴震取代
程朱之學的情形，確實已使宋明理學不再享有傳承孔孟的必然優勢，同時亦
已感受到戴氏意圖取代宋學正統地位的弦外之音。

第二節　繼孟學之商榷

　　即使戴震並沒有明言自己有跨越宋明理學以繼承孟子的職志，但以上述
分析戴震否定宋明理學正統性的論述中，包括方東樹批評的「罪在於問鼎」、

〔註25〕方東樹：〈重序〉，《漢學商兌》，頁411～412。
〔註26〕章學誠著，葉瑛校注：〈書朱陸篇後〉，《文史通義校注》，〈內篇三〉附錄，頁
　　　　275～277。
〔註27〕參見余英時：〈戴震與清代考據學風〉，文中所述及的戴震論學三階段。收於
　　　　氏著：《論戴震與章學誠》（北京：生活・讀書・新知三聯書店，2000年），頁
　　　　127～136。

章學誠視爲謬妄的「孟子後之一人」之說，實已從反面點出了這樣的意圖。
在《孟子字義疏證》的序文中，戴震言：

> 孟子辯楊、墨；後人習聞楊、墨、老、莊、佛之言，且以其言汩亂
> 孟子之言，是又後乎孟子者之不可已也。苟吾不能知之亦已矣，吾
> 知之而不言，是不忠也，……吾用是懼，述《孟子字義疏證》三卷。
> 韓退之氏曰：「道於楊、墨、老、莊、佛之學而欲之聖人之道，猶航
> 斷港絕潢以望至於海也。故求觀聖人之道，必自孟子始。」〔註28〕

戴震自述作《孟子字義疏證》之因乃在於效法孟子闢楊、墨的精神以駁摻雜
了釋、老的宋儒之學，還原儒家原始的面貌。對此，其弟子段玉裁（1735～
1815）有更進一步的說法：

> 且有〈自序〉一篇，說明用「孟子」書字義爲目之故。而用韓子「求
> 觀聖人之道，必自孟子始」之語爲歸宿，師之隱然以道自任，上接
> 孟子意可見矣。〔註29〕

可見，不僅反對戴震思想的方東樹、章學誠已察覺戴震的意圖，事實上，段
玉裁所說的「隱然以道自任」、「上接孟子之意」，更是正面肯定了戴震的確是
有意將自己納入儒家道統之列的。依此，更完整的來說，《孟子字義疏證》中
批判程朱之學只是藉以否定其繼承、詮釋孟子正統性的手段，如學者所指出，
實具有「護教學性質」；〔註30〕更重要的是，以自己的義理之學取而代之，重
新詮釋孟子以獲得儒家道統的地位，或許這才是戴震的最終目的。

繼戴震之後，清代學者以各種不同的方式來表現對戴氏意圖的共鳴，在
思想上，如重視典籍知識、強調以文字訓詁作爲明義理的手段、推崇禮學以
修身及治人；在表現的形式上，則有同樣以重釋《孟子》來否定程朱之學的
焦循。《孟子正義》是焦循生前最後著作，將之付諸刊刻的焦徵言：

> （焦循）又以古之精通《易》理，深得伏羲、文王、周公、孔子之
> 恉者莫如孟子，生孟子後而能深知其學者莫如趙氏。惜偏疏蹐駁乖
> 謬，文義鄙俚，未能發明其萬一，思作《正義》一書。〔註31〕

〔註28〕戴震：〈孟子字義疏證序〉，《戴震集・孟子字義疏證》，頁264。

〔註29〕段玉裁：〈答程易田丈書〉，《經韻樓集》，收於《段玉裁遺書》，卷7，頁1004。

〔註30〕黃俊傑：《中國孟學詮釋史論》（北京：社會科學文獻出版社，2001年），頁
308～316。

〔註31〕此文爲《孟子正義》刊刻之題識，收於《孟子正義》（臺北：文津出版社，1988
年），上冊，頁7～8。

從這段簡略的識語中，可知焦循認為最能深解《孟子》一書的是趙歧（約108～201）所作的《孟子章句》，然該書經歷刪削偽疏之影響而失去原貌，加上有鑒於當時《孟子》的相關注本中沒有一兼綜博采的完善注本，〔註32〕因此促使焦氏有撰述《孟子正義》的動機。是故，雖然《孟子正義》亦以「孟子」為名，但形式上則與條列論述思想術語的《孟子字義疏證》不同，而是以漢代趙歧的《孟子章句》為根據，摭取清代六十餘家著作加以疏解，成為一部既疏經文，亦解趙氏注文的典型注疏體之作。〔註33〕然而，焦循的目的絕不僅止於回復趙歧《孟子章句》之意而已，他說：

> 於趙氏之說或有所疑，不惜駁迫以相規正。〔註34〕

> 著書各有體，非一例也。……有採擇前人所已言，而以己意裁成損
> 益于其間，余所撰《孟子正義》是也。〔註35〕

顯然，焦循在疏解《孟子》的過程裡，其自身的思想主張實已貫穿於其中，這也正符合了胡適所言：「是從經學走上哲學路上去的」。〔註36〕事實上，當焦循廣納漢、唐及清人之說而獨缺了宋代朱子的《孟子集注》時，雖有拘泥門戶之嫌而遭當代學者非議，〔註37〕但從另一個角度來說，這樣的作法亦已

〔註32〕據黃承吉：〈孟子正義序〉：「憶一日在汪晉蕃文學齋中與里堂論及各經疏正義，僅宗守傳注一家之說，未能兼綜博采……乃相要各執一經別為之正義，以貫串今古異同……而里堂則謂《易》與《孟子》尤有志焉。」參見氏著：《夢陔堂文集》（臺北：文海出版社，1967年），卷5，頁113～114。

〔註33〕關於《孟子正義》的成書經過及訓釋方式，可參見焦循於〈孟子篇敘〉末之按語。《孟子正義》，下冊，卷30，頁1048～1052。焦循遺稿，吳承仕整理：〈撰孟子正義日課記〉，《華國》，第1卷第9期（1924年5月），頁1～13；第10期（1924年6月），頁1～14，第11期（1924年7月），頁1～14。另現代學者林慶彰有〈焦循《孟子正義》及其在孟子學之地位〉一文，有更為詳盡的論述。收於氏著：《清代經學研究論集》（臺北：中央研究院中國文哲研究所，2002年），頁309～343。

〔註34〕焦循：〈孟子篇敘〉末之按語，《孟子正義》，下冊，卷30，頁1051。

〔註35〕焦廷琥：〈先府君事略〉，收於《叢書集成三編》（臺北：新文豐出版公司，1996年），第86冊，頁18。

〔註36〕胡適：《戴東原的哲學》，頁142。

〔註37〕如毛子水：〈孟子焦疏補正〉，《孔孟學報》，第16期（1968年9月），頁91～118。該文認為朱《注》在有些地方優於趙氏《章句》，但焦循不採用，或只將朱《注》的說法引述出來當作「近時通解」，乃肇因於輕視宋儒。再如何澤恆指出：「里堂論學，極惡拘守門戶，其於時人專漢據守之習，亦屢加指摘，而己則不免於自陷，無乃明於燭人而闇於自照乎？」參見氏著：〈焦循論孟子性善義闡繹〉，《焦循研究》（臺北：大安出版社，1990年），頁209～210。

透露了其義理傾向的端倪。且焦氏曾言：「宋之義理仍當以孔之義理衡之，未
容以宋之義理，即定爲孔子之義理也。」〔註38〕則更明確地對宋代理學能否
代表儒家道統表示質疑；再從他高度推崇戴震〔註39〕、於《孟子正義》中大
量徵引《孟子字義疏證》內容來看，《孟子正義》之作背後所隱含的意圖，應
與《疏證》有某種程度的一致性。

　　依據上述的分析，既然戴震的《孟子字義疏證》以及焦循的《孟子正義》
均有意以重新詮釋孟子而取代宋明理學的道統地位，並在儒學中爲自己的哲
學思想爭得一席之地，那麼，判別戴、焦的思想是否與孟子相契，便成爲首
要關注的焦點。在孟子思想體系中，「心」、「性」是最重要的哲學範疇，代表
著孟學的基本性格及內涵，因此，檢視戴震、焦循對此義蘊的掌握，是二人
能否納入孟學譜系的關鍵。根據孟子之意，人生而具有惻隱、羞惡、恭敬、
是非之心，這是根源於天命而內在於人的仁、義、禮、智四善端。孟子以此
心爲性善論的基礎，稱之爲「大體」，而與之相對的耳目口鼻感官稱之爲「小
體」，並說：「先立乎其大者，則其小者弗能奪也。」〔註40〕表示「心」具有
絕對的優先性，不爲生理本能所限制，又言：「盡其心者，知其性也。知其性，
則知天矣。」〔註41〕由「盡心」而「知性」而「知天」，這是孟學思想的終極
價值。

　　儘管戴震、焦循均贊同孟子的性善立場，但透過以氣爲本的思考脈絡下來
解釋孟子，顯然並不相契。戴震以「血氣心知」爲人性內涵，所有道德價值都
必須由此抉發，因此，仁義禮智等天理是內在於人欲人情而非超越、優先於人
欲人情的；而人性之善，就在此前提之下，由心知所具有辨別、悅慕理義的潛
能於事物中尋繹出「不易之則」，換言之，由血氣心知的「自然」便能達到仁義
禮智的「必然」，此即「歸於必然，適完其自然」，或可說是「自然」與「必然」
爲一本的性善論。因此，戴震將孟子性善論轉化成自己的理路，言：

〔註38〕焦循：〈寄朱休承學士書〉，《雕菰集》（臺北：鼎文書局，1977 年），卷 13，
　　　　頁 203。
〔註39〕焦循在〈讀書三十二贊・孟子字義疏證〉中言：「性道之譚，如風如影，先生
　　　　明之，如昏得朗，如示諸掌，人性相近，其善不爽，惟物則殊，知識罔罔，
　　　　仁義中和，此來彼往，各持一理，道乃不廣，以理殺人，與聖學兩。」《雕菰
　　　　集》，卷 6，頁 85。
〔註40〕朱熹：《孟子集注・告子章句上》，《四書集注》（北京：中華書局，2003 年七
　　　　刷），卷 11，頁 335。
〔註41〕朱熹：《孟子集注・盡心章句上》，《四書集注》，卷 13，頁 349。

> 孟子之所謂性，即口之於味、目之於色、耳之於聲、鼻之於臭、四
> 肢之於安佚之爲性；所謂人無有不善，即能知其限而不踰之爲善，
> 即血氣心知能底於無失之爲善；所謂仁義禮智，即以名其血氣心知，
> 所謂原於天地之化者之能協於天地之德也。〔註42〕

由於口目耳鼻四肢之欲的饜足受限於外物，未必皆能如願，因此，即使是人
性所本有，但孟子視之爲「小體」，言「有命焉，君子不謂性也」。〔註43〕然
而，在戴震的理解中，反而成爲仁義禮智之德產生的基礎，只要達到「知其
限而不踰之」，即是善。在強調心知作用的思考下，孟子所說人異於禽獸的善
端，遂成：

> 人以有禮義，異於禽獸，實人之知覺大遠乎物則然，此孟子所謂性
> 善。〔註44〕

> 然人之心知，於人倫日用，隨在而知惻隱，知羞惡，知恭敬辭讓，
> 知是非，端緒可舉，此之謂性善。〔註45〕

戴震在孟子的四端之前加上「知」字，依此，人之所以爲善在於「知惻隱，知
羞惡，知恭敬辭讓，知是非」，於是人的「知」成爲性善的首要因素，在「知」
的作用下，仁義禮智方能呈現。依此來看，戴震對孟子的詮解歧出頗大。〔註46〕

至於焦循，同樣延續了戴震以人欲人情及心知做爲人性本質的基礎，提
出「能知故善」的主張，由此來看他對孟子性善的詮解：

> 同一飲食，而人能嗜味，鳥獸不知嗜味。推之同一男女，人能好色，
> 鳥獸不知好色。惟人心最靈，乃知嗜味好色，即知孝弟忠信禮義廉恥。
> 理義之悅心，猶芻豢之悅口，悅心是性善，悅口亦是性善。〔註47〕

〔註42〕 戴震：〈性〉，《戴震集·孟子字義疏證》，卷中，頁306。
〔註43〕 朱熹：《孟子集注·盡心章句下》：「（孟子曰）口之於味也，目之於色也，耳
之於聲也，鼻之於臭也，四肢之於安佚也，性也，有命焉，君子不謂性也。
仁之於父子也，義之於君臣也，禮之於賓主也，智之於賢者也，聖人之於天
道也，命也，有性焉，君子不謂命也。」《四書集注》，卷14，頁369。
〔註44〕 戴震：〈性〉，《戴震集·孟子字義疏證》，卷中，頁302。
〔註45〕 戴震：〈性〉，《戴震集·孟子字義疏證》，卷中，頁295。
〔註46〕 關於戴震在詮解《孟子》上的歧出，過去學者已有論述亦可供參究，如：黃
俊傑：《中國孟學詮釋史論》，〈第八章 戴震的孟子學解釋及其含義〉，頁291
～326；鮑國順：〈戴震與孟荀思想的關係探究〉，收於中山大學清代學術研究
中心編：《清代學術論叢》（臺北：文津出版社，2001年），第2輯，頁65～
83。
〔註47〕 焦循：〈告子章句·上〉，《孟子正義》，下冊，卷22，頁764。

孟子所言「理義之悅我心，猶芻豢之悅我口」，〔註48〕強調的是自然稟賦的理義之心具有普遍性、內在性意義，而理義的「悅心」與芻豢的「悅口」只是一種譬喻，性善乃純就「悅心」的部分立論，畢竟「悅口」與「悅心」分屬不同的層次，亦即「小體」、「大體」之別；然而，焦循在「能知故善」的理路下，認為「知嗜味好色」即等同於「知孝弟忠信禮義廉恥」，都是心知之靈的表現，因此，「悅口」與「悅心」並無層次上的差別，都是性善。顯然，這樣的說法與戴震同屬一致，卻與孟子相去懸絕。再者，除了受戴震理路的影響之外，焦循在《孟子正義》中亦屢言孟子思想與《易》學會通，如言：

> 孟子深於《易》，七篇之作，所以發明伏羲、神農、黃帝、堯、舜之道，疏述文王、周公、孔子之言，端在于此。〔註49〕

> 此孟子發明《周易》之旨，故深於《易》者，莫如孟子也。〔註50〕

> 孟子深於《易》，悉於聖人通變神化之道。〔註51〕

> 孟子之書，全是發明《周易》變通之義。〔註52〕

> 孟子「性善」之說，全本於孔子之贊《易》。〔註53〕

焦循深究於《易》學，著有《易學三書》，在這樣的思想背景下，以《易》學思想闡述孟子之意，引《易傳》之言注解《孟子》，便成為《孟子正義》的特色之一。然而，以這樣的角度來解釋《孟子》似乎並未能符合孟學本旨，且孟子的思想也並不盡如焦氏所言乃淵源於《易》。對此，已有學者指出其中頗多牽強或謬誤之處；〔註54〕單就焦氏以《易》學變通、旁通之義以釋性善之

〔註48〕 朱熹：《孟子集注・告子章句上》：「（孟子曰）口之於味也，有同耆焉；耳之於聲也，有同聽焉；目之於色也，有同美焉。至於心，獨無所同然乎？心之所同然者何也？謂理也，義也。聖人先得我心之所同然耳。故理義之悅我心，猶芻豢之悅我口。」《四書集注》，卷11，頁330。

〔註49〕 焦循：〈梁惠王章句・下〉，《孟子正義》，上冊，卷5，頁167。

〔註50〕 焦循：〈公孫丑章句・下〉，《孟子正義》，上冊，卷6，頁204。

〔註51〕 焦循：〈離婁章句・上〉，《孟子正義》，上冊，卷15，頁525。

〔註52〕 焦循：〈離婁章句・上〉，《孟子正義》，下冊，卷15，頁532。

〔註53〕 焦循：〈告子章句・上〉，《孟子正義》，下冊，卷22，頁755。

〔註54〕 參見：（1）毛子水：〈孟子焦疏補正〉，《孔孟學報》，第16期，頁91～118。（2）裴學海：《孟子正義補正》（臺北：學海出版社，1978年），頁125～129；頁162～164。（3）何澤恆：〈焦循論孟子性善義闡繹〉，《焦循研究》，頁163～210。（4）黃俊傑：〈孟子盡心上第一章集釋新詮〉，《漢學研究》，第10卷第2期（1992年12月），頁99～122。（5）李明輝：〈焦循對孟子心性論的詮釋及其方法論問題〉，《孟子重探》（臺北：聯經出版公司，2001年），頁69～109。（6）

義，便可看出其不相侔之處，其言：

> 蓋人性所以有仁義者，正以其能變通，異乎物之性也。以己之心，
> 通乎人之心，則仁也。知其不宜，變而之乎宜，則義也。仁義由於
> 能變通，人能變通，故性善；物不能變通，故性不善，豈可以草木
> 之性比人之性？……人有所知，異於草木，且人有所知而能變通，
> 異乎禽獸，故順其能變者而變通之，即能仁義也。〔註55〕

「能知故善」是焦循用以總括性善之語，由「能知」而至「故善」的推論過程
裡，源自《易・繫辭傳》中「變通」的概念是主要關鍵：「仁」的產生，是由於
心知「通乎人之心」而來；「義」的產生，則是由「知其不宜，變而之乎宜」而
得，能辨知宜與不宜，而變通得宜，此即人性為善之因。這是焦循繼戴震據「心
知」論性善的基礎上，透過《易》學變通思想進一步的闡發，實有其獨創性的
一面；但是，以這樣的思考進路來闡釋孟子的性善論，則顯得格格不入，他說：

> 《易・文言傳》云：「利者，義之和也。」……當時言性者，多據往
> 事為說，……皆所謂故也。孟子獨於故中指出利字，「利」即《周易》
> 「元亨利貞」之「利」。〈繫辭傳〉云：「變而通之以盡利。」……利
> 以能變化，言於故事之中，審其能變化，則知其性之善。……〈繫
> 辭傳〉云：「感而遂通天下之故。」又云：「是以明於天之道，而察
> 於民之故。」又云：「又明於憂患與故。」通者，通其故之利也。察
> 者，察其故之利也。明者，明其故之利也。故者，事也。傳云：「通
> 變之謂事。」非利不足以言故，非通變不足以言事。諸言性者，據
> 故事而不通其故之利，不察其故之利，不明其故之利，所以言性惡，
> 言性善惡混，或又分氣質之性，義理之性，皆不識故以利為本者也。
> 孟子私淑孔子，述伏羲神農文王周公之道，以故之利而直指性為善，
> 於此括全《易》之義，而以六字盡之云：「故者以利為本。」明人之
> 所以異於禽獸者，在此利不利之間，利不利即義不義，義不義即宜
> 不宜。能知宜不宜，則智也。〔註56〕

孟子言：「天下之言性也，則故而已矣，故者以利為本。」〔註57〕這段話是說

陳居淵：〈論焦循《孟子正義》的易學詮釋〉，《孔子研究》，2000 年第 1 期，
頁 103～110。

〔註55〕 焦循：〈告子章句・上〉，《孟子正義》，下冊，卷 22，頁 734～735。

〔註56〕 焦循：〈離婁章句・下〉，《孟子正義》，下冊，卷 17，頁 585～586。

〔註57〕 朱熹：《孟子集注・離婁下章句》，《四書集注》，卷 8，頁 297。

明論人性當由過往陳跡中依順自然之勢處立說而已，〔註58〕此即由反面呼應了「以杞柳爲桮棬，非杞柳之性」的主張，〔註59〕就孟子性善理路上的推展來說，並沒有太大相涉之處，因此歷來鮮有解說者以這段文字做爲性善論闡釋的基礎。然而，在《孟子正義》中，焦循顯然頗重視這段文字，並以此闡發其所理解的孟子性善之意。依據焦循的理解，孟子論性乃本於《周易》，而人性之善則可用「故者以利爲本」六字來涵括，所謂「利」，即《周易》「元亨利貞」之「利」。按〈繫辭傳〉「變而通之以盡利」、〈文言傳〉「利者，義之和也」來看，於是孟子所說人性固有的仁義便轉化成由現實世界中變通而來，實已逸出孟學理路。況且，將《孟子》中的「利」字解爲變通、或「義之和」，亦明顯不符孟子嚴「義利之辨」的主張，〔註60〕足見焦循以《易》之義來詮釋孟子的性善說，與孟子本旨並不相契。

　　事實上，不僅《孟子字義疏證》、《孟子正義》的詮釋與孟學牴牾，更廣泛地來說，清人力主肯定人欲人情的角度論說性善，即已呈顯出與孟子性善論迥異的理論走向，因此，論孟子思想卻不洽孟子原意者，俯拾皆是。如孫星衍（1753～1818）言：

　　孟子曰：「乃若其情，則可以爲善矣。」情有善，將欲與貪利亦善乎？
　　欲與貪利，即情之有喜有樂，發而中節則無不善也。〔註61〕

　　何以言「性待教而爲善」？……教者何？……孟子以孩提之童愛其親，敬其長是也。然童而愛其親，非能愛親，慈母乳之而愛移。敬其長，非能敬長，嚴師扑之而敬移。然則良知良能不足恃，必教學

〔註58〕歷來注解者均以「順」或「便」訓解「利」之意，此訓解亦是較符合《孟子》語意的。參見黃俊傑：〈孟子盡心上第一章集釋新詮〉，頁118～119。

〔註59〕告子曰：「性，猶杞柳也；義，猶桮棬也。以人性爲仁義，猶以杞柳爲桮棬。」孟子曰：「子能順杞柳之性而以爲桮棬乎？將戕賊杞柳而後以爲桮棬也？如將戕賊杞柳而以爲桮棬，則亦將戕賊人以爲仁義與？率天下之人而禍仁義者，必子之言夫！」朱熹：《孟子集注·告子章句上》，《四書集注》，卷11，頁325。

〔註60〕裴學海《孟子正義補正》中言：「案七篇（即《孟子》中所言之利字，或與仁義對言，如〈（梁）惠王〉篇『仁義而已矣，何必曰利』、〈告子〉篇『去利懷仁義』之類是。或與善對言，如〈盡心〉篇『欲知舜與蹠之分，無他，利與善之間也』之類是。曾無一字合乎《易·文言》『利者義之和』之義者。」頁126～127。

〔註61〕孫星衍：〈原性篇〉，《問字堂集》，收於孫星衍撰，駢宇騫點校：《問字堂集；岱南閣集》（北京：中華書局，1996年），卷1，頁17。

　　　　成而後眞知愛親敬長也。〔註62〕

以上兩則引文中，第一則引文論性善仍是就人欲人情處立論，與戴、焦並無不同。至於第二則引文，孫氏言人能愛親、敬長乃是緣於「慈母乳之」、「嚴師扑之」，於是，教化、學習成爲道德發展及實踐的首要條件，良知良能反而統屬於其下。這樣的解釋，顯然不符合孟子本旨。雖然孟子亦重視教化在成德工夫中的功能，但畢竟只是助緣作用，最主要的憑藉仍是人所本有「不學而能」、「不慮而知」的良能良知，因此孟子說：「孩提之童無不知愛其親者；及其長也，無不知敬其兄也。親親，仁也；敬長，義也。無他，達之天下也。」〔註63〕在此以孩童「無不知」愛親、敬長的事例來強調良能良知的存在價值，且能通達天下，具有普遍性意義，這正足以否定孫星衍「必教學成而後眞知愛親敬長也」的解釋。

　　再如阮元言：

　　　　哲與愚、吉與凶、歷年長短，皆命也。哲愚授於天爲命，受於人爲
　　　　性，君子祈命而節性，盡性而知命。故《孟子・盡心》亦謂口目耳
　　　　鼻四肢爲性也。性中有味色聲臭安佚之欲，是以必當節之。古人但
　　　　言節性，不言復性也。〔註64〕

雖然孟子承認口目耳鼻四肢等感官之欲是人性中本有，但卻不是論人性的基礎，當然亦非性善的根據，故言「君子不謂性也」。然而，阮元在以氣論性的的理論背景之下，與戴震、焦循同樣將孟子所說的人性內容解讀爲人欲人情，並以此來闡釋孟子的「性善說」，實際上所呈顯的必然是與孟子完全不同的理路。

第三節　承荀學之驗證

　　清儒企圖以標舉孟子眞正傳承者的方式來取代宋明理學在儒家的地位，但就戴震等人所詮釋的《孟子》或其他思想家所論述的孟學思想來看，如上節所述，顯然與孟子原意相去甚遠；換言之，戴震、焦循的孟學解釋並沒有獲得原先期待的效果，宋明儒學做爲孟學嫡系的地位亦不因此而有所改變。即使如此，在儒學思想發展的歷史中，清人所建構的義理思想未必沒有一席

〔註62〕孫星衍：〈原性篇〉，《問字堂集》，卷1，頁18。
〔註63〕朱熹：《孟子集注・盡心章句上》，《四書集注》，卷13，頁353。
〔註64〕阮元：〈性命古訓附威儀說〉，《揅經室・一集》，收於《叢書集成新編》（臺北：新文豐出版公司，1984年），第69冊，卷10，頁206。

之地，更明確地來說，這些思想家們所主張肯定人欲人情的心性論、問學崇禮的工夫論在實質上所闡發的正是自中唐以後逐漸被邊緣化的荀學。

一、傾向荀學的思想性格

在荀子的思想體系中，心性論是最為突出的議題。若僅以《荀子》書中文字表述層面而言，往往會誤以為荀子所說的人性與動物之性相同，且認為「心」只具認識之能，而不具道德價值意識，如此一來，禮義的根源便失去了安頓之所，而人在道德實踐上亦將失去主體的能動價值。這是荀學被視為儒學之歧出、被邊緣化的主要因素。然而，若能深究荀子對人性的相關闡述，便可察覺，所謂的禮義秩序，實際上仍是潛存於他所揭示的人性之中，只不過並非如孟學體系中的仁禮義智般，如此明確且全幅地呈現罷了（詳參第貳章）。簡單來說，荀子人性中所包含的欲望情感，不僅止於感官生理的滿足而已，當這些欲望情感在客觀環境中產生衝突時，含藏於情欲中「使人載其事而各得其宜，然後使愨祿多少厚薄之稱」〔註65〕、「使欲必不窮乎物，物必不屈於欲」〔註66〕、「使本末終始末不順比」〔註67〕的內在要求便會呈顯，這正是禮義法度產生的基本元素；此外，心知更是禮義產生的關鍵，依據荀子所言，人們具有「好利惡害」本能，〔註68〕且具體地表現在對聖君、禮義辭讓等美德的喜好，以及對暴君、汙漫爭奪等敗德的厭棄，〔註69〕可見，心知實具有知善知惡、好善惡惡的道德意識，〔註70〕這個道德意識便能在現實世界中尋繹出足以調和種種衝突、妥貼安置情感欲望之道，即荀子所言「進則近盡，退則節求」〔註71〕的內在原則，亦即禮義法度的產生。由此來看，荀子

〔註65〕王先謙：《荀子集解·榮辱》（北京：中華書局，1992年二刷），卷2，頁70。

〔註66〕王先謙：《荀子集解·禮論》，卷13，頁346。

〔註67〕王先謙：《荀子集解·禮論》，卷13，頁366。

〔註68〕〈榮辱〉：「好榮惡辱，好利惡害，是君子、小人之所同也。……好利而惡害，是人之所生而有也，是無待而然者也，是禹、桀之所同也。」王先謙：《荀子集解》，卷2，頁61～63。

〔註69〕〈彊國〉：「桀、紂者，善為人所惡也；而湯、武者，善為人所好也。人之所惡何也？曰：汙漫、爭奪、貪利是也。人之所好者何也？曰：禮義、辭讓、忠信是也。」王先謙：《荀子集解》，卷11，頁298。

〔註70〕〈性惡〉：「塗之人也，皆有可以知仁義法正之質，皆有可以能仁義法正之具，然則其可以為禹明矣。」王先謙：《荀子集解》，卷17，頁443。

〔註71〕〈正名〉：「欲雖不可盡，可以近盡也；欲雖不可去，求可節也。所欲雖不可盡，求者猶近盡；欲雖不可去，所求不得，慮者欲節求也。道者，進則近盡，

的心性論實已內在了欲善、能善的基礎，但在其講求「辨合」、「符驗」的原則下，〔註 72〕顯然難以意識到此一層面的存在，反而轉向關注順縱欲情發展而造成悖禮犯義的情況而言「性惡」，用以彰顯禮義在現實生活中的重要地位；強調「虛壹而靜」以克服心知「蔽於一曲」的弊病，〔註 73〕並以積學不息做爲道德實踐的修養工夫。

　　雖然當代學者在述及清儒思想時，對於清代學術與荀學的近似之處，即已略所著墨，惟均集中於極具代表性的戴震，〔註 74〕此外亦另有少數學者在論述焦循、凌廷堪思想時，提及與荀子的關聯。〔註 75〕經由上述荀子思想體系的分析，對照清代氣本論者在心性論的理路及成德工夫的立場上，包括：以欲、情

<hr>

退則節求，天下莫之若也。」王先謙：《荀子集解》，卷 16，頁 429。

〔註72〕〈性惡〉：「凡論者，貴其有辨合，有符驗。」王先謙：《荀子集解》，卷 17，頁 440。

〔註73〕〈解蔽〉：「凡人之患，蔽於一曲而闇於大理。」又：「人何以知道？曰：心。心何以知？曰：虛壹而靜。」王先謙：《荀子集解》，卷 15，頁 386、395。

〔註74〕當代學者述及戴震之學與荀學理路相近者頗多，如：（1）馮友蘭指出戴震與荀子均認同積學在成就道德上的重要性。參見氏著：《中國哲學史》（臺北：臺灣商務印書館，1996 年臺一版三刷），頁 1006～1007；（2）錢穆以戴震於情欲中求理、言禮、言「解蔽莫如學」，均可看出「有會於荀卿者至深矣」。參見氏著：《中國近三百年學術史》（臺北：臺灣商務印書館，1996 年臺二版二刷），下冊，頁 393～395；（3）韋政通則列舉了包括人性內涵、理欲關係、道、知行等方面來說明二人在思考脈絡的共同處。參見氏著：《中國思想史》（臺北：水牛出版社，1994 年十一版五刷），下冊，頁 1432～1433；（4）胡楚生認爲戴氏「體情遂欲」之說，實即本於荀子「導欲」之義。參見氏著：〈章太炎「釋戴篇」申論〉，《清代學術史研究》（臺北：臺灣學生書局，1988 年），頁 166；（5）鮑國順：〈戴震與孟荀思想的關係研究〉，刊於《清代學術論叢》（國立中山大學清代學術研究中心編，臺北：文津出版社，2001 年），第 2 輯，頁 65～83；（6）黃俊傑在論述戴震所詮釋的《孟子》歧出原意之時，亦略提及戴氏思想中的「道」實近於荀子。參見氏著：《中國孟學詮釋史論》，頁 307；（7）劉又銘先生認爲，戴震的孟子詮釋所展現的性善觀的理路，即是荀子「蘊謂」層次的性善觀。參見氏著：〈從「蘊謂」論荀子哲學潛在的性善觀〉，收於《孔學與二十一世紀》國際學術研討會論文集》（臺北：政治大學文學院編印，2001 年），頁 50～77，尤其頁 67～70。（8）劉仲華：《清代諸子學研究》（北京：中國人民大學出版社，2004 年），頁 277～282。

〔註75〕例如：（1）王茂等人認爲焦循以「利」爲人性，實則主荀子之說。參見氏著：《清代哲學史》（合肥：安徽人民出版社，1992 年），頁 696～697；（2）張壽安指出凌廷堪論性與荀子相近。參見氏著：《以禮代理——凌廷堪與清中葉儒學思想之轉變》（石家莊：河北教育出版社，2001 年），頁 42～50；（3）馬積高則臚列了戴震、凌廷堪、焦循、張惠言等人的思想具有闡述荀學之意義。參見氏著：《荀學源流》（上海：上海古籍出版社，2000 年），頁 304～323。

及心知為人性內涵的基本架構，重視經驗世界中人事物的客觀考察以釐析理義，以達天下人之情、歲天下人之欲為核心的禮學思想，不僅均與荀子的理路相同，而且可以更進一步說，清儒是將荀子的學術主張加以落實；尤其是戴震、焦循以人性中的心知具有知善、擇善的能力而言人性為善，而荀子所論的心知雖亦含藏此意涵，但卻在「性惡」的表述之下而隱微不彰，〔註76〕因此，這個看似顯著的差異，實際上並不是思想脈絡上的真正歧異，或許可說，是清儒將荀子未曾明白表述的意涵更進一步的闡發出來，〔註77〕在這個意義上，戴震等人正是荀學的延續和發展。

事實上，在清代即有學者意識到戴震的思想近於荀學體系，即使所著眼的角度不盡相同，容或有些論述頗為片面或簡略，但其共同的見解，亦可做為本文所言清儒與荀學具有共同理路的一個佐證。第一位指出戴震思想近於荀子而遠於孟子者，是「與東原交垂三十年，知東原最深」〔註78〕的程瑤田。雖然程氏亦以氣之流行為天地形質的源頭，在本體思想的主張上與戴震並無二致（參見第陸章），但對於人性之善的推闡及成德工夫的論述，則有明顯的差異。程氏言：

> 有天地，然後有天地之性；有人，然後有人之性；有物，然後有物之性。有天地人物，則必有其質、有其形、有其氣矣，有質、有形、有氣，斯有其性。是性從其質、其形、其氣而有者也。……人生矣，則必有仁義禮知之德，是人之性善也；若夫物，則不能全其仁義禮知之德，故物之性，不能如人性之善也。……雖虎狼有父子，蜂蟻有君臣，而終不能謂其性之善也，何也？其質、形、氣，物也，非人也，物與物雖異，均之不能全之仁義禮知之德也。人之質、形、

〔註76〕例如馮友蘭雖同意戴震與荀子在「重學」的理路上一致，但二者仍有不同之處，他說：「荀子所說之心，實只有知，情，欲三者。其所謂知只知利害而不知善惡，……東原雖亦明語吾人之心，只有知情欲三者，而按其所說，則似心除有知外，又能直覺的覺善之為善，惡之為惡。」參見氏著：《中國哲學史》，頁1007。按：顯然馮友蘭亦沒有意識到荀子心知中所含藏知善知惡、好善好惡之意涵。

〔註77〕劉又銘先生〈從「蘊謂」論荀子哲學潛在的性善觀〉一文中即指出戴震的性善說所採取的進路實際上與荀子蘊謂層面中的人性論是一樣的。刊於《「孔學與二十一世紀」國際學術研討會論文集》（國立政治大學文學院，2001年10月），頁50～77，尤其67～70。

〔註78〕程瑤田：〈五友記〉，《通藝錄·修辭餘鈔》，收於《叢書集成三編》（臺北：藝文印書館，1971年，據清嘉慶八年影印《安徽叢書》），頁7a。

氣，莫不有仁義禮知之德，故人之性，斷乎其無不善也；然則人之
所異於物者，異於其質、形、氣而已。〔註79〕

就質、形、氣論性，是氣本論者共同的基本架構，戴震、程瑤田均然。但述及
人性之善時，戴震認爲人性、物性均是分於陰陽五行之氣，在自然屬性上並無
差異，而人性、物性的不同是在於所分得之氣有偏全、厚薄、清濁、昏明等程
度上的差別，故言：「人之知覺大遠乎物」，〔註80〕即人的心知具有遠大於物的
辨知、悅慕理義的能力，因此人性爲善，而物性不能爲善。至於程瑤田則主張
人性的質、形、氣自獨具仁義禮智等道德之全，而物性則不全或無，這是人性
與物性在自然屬性上即有的區別，所以人性爲善，而物性則不能爲善；也就是
說，程氏認爲善乃人性本來所固有，本身是完滿具足且超乎聲色臭味等物性之
上的，依此，對於戴震將口耳目鼻四肢之欲視爲人之爲善的基本層面，並不認
同；〔註81〕再者，對於戴震認爲講求以問學、擴充來培養心知辨知、悅慕理義
的能力，進而能夠去蔽去私的成德工夫，〔註82〕則更明確的提出批評：

今之言學者，動曰去私去蔽，余以爲道問學其第一義不在去私，致
知第一義亦非去蔽。蓋本不知者，非有物以蔽之；本未行者，非必
有所私也。……是故，崇德，明明德之事也，……修慝，去蔽去私
之謂也。問學之事，崇德一大端，大之大者也；修慝亦一大端，所
以輔其崇德，大之次者也。今之言學者，但知修慝爲大端，認修慝
爲即以崇德，其根由於不知性善之精義，遂以未治之身爲叢尤集愆
之身，雖亦頗疑於性善，及其著錄也，不能不與《荀子・性惡》篇
相爲表裏，此說之所以不能無歧也。〔註83〕

站在仁義禮智爲人性所固有、自足的基礎上，程瑤田認爲道德修養的首要工

〔註79〕 程瑤田：〈述性一〉，《通藝錄・論學小記》，頁 34a～34b。

〔註80〕 戴震：〈性〉，《戴震集・孟子字義疏證》，卷中，頁 302。

〔註81〕 程瑤田〈述情三〉：「味、色、聲、臭、安佚之在口耳目鼻四肢也，孟子不謂
其非性，而不謂之性也，豈遂以是而累其性善之謂哉？」《通藝錄・論學小記》，
頁 49b～50a。

〔註82〕 戴震〈理〉：「古賢聖知人之材質有等差，是以重問學，貴擴充。」〈才〉：「欲
之失爲私，私則貪邪隨之矣；……知之失爲蔽，蔽則差謬隨之矣。不私，則
其欲皆仁也，皆禮義也；……不蔽，則其知乃所謂聰明聖智也。」〈權〉：「凡
去私不求去蔽，重行不先重知，非聖學也。」《戴震集・孟子字義疏證》，卷
上，頁 281；卷下，頁 309；326～327。

〔註83〕 程瑤田：〈述情三〉，《通藝錄・論學小記》，頁 26a～27a。

夫在於崇德，即鑑照、掌握本有的善性，當善性受矇蔽時才有去蔽去私的必要，因此，去蔽去私衹是輔助崇德的次要工夫而已。依據程氏的看法，若本有的善性未能先鑑照、掌握，卻以去蔽去私爲道德修養的起點，等於是否定了人性固有之善，或以爲人固有之性即已受矇蔽，這樣的謬誤正如同「以未治之身爲叢尤集愆之身」，所以他抨擊言去蔽去私的戴震是「不知性善之精義」，而戴氏的「性善」說，實是「與《荀子．性惡》篇相爲表裏」。程瑤田之所以不同意戴震的說法，從程氏所建構的心性論來看，自有其理路可循，然而，在批駁戴氏「不知性善之精義」的同時，程氏自己的性善說是否能把握孟子眞意，以及對戴震的批駁是否恰當，似乎仍有討論的空間；〔註 84〕如果純就其言戴震之學不符孟子而與荀學相表裏的說法，則至少可說，程瑤田對於戴震的思想頗具洞見。

另章太炎說：

> 問者曰：「戴震資名于孟子其法不去欲，誠孟子意邪？」章炳麟曰：「長民者輔萬物之自然而不敢爲，稍欲割制而去甚去奢去泰，始于道家，儒法皆仰其流，雖有陗易，其致一也。雖然以欲當爲理者，莫察乎孫卿。孫卿爲〈正名〉一首，其言曰：『凡語治而待去欲者，無以道欲，而困於有欲者也；凡語治而待於寡欲者，無以節欲，而困於多欲者也。……所欲雖不可盡，求者猶近盡；欲雖不可去，所求不得，慮者欲節求也。道者，進則近盡，退則節求，天下莫之若也。』極震所議，與孫卿若合符，以孫卿言性惡，與震意佛，故解而赴《原善》。」〔註 85〕

章太炎認爲戴震在理欲關係的見解上與《荀子．正名》篇中的主張一致，同樣是反映了戴氏與荀學理路相同的一個側面。另一方面，章氏又指出戴震因不同意荀子言「性惡」，故而作《原善》，此則爲揣測之詞，未必正確。依據《原善》的內容，其中論及荀子的部份僅有一則，且內容主要是言荀子與告子在人性的理解上均有「主才質而遺理義」之失，但荀、告相較之下，荀子重視理義、要

〔註 84〕關於程瑤田的心性論研究，可參考張壽安：〈程瑤田的義理學：從理到物則〉，收於氏著：《以禮代理——凌廷堪與清中葉儒學思想之轉變》，附錄二，頁 230～275。王茂、蔣國保、余秉頤、陶清：《清代哲學》（合肥：安徽人民出版社，1992 年），頁 656～662。

〔註 85〕章太炎：〈釋戴〉，《太炎文錄初編》（上海：上海書店，1992 年），文錄一，頁 83a～86a。

求培養理義的態度，優於告子以理義爲人性之桎梏，因此戴氏言荀子爲「儒者之未聞道也」，而告子則是「異說之害道者也」。〔註 86〕顯然，戴震是由「人性中有自然而歸於必然的理義」爲標準來評述荀子與告子的高下差別，且仍將荀子歸於「儒者」，足見即使反對荀子言人性爲惡，但這段批評並非針對荀子的「性惡」而發議論；再者，相較於《原善》中僅此一則論及荀子，在《緒言》中則有十一則提到荀子，其分量遠超過《原善》，更遑論《孟子字義疏證》中出現純就荀子批評之言論；況且，戴震這幾部義理學之作的最終任務，在於重釋孟學以取代宋儒在儒學道統中之地位，而批判宋儒才是戴震眞正的著力所在。由此看來，章太炎認爲戴震的議論「與孫卿若合符」、反對「性惡」，固然正確；但《原善》之作乃肇因於荀子言「性惡」，恐非定論。

二、尊孟抑荀思維下的選擇

中唐的韓愈在儒學發展的歷史中，選擇了孟子做爲孔子思想的正統繼承者以建構其「道統論」；〔註 87〕至宋朝，以孟子上接孔子的思維模式已成爲論及儒家道統中的定論，由堯、舜以至孔、孟，形成一個儒家「道學」正傳進路，〔註 88〕程朱學者以孟子傳人自居，無疑是將自身之義理思想定位於儒門道統之中；而清儒力反程朱之學，亦標榜孟學之眞傳，其動機的背後事實上亦分享了宋明理學的共同主張；這些思想家在尊孟的思維下，似乎難以察覺其自身的思想主張所延續、闡明的實爲荀學的進路。因此，論究清代義理思想時，不免察覺一吊詭的現象，即：思想主張即由此而發展出的學術特色實近於荀子，但卻自以爲其學說是本諸孟學；一方面將荀子思想中所潛藏但不

〔註86〕 戴震言：「主才質而遺理義，荀子、告子是也。荀子以血氣心知之性，必教之理義，逆而變之，故謂『性惡』，而進其勸學修身之說。告子以上焉者無欲而靜，全其無善無不善，是爲至矣；下焉者，理義以梏之，使不爲不善。荀子二理義於性之事能，儒者之未聞道也；告子貴性而外理義，異說之害道者也。」參見氏著：《戴震集‧原善》，卷中，頁 340。按：戴震所說的「理義」，就荀子思想體系來看，指的應是以「禮義」爲首出的道德而言。

〔註87〕 韓愈：〈雜著‧原道〉：「吾所謂道也，非向所謂老與佛之道也。堯以是傳之舜，舜以是傳之禹，禹以是傳之湯，湯以是傳之文、武、周公，文、武、周公傳之孔子，孔子傳之孟軻。」參見氏著：《韓昌黎文集》（臺北：華正書局，1982年），卷 1，頁 10。

〔註88〕 脫脫等修：〈道學一〉，《宋史》（臺北：新文豐出版公司，1975年），卷 427，頁 5126。

曾說明白的部分表述出來，另一方面卻又以此來批評荀學的不足，這種情形尤以戴震最爲明顯。

戴震批評荀子的立論基礎，在於「歸於必然、完其自然」的心性論，亦即血氣心知與禮義同歸於「一本」的性善論。因此，在他看來，荀子的問題不是在於「性惡」的主張，而是分隔了人性與禮義的同源關係，他說：

> 荀子知禮義爲聖人之教，而不知禮義亦出於性；知禮義爲明於其必然，而不知必然乃自然之極則，適以完其自然也。就孟子之書觀之，明理義之爲性，舉仁義禮智以言性者，以爲亦出性之自然，人皆弗學而能，學以擴而充之耳。荀子之重學也，無於內而取於外；孟子之重學也，有於內而資於外。……以是斷之，荀子之所謂性，孟子非不謂之性；然而荀子舉其小而遺其大也，孟子明其大而非舍其小也。〔註89〕

儘管在荀子的思想中，禮義的根源與人性存有一定的聯繫，但如前所述，這層聯繫確實較孟子的四端性善說顯得隱晦繚繞而不易釐清，一旦未能深究，往往會以爲荀子將人性與禮義截斷爲兩橛。用戴震「自然」、「必然」的語彙系統來說，荀子的缺憾，即在於雖知禮義爲「必然」，但卻說禮義是「聖人之教」、是後天積學而得，顯然是不知「必然」是人性「自然之極則」，將「必然」外於「自然」。於是，「自然」與「必然」被劃分爲二，禮義與人性失去必然的聯繫，亦即引文中的「不知禮義亦出於性」。綜觀戴震對荀子的批駁，均著眼於此。〔註90〕誠然，這樣的批評是由於忽略了荀子人性論中所含藏有欲善、知善的道德意識所致；換個角度來說，若戴氏能意識到這一點，那麼應該也會同意荀子所說的禮義事實上並不外在於人性，如此一來，由欲、情中所蘊涵著對禮義法度的內在要求，加上心知所具有知善、欲善的潛能，其心性論的基本架構恰恰符合了戴震「一本」的主張，只是他自以爲所詮釋的是孟學，實際上卻是對荀子心性論的進一步闡述、明朗化；如果按照戴氏所論人性之善的原則，那麼荀子的心性論亦是可被歸於性善的，惟這是一種不同於孟子進路的性善說罷了。是故，戴震對荀子的批評，儘管顯示戴氏對荀

〔註89〕戴震：〈性〉，《戴震集‧孟子字義疏證》，卷中，頁299～300。

〔註90〕關於戴震對於荀子的評論，除上文所引之外，另亦言荀子「不知性之全體」、「於禮義與性，卒視若閡隔不可通」。其出發點頗爲一致。參見氏著：〈性〉，《戴震集‧孟子字義疏證》，卷中，頁299。

子思想理解上的不足，但由其所持的立場來看，亦未嘗不是呈顯出二者相同
進路的一個側面。

　　雖然戴震未能意識荀子的禮義亦同源於人性，甚至曾言荀子與程、朱學
派同樣陷於「二本」之誤，但畢竟只是「不得禮義之本」，而不是於人性之外
「更增一本」；〔註91〕是故，對荀子主張禮義與人性終可以歸於同流，亦即禮
義的價值是在欲、情的調節、滿足上實踐，仍表示肯定，同時對荀子重學以
增進心知能力，亦頗讚賞：

> 荀子非不知人之可以爲聖人也，其言性惡也，曰：「塗之人可以爲禹。」
> 「塗之人者，皆内可以知父子之義，外可以知君臣之正。」「其可以
> 知之質，可以能之具，在塗之人，其可以爲禹明矣。」……此於性
> 善之說不惟不相悖，而且若相發明。終斷之曰：「足可以遍行天下，
> 然而未嘗有能遍行天下者也。」「能不能之與可不可，其不（可）同
> 遠矣。」……其言出於尊聖人，出於重學崇禮義。首之以〈勸學〉
> 篇，有曰：「誦數以貫之，思索以通之，爲其人以處之，除其害者以
> 持養之。」……荀子之善言學如是。且所謂通於神明、參於天地者，
> 又知禮義之極致，聖人與天地合其德在是，聖人復起，豈能易其言
> 哉！〔註92〕

戴震稱揚荀子崇禮義、重問學的主張，認爲即使是聖人亦不能變易其說，這
是由於禮義的作用在於節情養欲，重學則能增進心知的辨識、擇善的能力，
二者正切合了戴震所言道德實踐的修養工夫論；甚至可擴大來說，多數清儒
能夠一改宋、明時代將荀子貶抑爲異端的說法（參見第伍章），其崇禮義、重
問學的主張即是重要的因素之一。

　　相較於戴震對荀子的理解，焦循似乎有更進一步的掌握。首先，關於荀
子的人性論，焦氏言：

〔註91〕戴震言：「（荀子）合血氣心知爲一本矣，而不得禮義之本。……（程子、朱子）
　　　　於血氣心知之自然謂之氣質，於理之必然謂之性，亦合血氣心知爲一本矣，而
　　　　更增一本。……（程子、朱子）其學非出於荀子，而偶與荀子合。」又言：「宋
　　　　儒立說，似同於孟子而實異，似異於荀子而實同也。」參見氏著：〈理〉、〈性〉，
　　　　《戴震集·孟子字義疏證》，卷上，頁 285～286；卷中，頁 302。按：依據戴
　　　　氏的觀點，荀子的二本之誤在於未能將禮義納入血氣心知之自然中；而程、朱
　　　　的二本之誤則是在血氣心知之外，增立了獨立於其上、以「理」爲核心的另一
　　　　種人性，於是血氣心知被稱之爲氣質之性，成爲人性之惡的根源所在。
〔註92〕戴震：〈性〉，《戴震集·孟子字義疏證》，卷中，頁 298～299。

荀子云：「今人之性，飢而欲飽，寒而欲煖，勞而欲休，此人之情性
也。」是也。人如此，禽獸亦如此也。荀子又云：「今人飢，見長而
不敢先食者，將有所讓也。勞而不敢求息者，將有所代也。」夫子
之讓乎父，弟之讓乎兄；子之代乎父，弟之代乎兄：此正人性之善
之證也，而荀子乃以爲性惡之證焉。試言之，人之有男女，猶禽獸
之有牝牡也。其先男女無別，有聖人出，示之以嫁娶之禮，而民知
有人倫矣。示之以耕耨之法，而民知自食其力矣。以此教禽獸，禽
獸不知也。禽獸不知，則禽獸之性不善；人知之，則人之性善矣。……
故非性善無以施其教，非教無以通其性之善。教即荀子所謂僞也爲
也。爲之而能善，由其性之善也。……子讓食於父，而代勞於兄，
此可由教而能之，所謂爲之者，善也。然荀子能令鳥讓食乎？能令
獸代勞乎？此正「率性」之明證，乃以爲「悖性」之證乎？〔註93〕

人能知，故能受教而爲善，這是焦循論證人性之善的主軸。依此來看荀子在
人性問題上的相關討論：雖然焦氏亦認同以感官欲求爲人、禽共有之性，但
卻不同意其性惡之說。荀子指出，人能因「見長者而不敢先食」、「勞而不敢
求息」而實踐了「有所讓」、「有所代」的美德，是由於師法教化而得，因此，
人性之所以能爲善是在於「僞」（人爲）所致，此即「人之性惡，其善者僞
也。」〔註94〕這是荀子在「不可學、不可事而在人者謂之性；可學而能、可
事而成之在人者謂之僞」〔註95〕的理路下所推導出「性」、「僞」截然二分的
說法。然而，事實上荀子亦曾言「無性則僞之無所加」、「無僞則性不能自美」，
〔註96〕此則是由不同的角度透露出「性」、「僞」還有一種相依相存的關係，
也就是說，「可學而能」、「可事而成」的「僞」必然也有「性」的存在，「性」
是「僞」賴以表現的基礎。只是，在《荀子》書的多數論述中，強調的往往
是「性」、「僞」二分的說法；至於「性」、「僞」的相依存關係，似乎沒有受
到同等的重視，或可說，這是潛存於荀子思想中，但不曾被荀子明確表述出
來的部分。有意思的是，焦循即運用了「性」、「僞」相依存的角度來證明人
性之善，他認爲，人們能在現實生活中實踐道德，就是人性之中具有道德本

〔註93〕　焦循：〈滕文公章句・上〉，《孟子正義》，上冊，卷10，頁317～318。
〔註94〕　王先謙：《荀子集解・性惡》，卷17，頁436。
〔註95〕　王先謙：《荀子集解・性惡》，卷17，頁436。
〔註96〕　王先謙：《荀子集解・禮論》，卷13，頁366。

質的證明，即所謂「為之而能善，由其性之善也。」按照此一理路，則荀子所說人們能「有所讓」、「有所代」是因人能受教，人能受教則是因為人們有知；相對於鳥獸無知不能受教不能讓食、代勞，便可看出人、禽之性終究是有所差異的，其差異即在於人們能知、能從事道德活動，在「為之而能善，由其性之善也」的原則下，可證實人們具有發展道德、實踐道德的本質，這個本質即是善的內涵。焦循這段看似反駁荀子「性惡」的評述，事實上不僅可看出其思想荀子理路的一致性，同時亦將潛藏於荀子文字表述之中的思想呈顯了出來。

其次，關於荀子的「法後王」之說，焦循言：

> 當羲、農之前，人苦於不知，故羲、農盡人物之性，以通其神明，其時善不善顯然易見，積之既久，靈智日開，凡仁義道德忠孝友悌，人非不能知，而巧偽由以生，奸詐由以起，故治唐虞以後之天下，異於治羲、農以後之天下。……故聖人治天下之道，至堯舜而一變。……蓋堯舜以變通神化治天下，不執一而執兩端，用中於民，實為萬世治天下之法，故孔子刪《書》首唐虞，而贊《易》特以通變神化，詳著於堯舜。孟子稱堯舜，正稱其通變神化也。……若云「法後王」，後王，無定之稱也。荀子固云「有治人無治法」矣，治人，即能通變神化之人也。後王而如是，則是能法堯舜者，法後王仍法堯舜矣。故稱堯舜，即法後王之能通變神化者。若但云「法後王」，則後王不皆能通變神化如堯舜，其說為詖矣。〔註97〕

荀子所說的「法後王」，是以「道」（即禮義法度）所內含的「體常」與「盡變」為基礎而提出的，代表其理想的治國者之概念，這個概念結合了歷史經驗的累積以及對現實情境應變得宜的理想（參見第參章），因此，在《荀子》書中，並沒有明確地指出究竟誰才是所謂的「後王」，這與孟子屢屢稱道堯、舜等「先王」施行「不忍人之政」的價值用以建立效法典範的意圖，〔註98〕實分屬不同層面。而焦循將孟子「稱堯舜」之旨解釋成因堯舜能在繼承伏羲、神農之後，鑒於時世的不同而採取不同的治法，即「以變通神化治天下，不

〔註97〕焦循：〈滕文公章句・上〉，《孟子正義》，上冊，卷 10，頁 318～319。

〔註98〕孟子言：「遵先王之法而過者，未之有也」、「為政不因先王之道，可謂智乎」、「欲為君盡君道，欲為臣盡臣道，二者皆法堯舜而已矣。」參見朱熹：《孟子集注・離婁章句上》，《四書集注》，卷 7，頁 275，276，277。

執一而執兩端，用中於民，實爲萬世治天下之法」。這樣的解說顯然是以荀子的「後王」概念加諸孟子的「堯舜」；即使焦氏批評荀子的「後王」是「無定之稱」，不盡然能夠通變神化，比不上孟子直以能變神化的「堯舜」爲效法對象，但事實上，荀子論「後王」的概念即已包含了能夠因時制宜而創造太平盛世的「先王」，而「堯舜」當然亦歸屬於其中，這也是荀子在主張「法後王」之餘，亦盛讚先王之道、崇敬先王的原因。依此看來，焦氏在尊孟抑荀的思維下，不曾察覺其主張近於荀子的事實，故而未能細審荀子學說；同時，又以孟子爲詮釋對象，然呈顯的卻是傾向荀子的理路。當然，這種弔詭的現象，不僅出現於焦循的《孟子正義》，在戴震的《孟子字義疏證》中亦是如此。

結　論

　　若能從宏觀的角度來看待儒學，跳脫以孟學爲儒家唯一價值的衡量標準，那麼，正視荀子思想意義、探究荀學與各個時代的關聯性，應是當今儒學研究領域中值得關注的議題。本文透過荀子的天人觀、心性論及修養工夫等思想的掌握爲基礎，考察清代的荀學內容，包括清人對《荀子》書的考證、對《荀子》的評價，並分析清儒在義理思想、成德工夫主張上潛藏的荀學理路。

　　首先就荀子思想而論。荀子思想中最受矚目及爭議者有三，即：天人之分、人之性惡及法後王。基本上，荀子言天人之分，主要是將天與人事作出一定的區別，作爲主體的人們必須經由主動積極的態度去獲得與天地自然之間的和諧關係，透過這個動態、發展的過程以成就人的價值，達到最終的天人合一之境，換言之，人爲努力的範圍，不僅止於個體內在修養，更擴及個體與外在天地萬物的相互關係。至於言人之性惡，是就順縱人欲人情而導致悖禮犯義的情況所說；事實上，荀子的人性絕非只有欲飽煖惡飢寒的生理情欲和認識客觀事物的心知而已，當面臨外在環境的偏險悖亂情境時，人欲人情中所蘊含道德秩序的內在要求便會呈顯，配合心知所本具的好善惡惡之能，便能在現實世界中尋繹出足以調和種種衝突、妥貼安置情感欲望之道，即禮義法度的產生。由此來看，荀子的人性論實已內在了欲善、能善的基礎，只是在要求「辨合」、「符驗」的原則下，荀子更重視實際踐履的成果，因此其關注的並不是人心所潛藏欲善疾惡的內在機制，而是著眼心知於現實世界中的認知、掌握禮義之能的擴充與培養，使外在行爲舉止合於禮義規範，是故，彊學、隆禮成爲荀子修養工夫的特色。同時，既重視實際的踐履，那麼包含法先王禮義之道的承繼與現實情境制約下能將之變通應用的「後王」，當然是必須效法的對象，此即荀子既尊崇先王，又言法後王之因。綜合上述分

析，不難發現荀子思想所關懷的是人在具體經驗世界中的安頓問題，因而其追求的目標是「盡倫」、「盡制」的聖王，相對於孟子言盡心知性以知天的超越、內在性格，有顯著的不同。

其次論述清代的荀學。先從清代大量校釋《荀子》書的著作及對黜荀意見的辯駁作一分析。考究清人校勘、訓釋《荀子》書的最初動因，是在於「以子證經」的前提下所衍生；同時，清儒在尊經及經典傳承的體系研究中肯定了荀子，使荀學得以擺脫「異端」之名而回復於儒家之列；且《荀子》書的整理，也使得荀學獲得重新被檢視的契機，具有一定的意義。清儒試圖對宋明以來非議荀子思想的議題提出新的解釋，包括性惡、非思孟、法後王等論題，然而，這些迴護荀子的論述卻受限於以孟學爲學術唯一準則的意識型態所囿，往往只是在以孟學爲主體的思考下調和孟、荀差異，在深究荀子思想體上的論述上則相對貧乏。這樣看來，清人在考據學興起的帶動之下，雖然提高了荀學在儒家的地位，但卻難以看出清儒在思想上與荀學的關聯，因此，清人考校《荀子》書、評述荀學，雖具價值，但並不能全部概括清代荀學的內涵，進一步考察清儒的義理思想是有必要的。

大體來說，以顧炎武、戴震、焦循、凌廷堪、阮元爲主軸的清儒，在「以氣爲本」的基礎上所建立肯定人欲人情的心性論，以及問學崇禮的成德工夫論，不僅是清代學術的最大特色，同時也是呈現荀學走向的考究重點。先看清儒對人性論的相關討論。就「以氣爲本」的立場而言，萬事萬物均是氣化流行所構生，在氣化流行之上並沒有超越現象界、經驗界的具足、完滿的「理」或「道」，所謂的「理」只是「氣中之理」，「道」只是「氣中之道」，亦即「道」或「理」均須由實體實事中探究。清儒認爲，稟受氣化流行所生的人性，其本質包含了欲、情及心知。而理義即內在於欲、情之中；心知本具有思辨、擇取理義之能，人們透過以問學爲主的修養工夫加以擴充培養之後，便能衡定人欲人情合宜的進退得失，由個人所欲所情推及至群體，能通達天下人之情，遂天下人之欲，使之無所差謬、不爽失，即是理義。再看清儒在此理路下所論的成德工夫。重視經典及文獻史料之價值，強調由文字訓詁以明理義的問學，是道德修養的首要工夫；其次，由於所論理義的內涵是群體生養之欲的滿足、情感過與不及的調節與疏通，故而講求人我間言行事爲依據準則的禮學興起，清儒藉由禮制的考證、禮意的論辯重新核定社會禮儀秩序，作爲修己治人之具。顯見，無論是問學或崇禮，都是就現實世界中具體行事而

立論，有別於宋明儒者重視自我內在的體證，回復人性初始狀態的修養方式。

　　歸納清儒的人性論及成德工夫論後，對照荀子所論人性的內涵及道德修養的主張，不難發現二者思想理路是一致的：包括以欲望情感及心知為人性本質，強調培養智識在成就道德上的重要性，倡議禮儀法度以調節人欲人情等，均呈現了強烈的荀學色彩。如果說，宋明儒學是孟子思想更進一步的推闡及衍化；那麼，清代學術亦可看成是荀子思想的落實與彰顯，二者所代表的意義應是相當的。只是，清儒並沒有意識到其理路與荀學同途；批判宋明理學，卻認同理學家所建構以孟子為孔子思想正統繼承者的道統觀，戴震作《孟子字義疏證》、焦循作《孟子正義》，自詡為孟學真正傳人，欲取代宋明理學在儒家道統的傳承地位，但實際上闡揚的卻是荀子的理路；甚或多數清儒在迴護飽受宋明理學家譏評的荀學時，竟扭曲荀子之意以同於孟學，這些都是在尊孟的氛圍下所呈現的弔詭現象。因此，本文將清代傾向荀子理路的人性論、工夫論稱之為「潛藏的荀學理路」。從學術思想史的角度來說，抉發清人在義理思想上的荀學傾向，相較於清人肇因於經典考據而擴及《荀子》書校釋、荀學評價等層面的討論，無疑是更具意義的。在此要進一步說明的是二者的主從關係。如前所言，清人從事校釋《荀子》、評述荀學，從而提高了荀子的學術地位，這個校釋、評述是源於經典考據的擴大而來，而考據學的興起是源於問學的成德工夫，而這種問學的成德工夫又可歸諸於是「潛藏的荀學理路」。可見，清代這個「潛藏的荀學轉向」在無形中促進了荀學的研究，荀子地位的提升，恰恰呼應了這個「潛藏的荀學理路」的存在。

　　經由上述的分析後，已能夠較完整地看到荀學在清代所呈現的面貌；而這種「潛藏」式的荀學模式，仍有許多值得繼續深入探究、推展的議題：其一，就清代而言，除了本文所論顧炎武、戴震、焦循、阮元、凌廷堪等人為主軸的儒者之外，應可再進一步發掘更多性質相近的清儒，以厚實清代學術確為荀學走向之說。其二，就荀學發展歷史來說，儘管在各個時代均有可能出現屬於荀學理路的學說，但在長久以來以孟學為正統、主流的意識下，往往以「潛藏」的方式伴隨於這些儒者的論述中，有待我們積極去釐清，重新予以定位。其三，從儒學發展歷史來說，荀學思想體系的存在是不應被忽略的，因此，考察荀學歷代流衍情形，連結這些歷代「潛藏」的荀學，建立一荀學發展的歷史以納入儒學史中，落實現代追求多元價值的學術理想，則是未來持續努力的目標。

參考書目

壹、《荀子》研究相關資料

一、《荀子》書版本與校釋

1. 于省吾：《荀子新證》（臺北：樂天出版社，1970年）。

2. 毛子水：《荀子訓解補正》（臺北：華正書局，1980年）。

3. 王先謙撰，沈嘯寰、王星賢點校：《荀子集解》（北京：中華書局，1992年二刷）。按：包含楊倞、盧文弨、顧千里、劉台拱、郝懿行、俞樾、王念孫、王引之等校釋。

4. 王叔岷：〈荀子斠理〉，《中央研究院史語所專刊》，第34本（1962年12月），頁115～197。

5. 李中生：《荀子校詁叢稿》（廣州：廣東教育出版社，2001年）。

6. 李滌生：《荀子集釋》（臺北：臺灣學生書局，2000年八刷）。

7. 高正：《《荀子》版本源流考》（北京：中國社會科學出版社，1992年）。

8. 張西堂：《荀子真偽考》（臺北：明文書局，1994年）。

9. 梁啓雄：《荀子柬釋》（臺北：臺灣商務印書館，1993年六刷）。

10. 陶鴻慶：《孫卿子札記》，收於《讀諸子札記·八》（臺北：藝文印書館，1971年），頁219～259。

11. 傅山評注，吳連城釋文：《傅山荀子評注》（上海：上海古籍出版社，1990年）。

12. 趙海金：《荀子校釋》（自印本，不著出版年月）。

13. 劉文起：《荀子正補》（臺北：臺灣師範大學國文研究所博士論文，1980年）。

14. 劉師培：《荀子補釋》，收於《劉申叔先生遺書》（臺北：華世出版社，1975年），第 2 冊，頁 1117～1163。

15. 劉師培：《荀子斠補》，收於《劉申叔先生遺書》（臺北：華世出版社，1975年），第 2 冊，頁 1075～1115。

16. 潘重規：〈讀王先謙《荀子集解》札記〉，《制言半月刊》，第 12 期（1936年 3 月），總頁 1227～1252。

17. 嚴靈峰編：《無求備齋荀子集成》（臺北：成文出版社，1997 年）。

　　　久保愛：《荀子增註》，第 43、44 冊，日本寬政 8 年京師水玉堂刊本。

　　　物雙松：《讀荀子》，第 41 冊，日本寶曆 14 年京師水玉堂刊本。

　　　高亨：《諸子新箋》，第 37 冊，1961 年排印本。

　　　楊樹達：《積微居讀書筆記》，第 37 冊，1962 年排印本。

　　　葉紹鈞：《荀子選註》，第 30 冊，1930 年排印本。

　　　劉念親：《荀子正名篇詁釋》，第 38 冊，1924 年排印本。

　　　豬飼彥博：《荀子增註補遺》，第 45 冊，日本寬政 13 年京師水玉堂刊本。

　　　鍾泰：《荀注訂補》，第 36 冊，1936 年排印本。

二、研究專書

1. 孔繁：《荀子評傳》（南京：南京大學出版社，1979 年）。

2. 方爾加：《荀子新論》（北京：中國和平出版社，1993 年）。

3. 牟宗三：《名家與荀子》（臺北：臺灣學生書局，1994 年五刷）。

4. 李哲賢：《荀子之核心思想：「禮義之統」及其現代意義》（臺北：文津出版社，1994 年）。

5. 李德永：《荀子》（上海：上海人民出版社，1959 年）。

6. 周紹賢：《荀子要義》（臺北：臺灣中華書局，1977 年）。

7. 周群振：《荀子思想研究》（臺北：文津出版社，1987 年）。

8. 胡玉衡：《荀況思想研究》（北京：中州書畫社，1983 年）。

9. 韋政通：《荀子與古代哲學》（臺北：臺灣商務印書館，1992 年二版）。

10. 夏甄陶：《論荀子的哲學思想》（上海：上海人民出版社，1979 年）。

11. 馬積高：《荀學源流》（上海：上海古籍出版社，2000 年）。

12. 張曙光：《外王之學——荀子與中國文化》（開封：河南大學出版社，1997 年二刷）。

13. 郭志坤：《荀學論稿》（上海：三聯書店，1991 年）。

14. 陳大齊：《荀子學說》（臺北：中國文化大學出版部，1989 年）。

15. 陳登元：《荀子哲學》，收於《民國叢書》，第 4 編（上海：上海書店，1992

年）。

16. 嵇哲：《荀子通論》（香港：友聯出版社，1959 年）。

17. 惠吉星：《荀子與中國文化》（貴陽：貴州人民出版社，2001 年）。

18. 楊筠如：《荀子研究》（臺北：臺灣商務印書館，1974 年）。

19. 廖名春：《荀子新探》（臺北：文津出版社，1994 年）。

20. 熊公哲：《荀卿學案》（臺北：臺灣商務印書館，1967 年）。

21. 趙士林：《荀子》（臺北：東大圖書公司，1999 年）。

22. 劉文起：《荀子成聖成治思想研究》（高雄：復文圖書出版社，1983 年）。

23. 蔡錦昌：《拿捏分寸的思考——荀子與古代思想新論》（臺北：唐山出版社，1996 年）。

24. 鮑國順：《荀子學說析論》（臺北：華正書局，1993 年三版）。

25. 龍宇純：《荀子論集》（臺北：臺灣學生書局，1987 年）。

26. 韓德民：《荀子與儒家的社會理想》（濟南：齊魯書社，2001 年）。

27. 魏元珪：《荀子哲學思想研究》（臺中：東海大學出版社，1983 年）。

28. 柯雄文（Antonio S.Cua）著，賴顯邦譯：《倫理論辯——荀子道德認識論之研究》（*Ethical Argumentation：A Study in Husn Tzu's Moral Epistemology*）（臺北：黎明文化事業公司，1990 年）。

三、學位論文

1. 王靈康：《荀子的「法後王」思想》，政治大學哲學系碩士論文，2000 年。

2. 陳秋虹：《清代荀學研究》，高雄師範大學國文系碩士論文，1991 年。

3. 黃旻聖：《王先謙《荀子集解》研究》，成功大學中文研究所碩士論文，1997 年。

四、期刊論文

1. 王杰：〈荀子歷史觀基本特徵新探〉，《中國哲學史研究》，1989 年第 1 期，頁 57～61。

2. 王長華：〈在道義原則與歷史需要之間——論荀子的價值立場〉，《孔孟月刊》，第 34 卷第 10 期（1996 年 6 月），頁 13～22。

3. 王靈康：〈英語世界荀子研究概況〉，《國立政治大學哲學學報》，第 11 期（2003 年 12 月），頁 1～38。

4. 王靈康：〈隨時設教：試析荀子「法後王」的意義〉，《臺灣哲學研究》（臺北：桂冠圖書公司），第 4 期（2004 年 3 月），頁 181～212。

5. 伍振勳：〈荀子的「身、禮一體觀」：從「自然的身體」到「禮義的身體」〉，《中國文哲研究集刊》，第 19 期（2001 年 9 月），頁 317～344。

6. 宋商：〈荀子心目中的「天」——兼駁荀子「人定勝天」說〉，《九州學刊》，第 4 卷第 1 期（1991 年 4 月），頁 125～131。

7. 李瑞全：〈荀子論性與論人之為人〉，《東海學報》，第 26 期（1985 年 6 月），頁 209～224。

8. 周熾成：〈逆性與順性——荀子人性論的內在緊張〉，《孔子研究》，2003 年第 1 期，頁 56～62。

9. 邵漢民：〈荀子天人觀論析〉，《孔孟月刊》，第 30 卷第 9 期（1992 年 5 月），頁 27～32。

10. 韋政通：〈荀學在思想史上的地位及其影響——兼論荀學在近代的復興〉，收於氏著：《儒家與現代中國》（臺北：東大圖書公司，1991 年再版），頁 45～74。

11. 唐君毅：〈荀子言「心」與「道」之關係辨義〉，《香港中國文化研究所學報》，第 4 卷第 1 期（1971 年 9 月），頁 1～21。

12. 唐雄山、黎紅雷：〈荀子人性思想新探〉，《華南理工大學學報》（社會科學版），第 3 卷第 1 期（2001 年 3 月），頁 40～44。

13. 唐端正：〈荀學價值根源問題的探討〉，《臺灣哲學年刊》，第 3 期（1985 年 6 月），總頁 525～535。

14. 夏潮耘：〈荀學中的和合精神〉，《三峽大學學報》（人文社會科學版），第 23 卷第 1 期（2001 年 1 月），頁 83～86。

15. 晁福林：〈論荀子的「天人之分」說〉，《管子學刊》，2001 年第 2 期，頁 13～18。

16. 張亨：〈荀子「法後王」解〉，《孔孟月刊》，第 1 卷第 3 期（1962 年 11 月），頁 27～28，20。

17. 張亨：〈荀子對人的認知及其問題〉，《臺大文史哲學報》，第 20 期（1971 年），頁 175～217。

18. 張杰：〈荀子「法先王」、「法後王」思想新探〉，《陝西師範大學學報》（哲學社會學版），第 25 卷第 3 期（1996 年 9 月），頁。

19. 張松輝：〈從荀子的天人感應觀看他的天人合一思想〉，《湖南師大社會科學學報》，1987 年第 4 期，頁 34～38。

20. 張金梅：〈荀子「天人之辯」芻議〉，《邯鄲師專學報》，第 13 卷第 1 期（2003 年 3 月），頁 10～13。

21. 張頌之、楊春梅：〈荀子是儒學還是黃老之學的代表？——與趙吉惠先生商榷〉，《哲學研究》，1994 年第 9 期，頁 52～58。

22. 張曉勇：〈試論荀子的「王制」復古思想〉，《渭南師範學院學報》第 18 卷第 3 期（2003 年 5 月），頁 30～34。

23. 莊錦章：〈荀子與四種人性論觀點〉，《國立政治大學哲學學報》，第 11 期

（2003 年 12 月），頁 185～210。

24. 陳堅：〈荀子「性惡」再探析〉，《江南學院學報》，第 16 卷第 1 期（2001 年 3 月），頁 1～5，12。

25. 陸建華：〈荀子之禮本質論〉，《江淮論壇》，2002 年第 3 期，頁 74～77。

26. 喬木青：〈荀況「法後王」考辨〉，《社會科學戰線》，1978 年第 2 期，頁 31～40。

27. 曾振宇：〈荀子自然觀再認識〉，《東岳論叢》，1990 年第 3 期，頁 64～69。

28. 黃淑灌：〈荀子非十二子詮論〉，《國文研究所集刊》，第 11 期（1967 年），頁 1～57。

29. 葛志毅：〈荀子學辨〉，《歷史研究》，1996 年第 3 期，頁 16～28。

30. 趙士林：〈荀子的人性論新探〉，《哲學研究》，1999 年第 10 期，頁 60～68。

31. 趙吉惠：〈論荀子「天人之分」的理論意趣〉，《哲學研究》，1995 年第 8 期，頁 63～70。

32. 劉又銘：〈從「蘊謂」論荀子哲學潛在的性善觀〉，《「孔學與二十一世紀」國際學術研討會論文集》（臺北：臺灣大學哲學系，2001 年 10 月），頁 50～77。

33. 劉文起：〈楊倞《荀子》注之學術成就〉，《中正中文學報年刊》，第 4 期（2001 年 12 月），頁 279～312。

34. 劉仲華：〈清代荀學的復活〉，《蘭州大學學報》（社會科學版），2001 年第 29 期，頁 50～56。

35. 潘小慧：〈《荀子》中的「智德」思想〉，《哲學與文化》，第 30 卷第 8 期（2003 年 8 月），頁 95～113。

36. 潘小慧：〈荀子的「解蔽心」——荀學作為道德實踐論的人之哲學理論〉，《哲學與文化》，第 25 卷第 6 期（1998 年 6 月），頁 516～536。

37. 鄭文泉：〈荀子「法後王」對後世歷史論述「聖王觀」的影響〉，《孔孟月刊》，第 33 卷第 10 期（1995 年 6 月），頁 34～45。

38. 鄭良樹：〈《荀子·非十二子》「子思、孟軻」條非附益辨〉，《故宮學術季刊》，第 14 卷第 3 期（1997 年 2 月 1 日至 4 月 30 日），頁 65～74。

39. 鮑國順：〈論荀子善從何來與價值根源的問題〉，《孔孟學報》，第 62 期（1991 年 9 月），頁 257～267。

40. 龍宇純：〈荀卿子記餘〉，《中國文哲研究集刊》，第 15 期（1999 年 9 月），頁 199～262。

41. 韓德民：〈荀子天人觀的哲學透視〉，《哲學與文化》，第 27 卷第 2 期（1990 年 2 月），頁 173～184。

42. 韓德民：〈荀子性惡論的哲學透視〉，《孔孟學報》，第 76 期（1998 年 9 月），頁 157～168。

43. 韓德民：〈荀子的理想人格論〉，《孔孟學報》，第 78 期（2000 年 9 月），頁 219～242。

44. 魏永生：〈俞樾「尊荀」析論〉，《東方論壇》，1988 年第 4 期，頁 47～50。

45. 饒彬：〈荀子性惡論研究〉，《臺灣師範大學國文學報》，第 4 期（1975 年 6 月），67～91。

46. 饒彬：〈荀子評子思孟子考辯〉，《臺灣師範大學國文學報》，第 3 期（1974 年 6 月），151～155。

47. 饒彬：〈荀子議兵篇研究〉，《臺灣師範大學國文學報》，第 2 期（1973 年 4 月），177～183。

48. 佐藤將之：〈二十世紀日本荀子研究之回顧〉，《國立政治大學哲學學報》，第 11 期（2003 年 12 月），頁 39～84。

49. 赤塚忠：〈荀子研究的若干問題〉，《國立政治大學哲學學報》，第 11 期（2003 年 12 月），頁 85～110。

50. 柯雄文（Antonio S.Cua）：〈倫理知識的可能性〉，《哲學雜誌》，第 9 期（1994 年 7 月），頁 194～200。

51. 柯雄文（Antonio S.Cua）著，王靈康譯：〈就荀子論早期儒家之歷史訴求在倫理學的應用〉，《哲學與文化》，第 15 卷第 4 期（1988 年 4 月），頁 18～33。

52. 柯雄文（Antonio S.Cua）著，許漢譯：〈荀子論德之統一性〉，《哲學與文化》，第 12 卷第 12 期（1985 年 2 月），頁 26～33。

貳、《荀子》以外參考書目

一、古代典籍

（一）經

1. 阮元：《十三經注疏》（臺北：藝文印書館，1993 年）。

　　　　《周易注疏》

　　　　《禮記注疏》

　　　　《論語注疏》

　　　　《孟子注疏》

2. 朱熹：《四書章句集注》（北京：中華書局，2003 年七刷）。

3. 焦循：《孟子正義》（臺北：文津出版社，1998 年）。

4. 焦循：《論語通釋》，收於《木犀軒叢書》（不著出版年月），中央研究院

歷史語言研究所傅斯年圖書館藏。

（2）史

1. 皮錫瑞：《經學歷史》（臺北：藝文印書館，1987年二版）。

2. 徐世昌等編纂：《清儒學案》（臺北：燕京文化事業公司，1976年）。

（3）子

1. 王念孫：《讀書雜志》（臺北：樂天出版社，1972年）。

2. 江瑔：《讀子卮言》（臺北：泰順書局，1971年）。

3. 江藩：《漢學師承記》（香港：三聯書店，1998年）。

4. 阮元：《揅經室外集》（臺北：新文豐出版公司，1984）。

5. 阮元：《揅經室集》，收於《叢書集成新編》（臺北：新文豐出版公司，1984年）。

6. 俞樾：《諸子平議》（臺北：世界書局，1991年五版）。

7. 孫星衍：《問字堂集·岱南閣集》（北京：中華書局，1996年）。

8. 秦篤輝：《平書》（臺北：新文豐出版公司，1984年）。

9. 陳澧：《東塾讀書記》（臺北：臺灣商務印書館，1974年）。

10. 陸世儀《思辨錄輯要·後集》（臺北：廣文書局，1977年）。

11. 章學誠著，葉瑛校注：《文史通義校注》（北京：中華書局，2000年三刷）。

12. 章太炎著，湯志鈞編：《章太炎政論選集》（北京：中華書局，1977年）。

13. 程瑤田：《通藝錄》，收於《叢書集成三編》（臺北：藝文印書館，1971年）。

14. 費密：《弘道書》，收於《續修四庫全書》（上海：上海古籍出版社，2002年）。

15. 熊賜履《學統》（臺北：廣文書局，1975年）。

16. 錢大昕：《十駕齋養新錄》（臺北：臺灣商務印書館，1978年）。

17. 戴震：《戴震集》（臺北：里仁書局，1980年）。

18. 顧炎武著，徐文珊點校：《原抄本日知錄》（臺北：文史哲出版社，1979年）。

（4）集

1. 方濬頤：《二知軒文存》（臺北：文海出版社，1970年）。

2. 王棻：《柔橋文鈔》（上海：國光書局，1914年），中央研究院歷史語言研究所傅斯年圖書館藏。

3. 史念祖：《俞俞齋文稿》（臺北：文海出版社，1983年）。

4. 朱一新：《無邪堂答問》（臺北：世界書局，1963年）。

5. 朱琦:《怡志堂文初編》,收於《續修四庫全書》(上海:上海古籍出版社,2002年)。

6. 吳德旋:《初月樓文鈔》,收於《叢書集成續編》(臺北:新文豐出版社,1989年)。

7. 吳闓生編,吳汝綸著:《桐城吳先生詩文集》(臺北:文海出版社,1972年)。

8. 李光地:《榕村全集》(臺北:文友出版社,1972年)。

9. 李慈銘:《越縵堂讀書記》(上海:上海書店,2000年)。

10. 沈粹芬等輯:《清文匯》(北京:北京出版社,1995年)。

11. 祁駿佳:《遯翁隨筆》(臺北:新文豐出版公司,1984年)。

12. 姚鼐:《惜抱軒全集》(臺北:臺灣中華書局,1966年)。

13. 洪亮吉:《更生齋集》(臺北:臺灣中華書局,1970年)。

14. 凌廷堪著,王文錦點校:《校禮堂文集》(北京:中華書局,1988年)。

15. 馬其昶:《抱潤軒文集》,收於《續修四庫全書》(上海:上海古籍出版社,2002年)。

16. 張之洞:《輶軒語》,收於《叢書集成續編》(臺北:新文豐出版社,1989年)。

17. 張惠言:《茗柯文》(上海:上海古籍出版社,1984年)。

18. 梁玉繩:《瞥記》(臺北:文海出版社,1983年)。

19. 章梫:《一山文存》(臺北:文海出版社,1973年)。

20. 傅山:《霜紅龕集》(臺北:漢華文化事業公司,1971年)。

21. 焦循:《雕菰集》(臺北:鼎文出版社,1977年)。

22. 鄭獻甫:《補學軒文集》(臺北:文海出版社,1983年)。

23. 盧文弨:《抱經堂文集》(上海:上海商務印書館,1937年)。

24. 嚴可均:《鐵橋漫稿》(臺北:世界書局,1964年)。

25. 顧炎武:《顧亭林詩文集》(臺北:漢京文化事業公司,1984年)。

二、近現代專著

1. 王俊義:《清代學術探研錄》(北京:中國社會科學出版社,2002年)。

2. 王茂、蔣國保、余秉頤、陶清合著:《清代哲學》(合肥:安徽人民出版社,1992年)。

3. 何淑靜:《孟荀道德實踐理論之研究》(臺北:文津出版社,1988年)。

4. 何澤恆:《焦循研究》(臺北:大安出版社,1990年)。

5. 余英時:《中國知識階層史論(古代篇)》,(臺北:聯經出版公司,1980

年）。

6. 余英時：《中國思想傳統的現代詮釋》（臺北：聯經出版公司，1987年）。

7. 余英時：《論戴震與章學誠》（北京：三聯書店，2000年）。

8. 李明輝：《孟子重探》（臺北：聯經出版公司，2001年）。

9. 李明輝：《當代儒學的自我轉化》（北京：中國社會科學出版社，2001年）。

10. 李明輝編：《孟子思想的哲學探討》（臺北：中央研究院中國文哲研究所，1995年）。

11. 李明輝編：《儒家經典詮釋方法》（臺北：喜馬拉雅基金會發行，2003年）。

12. 李澤厚：《中國古代思想史論》（臺北：古風出版社，未著出版年月）。

13. 李澤厚：《波齋新說》（臺北：允晨文化公司，2000年）。

14. 杜維明：《儒學第三期發展的前景問題》（臺北：聯經出版公司，1989年）

15. 沈嘉榮：《顧炎武論考》（江蘇：江蘇人民出版社，1994年）。

16. 周可真：《顧炎武哲學思想研究》（北京：當代中國出版社，1999年）。

17. 周康燮主編：《中國近三百年學術思想論集》（香港：崇文書店，1971年）。

18. 林存陽：《清初三禮學》（北京：社會科學文獻出版社，2002年）。

19. 林啓屏：《儒家思想中的具體性思維》（臺北：臺灣學生書局，2004年）。

20. 林慶彰、張壽安主編：《乾嘉學者的義理學》（臺北：中央研究院中國文哲研究所，2003年）。

21. 胡楚生：《清代學術史研究》（臺北：臺灣學生書局，1988年）。

22. 胡適：《中國哲學史大綱（外一種）》（石家莊：河北教育出版社，2001年）。

23. 胡適：《戴東原的哲學》（臺北：臺灣商務印書館，1996年六版）。

24. 韋政通：《先秦七大哲學家》（臺北：水牛出版社，1991年）。

25. 唐君毅：《中西哲學思想之比較研究集》（臺北：宗青圖書出版公司，1978年）。

26. 唐君毅：《中國哲學之精神及其發展》（臺北：成均出版社，1984年）。

27. 唐君毅：《中國哲學原論：原道篇》（香港：新亞研究所，1978年三版）。

28. 唐君毅：《中國哲學原論：導論篇》（臺北：臺灣學生書局，1986年）。

29. 唐端正：《先秦諸子論叢（續編）》（臺北：東大圖書公司，1983年）。

30. 唐端正：《先秦諸子論叢》（臺北：東大圖書公司，1981年）。

31. 徐復觀：《中國思想史論集》（臺北：臺灣學生書局，1959年）。

32. 徐復觀：《中國思想史論集續編》（臺北：時報文化出版事業公司，1985年二版）。

33. 郝樹侯：《傅山研究文集》（太原：山西人民出版社，1985 年）。

34. 高翔：《近代的初曙——十八世紀中國觀念變遷與社會發展》（北京：社會科學文獻出版社，2000 年）。

35. 崔大華：《儒學引論》（北京：人民出版社，2001 年）。

36. 張岱年：《中國哲學大綱》（北京：中國社會科學出版社，1994 年三刷）。

37. 張壽安：《十八世紀禮學考證的思想活力——禮教論爭與禮秩重省》（臺北：中央研究院近代史研究所，2001 年）。

38. 張壽安：《以禮代理——凌廷堪與清中葉儒學思想之轉變》（石家莊：河北教育出版社，2001 年）。

39. 梁啓超：《中國近三百年學術史》（北京：東方出版社，1996 年）。

40. 許蘇民：《戴震與中國文化》（貴陽：貴州人民出版社，2000 年）。

41. 郭沫若：《十批判書》（上海：群益出版社，1947 年）。

42. 陳平原：《中國現代學術之建立——以章太炎、胡適之爲中心》（臺北：麥田出版社，2000 年）。

43. 陳居淵：《焦循儒學思想與易學研究》（濟南：齊魯書社，2000 年）。

44. 陳祖武、朱彤窗：《曠世大儒——顧炎武》（石家莊：河北人民出版社，2000 年）。

45. 陳祖武：《清儒學術拾零》（長沙：湖南人民出版社，2002 年）

46. 陳榮華：《葛達瑪詮釋學與中國哲學的詮釋》（臺北：明文出版社，1998 年）。

47. 陳德和：《儒家思想的哲學詮釋》（臺北：洪葉文化事業公司，2002 年）。

48. 傅偉勳：《批判的繼承與創造的發展》（臺北：東大圖書公司，1986 年）。

49. 勞思光：《新編中國哲學史》（臺北：三民書局，1990 年六版）。

50. 景海峰：《中國哲學的現代詮釋》（北京：人民出版社，2004 年）。

51. 曾振宇：《中國哲學氣論研究》（濟南：山東大學出版社，2001 年）

52. 馮友蘭：《中國哲學史新編》（臺北：藍燈文化事業公司，1991 年）。

53. 馮達文：《早期中國哲學略論》（廣州：廣東人民出版社，1998 年）。

54. 黃俊傑：《中國孟學詮釋史論》（北京：社會科學文獻出版社，2004 年）。

55. 黃俊傑：《東亞儒學史新視野》（臺北：臺灣大學出版中心，2004 年）。

56. 黃俊傑主編：《孟子思想的歷史發展》（臺北：中央研究院中國文哲研究所，1995 年）。

57. 楊國榮：《善的歷程——儒家價值體系的歷史衍化及其現代轉換》（上海：上海人民出版社，2000 年）。

58. 楊儒賓、黃俊傑主編：《中國古代思維方式探索》（臺北：正中書局，1996

年）。

59. 楊儒賓：《儒家身體觀》（臺北：中央研究院中國文哲研究所，1996 年）。

60. 趙宗正：《孔孟荀比較研究》（濟南：山東大學出版社，1989 年）。

61. 劉又銘：《理在氣中——羅欽順、王廷相、顧炎武、戴震氣本論研究》（臺北：五南圖書出版公司，2000 年）。

62. 劉述先：《現代新儒學之省察論集》（臺北：中央研究院中國文哲研究所，2004 年）。

63. 劉述先：《儒家思想開拓的嘗試》（北京：中國社會科學出版社，2001 年）。

64. 劉師培：《周末學術史序》，收於《劉申叔先生遺書》（臺北：華世出版社，1975 年）。

65. 潘德榮：《詮釋學導論》（臺北：五南出版社，1999 年）。

66. 蔡仁厚：《孔孟荀哲學》（臺北：臺灣學生書局，1984 年）。

67. 鄭宗義：《明清儒學轉型探析》（香港：香港中文大學出版社，2000 年）。

68. 賴貴三：《焦循年譜新編》（臺北：里仁書局，1994 年）

69. 錢穆：《中國近三百年學術史》（臺北：臺灣商務印書館，1996 年二版二刷）。

70. 龐樸：《帛書五行篇研究》（濟南：齊魯書社，1980 年）。

71. 羅焌：《諸子學述》（臺北：河洛圖書出版社，1974 年）。

72. 羅檢秋：《近代諸子學與文化思潮》（北京：中國社會科學出版社，1997 年）。

73. 孔恩（Thomas S.Kuhn）著，程樹德、傅大爲、王道還、錢永祥譯：《科學革命的結構》（*The Structure of Scientific Revolutions*）（臺北：遠流出版事業公司，2003 年二版七刷）。

74. 本杰明・史華兹（Ben jamin I.Schwartz）著，程鋼譯：《古代中國的思想世界》（*The World of Thought in Ancient China*）（南京：江蘇人民出版社，2003 年）。

75. 小野澤精一、福光永司、山井湧編著，李慶譯：《氣的思想：中國自然觀和人的觀念的發展》（上海：上海人民出版社，1992 年）。

76. 溝口雄三著，林右崇譯：《中國前近代思想的演變》（臺北：國立編譯館，1994 年）。

三、學位論文

1. 周玟觀：《傅山學術思想研究》，臺灣大學中文系碩士論文，1998 年。

2. 胡森永：《從理本論到氣本論》，臺灣大學中文系博士論文，1991 年。

3. 許守泯：《傅山之生平與思想》，清華大學歷史系碩士論文，1989 年。

4. 鄭卜五：《傅青主與其諸子學研究》，高雄師範大學國文系碩士論文，1990年。

四、期刊論文

1. 方永、王少明：〈內在與超越——孟、荀人性論之比較〉，《武當學刊》（哲學社會科學版），第 15 卷第 4 期（1995 年 12 月），頁 1～9。

2. 王世光：〈清代中期「以禮代理」說芻議〉，《孔子研究》，2004 年第 2 期，頁 92～99。

3. 王汎森：〈明末清初的一種道德嚴格主義〉，《近世中國之傳統與蛻變：劉廣京院士七十五歲祝壽論文集》（臺北：中央研究院近代史研究所，1998年），頁 69～81。

4. 包遵信：〈阮元和清代漢學〉，《文化中國》，第 1 卷第 3 期（1994 年 12 月），頁 89～97。

5. 李孝遷：〈先秦諸子變通史學思想評議〉，《東方論壇》，2000 年第 3 期，頁 21～25。

6. 李亞彬：〈孟荀人性論比較研究〉，《哲學研究》，1994 年第 8 期，頁 60～67。

7. 李居取：〈論孟子法先王與荀子法後王〉，《孔孟月刊》，第 11 卷第 1 期（1972 年 9 月），頁 10～12，18。

8. 周積明：〈乾嘉時期的學統重建〉，《江漢論壇》，2002 年第 2 期，頁 56～60。

9. 林存陽：〈清代禮學研究散論〉，《社會科學管理與評論》，2003 年第 4 期，頁 65～67。

10. 林存陽：〈黃式三、以周父子「禮學即理學」思想析論〉，《浙江社會科學》，2001 年第 5 期，頁 127～129。

11. 林存陽：〈顧炎武「明道救世」的禮學思想〉，《中國社會科學院研究生院學報》，2000 年第 3 期，頁 46～52。

12. 林軍：〈試論清代乾嘉諸子學興起的文化意義〉，《紹興文理學院學報》，第 23 卷第 6 期（2003 年 12 月），頁 42～43，90。

13. 袁爾鉅：〈理學和心學考辨——兼論確認「氣學」〉，《甘肅社會科學》，總第 49 期（1988 年 5 月），頁 27～31。

14. 張傳開、吳先伍：〈「天人相分」對「天人合一」的內含與超越〉，《淮北煤師院學報》（哲學社會科學版），2000 年第 1 期，頁 13～16。

15. 張壽安：〈程瑤田的義理學：從理到物則〉，收於《以禮代理——凌廷堪與清中葉儒學思想之轉變》（石家莊：河北教育出版社，2001 年），附錄二，頁 230～275。

16. 張壽安：〈戴震義理思想之基礎及其推展〉，收於《以禮代理——凌廷堪與清中葉儒學思想之轉變》（石家莊：河北教育出版社，2001 年），附錄一，頁 186～229。

17. 張壽安：〈戴震對宋明理學的批評〉，《漢學研究》，第 13 卷第 1 期（1985年 6 月），頁 15～41。

18. 陳居淵：〈焦、阮、凌禮學思想合論〉，《國際漢學》，1998 年 10 月第 2輯，頁 47～59。

19. 陳居淵：〈論焦循《孟子正義》的易學詮釋〉，《孔子研究》，2000 年第 1期，頁 103～110。

20. 陳祖武：〈孔子仁學與阮元的《論語論仁論》〉，《漢學研究》，第 12 卷第 2 期（1994 年 12 月），頁 39～49。

21. 傅偉勳：〈儒家倫理（學）的現代化重建課題〉，《哲學與文化》，第 15 卷第 1 期（1988 年 1 月），頁 23～31。

22. 程一凡：〈顧炎武的私利觀〉，《近世中國經世思想研討會論文集》（臺北：中央研究院近代史研究所，1984 年 4 月），頁 81～104。

23. 黃克武：〈清代考證學的淵源——民初以來研究成果之評價〉，《近代中國史研究通訊》，第 11 期（1991 年 3 月），頁 140～154。

24. 黃俊傑：〈孟子思想中的生命觀〉，《清華學報》，新第 19 卷第 1 期（1989年 6 月），頁 1～37。

25. 黃俊傑：〈孟子盡心上第一章集釋新詮〉，《漢學研究》，第 10 卷第 2 期（1992年 12 月），頁 99～122。

26. 黃愛平：〈試析乾嘉學者的文獻研究與義理探索——以凌廷堪、阮元爲中心〉，《理論學刊》，2004 年第 9 期（總期第 127 期），頁 101～105。

27. 楊正馨：〈也談孟子荀子人性理論之異同〉，《鄭州大學學報》（哲學社會科學版），1991 年第 1 期，頁 31～37。

28. 楊向奎：〈論「性命古訓」〉，《史學集刊》，總期第 46 期（1992 年 2 月），頁 27～31。

29. 楊儒賓：〈論孟或六經——近世東亞儒家思想史上兩種類型的回歸經典運動〉，《清華學報》，新第 32 卷第 1 期（2002 年 6 月），頁 87～115。

30. 趙吉惠：〈論荀學與孔孟哲學的根本區別〉，《哲學與文化》，第 26 卷第 7期（1999 年 7 月），頁 648～658。

31. 趙剛：〈告別理學：顧炎武對朱學的批判〉，《清華學報》，新第 25 卷第 1期（1985 年 3 月），頁 1～25。

32. 劉又銘：〈宋明清氣本論研究的若干問題〉，「儒學的氣論與工夫論國際學術研討會」會議論文（臺北：臺灣大學東亞文明研究中心主辦，2005 年11 月）。

33. 暴慶剛：〈孟子、荀子天人合一理論異同新探〉，《貴州社會科學》，第 176 期（2002 年 3 月），頁 38～42。

34. 蔡忠道：〈孟子「法先王」與荀子「法後王」思想試析〉，《高雄師大學報》，第 13 期（2002 年），頁 257～270。

35. 蕭義玲：〈從方法論的發展看清代諸子學的興起〉，《孔孟學報》，第 75 期（1998 年 3 月），頁 153～168。

36. 賴貴三：〈「易學」與「孟學」的融攝與會通──以清儒焦循《孟子正義》為中心的討論〉，《慶祝莆田黃錦鋐教授八秩嵩壽論文集》（臺北：文史哲出版社，2001 年），頁 199～232。

37. 賴貴三：〈清儒焦循《論語通釋》與《孟子正義》學思述論〉，《經學論叢》（臺北：洪業文化事業公司，2003 年）。

38. 鮑國順：〈戴震與孟荀思想的關係探究〉，中山大學清代學術研究中心編：《清代學術叢刊》（臺北：文津出版社，2001 年），第 2 輯，頁 65～83。

39. 魏永生：〈黃式三學術思想評議〉，《東方論壇》，2000 年第 3 期，頁 31～35。

40. 魏永生：〈俞樾「尊荀」析論〉，《東方論壇》，1988 年第 4 期，頁 47～50。

41. 魏義霞：〈天人合一：中國傳統哲學的文化底蘊和價值旨趣──對「天人合一」的哲學詮釋和深層思考〉，《學術交流》，1996 年第 5 期，頁 62～67。

42. 龐樸：〈竹帛《五行》篇與思孟五行說〉，《哲學與文化》，第 26 卷第 5 期（1999 年 5 月），頁 469～473。

43. 坂出祥伸著，楊菁譯：〈關於焦循的《論語通釋》〉，《中國文哲研究通訊》，第 10 卷第 2 期（2000 年 6 月），頁 107～118。

44. 坂出祥伸著，廖肇亨譯：〈焦循的學問〉，《中國文哲研究通訊》，第 10 卷第 1 期（2000 年 3 月），頁 143～159。